BUWANG
CHUXIN
XIANGSHAN
QIANXING

不忘初心 向善前行

——「中国网事·感动2017」年度网络人物评选

新华网　新华社「中国网事」编著

时代出版传媒股份有限公司
安徽文艺出版社

图书在版编目（CIP）数据

不忘初心　向善前行：“中国网事·感动2017”年度网络人物评选/新华网，新华社“中国网事”编著. —合肥：安徽文艺出版社，2018.1
ISBN 978-7-5396-6300-5

Ⅰ. ①不… Ⅱ. ①新… ②新… Ⅲ. ①人物－先进事迹－中国－现代 Ⅳ. ①K820.7

中国版本图书馆CIP数据核字(2017)第325639号

出 版 人：朱寒冬　　　　策　　划：朱寒冬
责任编辑：周　康　　　　装帧设计：张诚鑫

出版发行：时代出版传媒股份有限公司　www.press-mart.com
安徽文艺出版社　www.awpub.com
地　　址：合肥市翡翠路1118号　邮政编码：230071
营 销 部：(0551)63533889
印　　制：合肥华星印务有限责任公司　(0551)65714687

开本：710×1010　1/16　印张：20.5　字数：350千字
版次：2018年1月第1版　2018年1月第1次印刷
定价：46.00元

新华社“中国网事”多媒体新闻栏目

新华社“中国网事”栏目是中央新闻媒体中唯一以互联网为报道对象的多媒体新闻栏目，聚焦网事，走近网民，讲述网语，影响网络。

- 融合文字、图片、电视、微博等形式，推出“感动”“核实”“调查”“盘点”四大系列报道。

- 创办国内首个以网络草根为对象的评选活动——“中国网事”感动系列网络人物评选，为草根英雄搭建璀璨舞台。

- 创办国内首个融媒体客户端——“中国网事”客户端。

- 创办国内首个新闻动漫网评——“中国网事·E哥有话说”。

www.news.cn 新华网 NEWS www.xinhuanet.com

新华网股份有限公司
XINHUANET CO.,LTD

新华网是国家通讯社新华社主办的综合新闻信息服务门户网站，是中国最具影响力的网络媒体和具有全球影响力的中文网站。作为新华社全媒体新闻信息产品的主要传播平台，拥有31个地方频道以及英、法、西、俄、阿、日、韩、德、葡、藏、维、蒙等多种语言频道，日均多语种、多终端发稿达1.5万条，重大新闻首发率和转载率遥遥领先国内其他网络媒体。新华网是全球网民了解中国的最重要窗口，致力于为全球网民提供最权威最及时的新闻信息服务，用户遍及200多个国家和地区，桌面端日均页面浏览量超过1.2亿，移动端日均覆盖人群超过3亿。

据最近Alexa排名显示，新华网在全球7亿多个网站中综合排名第70位，大幅领先美联社、路透社、法新社等通讯社主办的网站，国内综合排名第11位，稳居新闻门户网站首位。在中央网信办主管的《网络传播》杂志发布的中央重点新闻网站传播力榜单中，连续9个月稳居PC端传播力排名首位，远超同类网站。

新华网的网络平台价值和品牌影响力得到各界广泛认可，温家宝同志连续三年接受中国政府网和新华网的联合专访，俄罗斯总理梅德韦杰夫、以色列总理内塔尼亚胡、哈萨克斯坦总统纳扎尔巴耶夫等有影响力的大国政要也通过新华网首次与全球网民在线交流。

新华网拥有众多中国新闻奖和中国互联网站获奖作品和品牌栏目，在2015年和2016年的中国新闻奖评选中，新华网参评的《国际传播：习近平的大外交》《网页设计：简政放权——持续改革再发力》《政府敢啃"硬骨头"，市场才能有"肉"吃》和《新闻名专栏：数据新闻》获一等奖，获奖层级和数量均居中国网络媒体首位。此外，新华网还是"中国优秀文化网站"、"中国网站最具影响力品牌"、"中国新媒体年度十大品牌"、"中国新媒体创新年度品牌"等业内重要奖项的获得者。新华网承建了中国政府网、中国文明网、中国网信网等20多家政务网站，运营着中国最大规模的政务网站集群及用户规模超过1200万人的微信公众号。新华网紧密追踪大数据、物联网、人工智能等前沿技术，推出数据新闻、无人机新闻、动新闻等新闻报道形态，并与国际机构合作探索机器人新闻、传感器新闻等创新应用，引领传播形态变革。

近年来，新华网市场拓展能力和综合竞争力不断提高，围绕网站业务、社交网络业务、互联网广告业务、移动互联网业务、大数据舆情服务业务、新媒体技术与研发服务、在线教育和科普中国业务、物联网业务、参股型业务、储备型业务等十大业务板块展开布局，全媒体产品链加速形成。新华网还是全国第一家也是唯一一家获得高新技术企业、ISO9001质量管理体系认证、AAA级信用企业等三项高级别资质的网络媒体。在中国互联网协会、工业和信息化部信息中心在京联合发布的2017年"中国互联网企业100强"排行榜中，新华网排名第17位，位居中央重点新闻网站首位。作为互联网新闻传播的国家队、主力军，新华网将不断创新传播理念和发展模式，传播中国声音，讲好中国故事，加快建设成为具有广泛国际影响的一流新闻网站和有强大实力的互联网文化企业。

2016年10月28日，新华网股份有限公司在上海证券交易所成功挂牌上市。证券简称为"新华网"，证券代码为"603888"。

目　录

“中国网事·感动2017”获奖者

“农村淘宝海归”王琪——003

在英国留学两年学成回国，王琪放弃大城市的工作机会回到家乡做农村淘宝。扎根大地，她凭睿智铺展乡村电商未来路；扶贫济困，她用网络架起农村淘宝希望桥。

“康复天使”符良玲——010

街道禁毒办副主任符良玲把戒毒(康复)人员当亲人，不厌其烦地为他们回归正常生活而奔走，紧紧围绕“全、异、情、诚、实、新‘六字真经’”，全心帮教，用爱铺就“回归路”。

“与世隔绝的护宝人”冯开平——017

海拔1700米的林虑山巅，无水、无车、无信号、无人烟，只有500余尊佛像，云雾缭绕宛如仙境。守护国宝金灯寺，冯开平一守就是22年。

“轮椅上的幼篮大家”余绍森——024

40多年的轮椅生涯没能阻止余绍森追逐梦想，这位曾经的体操运动员将全部热情和精力投入幼儿体育教育，他说：“一切付出都是为了下一代。”

“光明使者”杜诚诚——030

85后独腿女孩杜诚诚，7年来，义务为盲人讲电影200余场，累计服务人群超过7000人次，为50多部电影写下近百万字讲解稿，培训了100余名盲人电影讲解员。

“鸿雁天路的快递小哥”葛军——036

在被称为“生命禁区”的可可西里，有一条邮路叫作“鸿雁天路”。葛军就是这条邮路上唯一的快递员。一个人一辆车，一走就是7年35万公里，他开玩笑说："再开3万公里我就到月球了。"

"熊猫天使"韦华——043

仫佬族青年韦华放弃大城市的生活，钻进深山做熊猫保护工作。他意外被熊猫咬伤，血几乎流光，生命垂危，留下终身残疾，但仍坦然笑对，无怨无悔。

"器官捐献协调员"王璐——051

器官捐献协调员是一份神秘的职业。当患者无法救治，他们会来到悲痛的家属身边问："你愿意捐出他(她)的器官吗？"即使被拒绝了无数遍，王璐也要问。因为每问一次，就可能有人因此活下去。

"人生如诗"白茹云——059

河北邢台农妇白茹云身患重病，从古诗词中汲取力量，坚强面对人生。2017年2月，她参加中央电视台《中国诗词大会》节目，精彩的表现感动了无数观众。

。

"盲潜英雄"潜水员——066

台风后展开生死营救，6次盲潜被淹车库"黑水潭"，历经3小时低温与漏油的危情考验，十余名潜水员自发前往、奋不顾身，最终成功救出车库被困人员。他们的无私义举诠释了何谓"平民英雄"。

"中国网事·感动2017"提名者

"最美双拐教师"木寿永——075

"独臂绣娘"梁忠美——080

"让宣传充满欢笑的民警"李建国——084

"大山园丁"宋长城——089

"美丽格桑花"余德春——094

“当代宋慈”刘龙清——099

“农民画家”杨晓梅——103

“孤岛医生”余家军——107

“重走英雄儿女路”梅茂生——112

“如山父爱”何永弟——116

“最美女孩”许艾菲——120

“治沙土专家”娄志平——124

“孝老爱亲”李鸿民——129

“老爷爷报告团”骆宗明——133

“献血 15 年的‘熊猫血’夫妇”方东锋、朱利——139

“法警妈妈”郝利娜——144

“水中勇士”贾宪武——148

“照顾软骨病弃儿 30 年”钟瑞金——151

“为家乡做点事的乡贤”方敬——156

“家书感动万千人”李真——161

“演绎生死恋的好丈夫”李福明——166

“轮椅上的爱心大大”常新成——173

“患难夫妻”廖华、唐龙英——177

“扎根深山小学的大学教授”万维明——181

“希望老人”周火生——186

“面对危难就冲锋的消防兵”杨金辉——191

“乡村教师”张晓峰——196

“佛山战神”林伟光——200

“掏粪男孩”田莊——206

“3 岁的等待和 33 岁的归途”石欣——211

“夫妻列车长”陈刚、肖三英——217

“雷锋婆婆”肖文智——221

“爱心众筹”马如鹏——226

“‘回捐’的寒门学子”周雨露——231

“下乡成瘾的教授”朱现民——236

“全城热搜的爱心司机”李杰——241

“天梯村支书”骆云莲——246

“旱塬愚公”刚强兄弟——253

“潮老太”裘志真——259

“创新义工品牌的义工”周旭才——264

“铁路蜘蛛人”胡军——269

“助人爱好者”林启辉——274

“扎根新疆的公益行者”杨军——279

“励志网红”李娟——285

“梦想校长”库尔班·尼亚孜——289

“义剪美”魏永华——294

“坚强考生圆梦清华”魏祥——298

“创客女警”陈默——304

“励志外卖哥”毛召木——309

“中国好人”刘健军——313

“中国网事·感动2017”

获奖者

王琪在坦途镇农村淘宝服务站办公。(新华社记者　林宏　摄)

“农村淘宝海归”王琪

27岁的王琪,家住镇赉县坦途镇。从中国人民大学国际金融专业毕业后,在英国密德萨斯大学国际金融专业深造,获得硕士学位。

2015年8月,王琪从英国学成回国。当时,一份镇赉县农村淘宝招聘广告点燃了她的创业热情,她从3000多名应聘者中脱颖而出,成为农村淘宝在镇赉县首批招募的合伙人。

农村淘宝创业成功后,王琪把每个月的12日定为自己的“村淘友爱日”,从这一天所收发的每一单生意中提取1元钱用作“友爱基金”,给一些五保户、低保户购买日常生活用品。目前,她新开的土豆淀粉加工厂也已完工,开设这个工厂之前,她与370户贫困户签订了种植协议,希望能够帮助贫困户脱贫。

王琪：用电商创业带动家乡人脱贫

新华网吉林分公司记者　王善军

她，从中国人民大学国际金融专业毕业后，在英国密德萨斯大学国际金融专业深造，获得硕士学位。2015年，她毅然选择回乡创业的道路。在克服了重重困难后，她的农村淘宝项目获得成功。她又积极利用掌握的电商资源帮助贫困户脱贫，从"淘帮手"到与370户贫困户签订种植收购合同，她电商创业的道路越走越宽广，在带动家乡脱贫的道路上越走越快……

海外归来回乡创业

27岁的王琪，家住镇赉县坦途镇。2009年考入中国人民大学，攻读国际金融专业；2013年毕业后到英国密德萨斯大学深造国际金融专业，获得硕士学位。

王琪的家庭条件比较优越，但她是属于那种比较独立的学生。在中国人民大学和在密德萨斯大学深造时，都是靠自己的打拼完成学业的。大一时，王琪就开了自己的网店，在校期间挣了30多万元；在英国学习之余就去送外卖，每周能赚300多英镑。"能不靠父母就尽量不靠，我要通过努力来证明自己的价值。"王琪说。

家里的优越条件、英国留学的背景，以这样的条件找到一份像样的工作并不是一件难事，可王琪最终的选择让人"很不理解"。

2014年，中国银行北京海淀区某支行招聘，月薪6500元，被她拒绝，理由是她认为收入低，也不能完全展现自己的才干，她决定回乡创业。

王琪回到家乡创业有她自己的理由：回到父母身边，既可以照顾父母，又能干一番自己的事业。恰巧这个时候，一个机遇出现了。当时，农村淘宝在镇赉县招募合伙人，王琪毫不犹豫地报了名。随后，她从3000多名应聘者中脱颖而出，成为农村淘宝在镇赉县首批招募的合伙人。她和父母说："我要用开淘宝店证明自己的能力。"

她在农村淘宝中看到商机和未来

在淘宝服务站筹备初期，因为村里人对淘宝不太熟悉，王琪就每天带着材料挨家挨户做宣传，一天最多跑过 40 多户。没几天，整个镇子的人都知道了淘宝，有不少村民到她这里购物。订单从 1.9 元的牙签到数千元的电动车，什么都有，短短几天，就做了 141 单生意，销售额达 3.2 万元，经营业绩也很快凸显出来。她的服务站在开业一个月时销售额就达到了 50 余万元。2015 年“双 11”活动期间，她的预售额在全国 6500 个合伙人中排名第一，被评为“全国明星合伙人”，还被阿里巴巴聘为“淘宝大学”讲师。短短 1 年多时间，王琪就从一个“海归”大学毕业生成为全国农村淘宝服务站的销售冠军。

王琪回忆称，她刚开始做农村淘宝时也是有些顾虑的。当有人问她，这么高的学历做淘宝是不是可惜了？王琪却说，创业都是从最底层一点一点做起来的，我很看好农村淘宝这个事业。做农村淘宝，最小的单子是 1.9 元的牙签，最大的单子是 3980 元的电动车。无论是什么单子，对于王琪来说，没有数额大小之分，每一个单子都是她事业中重要的部分。在这个涉及服装、家电、日杂各个门类的农村淘宝中，她看到了商机和未来。

帮助贫困户实现“坐家增收”

通过农村淘宝创业实现自己的人生价值，王琪没有忘记生养她的这片热土，没有忘记家乡的父老乡亲。她把每个月的 12 日定为自己的“村淘友爱日”，从这一天所收发

在坦途镇淘宝服务站，王琪（右）向当地农户推荐村淘日用品。（新华社记者　林宏　摄）

王琪(右二)与村淘工作人员在坦途镇淘宝服务站进行打包邮递工作。(新华社记者　林宏　摄)

的每一单中提取1元钱作为“友爱基金”，全部用于给五保户、低保户购买日常生活用品。

2016年，王琪在开展“聚公益”爱心捐助扶贫中，用1200元公益金为贫困户购买了100只鸡雏发放到贫困户手中。

她还在自己店里开设了“爱心淘小铺”，把从厂家直接购进的日常生活用品零利润送到帮扶的贫困户家中，供他们销售，所得利润全部归贫困户所有，让贫困户实现“坐家增收”。半年多以来，她已帮助6户贫困户增收，每个贫困户平均增加收入1000多元。

王琪的善举赢得了社会各界的赞美和支持，2016年，王琪被评为“镇赉好人”“镇赉2016年度人物”，当选为白城市人大代表。

新开淀粉厂助370户脱贫

荣誉和成绩让王琪深感肩上责任重大，扩展事业才能创造更多的就业机会为贫困户搭建致富平台，才能让更多的家乡人过上富裕生活。这个90后的年轻人决定在家乡

王琪(左)在新建成的淀粉加工厂指挥工人进行设备例行检查。(新华社记者　林宏　摄)

开办一家淀粉厂,生产原料是马铃薯。她去黑龙江克山和山西、安徽等地进行长达半年的实地考察,决定在建厂的同时发展新型订单农业,让镇赉的“玉米农民”调结构种植马铃薯。

7月31日,记者拨通王琪的电话,询问她淀粉厂什么时候开业,王琪说正在进行紧张的筹备工作中,她的淀粉厂将在8月30日完工并开业。此前,这个淀粉厂与当地370户贫困户签订了马铃薯种植收购协议,面积500公顷,覆盖镇赉县12个村。

为了让参与转产的农民心里有底,王琪跟所有合作农户签订收购合同,约定了0.3—0.35元/斤的最低收购价,市场价格高时按市场价收购,公司运行后还有分红。一位签了种植收购协议的农民说:“按订单收购价计算,收入将是玉米的2倍还多。”

淀粉厂即将开业,王琪现在每天忙得团团转,她说:“我一定要抓住电商发展的新机遇,加倍努力,带动企业发展,同时带领更多的农民脱贫致富。”

记者手记

新华网吉林分公司记者 王善军 李幸子

一路奔跑的“村淘海归”

有着高学历背景的王琪不善言辞，讲话非常朴实，与想象中的“海归”形象有一定的差距。可是，做起事来的王琪非常果断与干练，什么事情，方向一旦确定了，就一路坚持到底。比如她毕业后回乡创业这件事，她说：“我一定要用自己的实力来证明自己的价值。”

2017年6月6日，王琪到长春参加“中国网事·感动吉林”2016年度人物颁奖典礼，在发表获奖感言时说：“有很多人问我，为什么要回农村去创业？首先，我对家乡有着深厚的感情。其次，我做农村淘宝，把网络与乡村联结起来，就是不想让我的家乡被网络时代遗忘，更想让中国农村与网络时代一起飞！”

王琪在实现理想的行动力上有着惊人的能量，而在这背后，是不断的坚持。

首先是家里人的“心理关”。家里的很多亲属觉得王琪留学回来，学历高，条件好，回到农村工作有些可惜。“创业初期，家里人都不支持，后来渐渐有了成效也就支持了。”王琪说。

其次是在创业过程中村民的“认识关”。农村淘宝前期走访的时候遇到过很多困难，农村淘宝需要宣传，需要让大家接受。“开始的时候老百姓都不认可，这其间挺难的。我就挨家挨户地走啊，有一次我走访一个老人家，他不认可啊，还放狗咬我。”王琪说。

淘宝淘宝，既要淘来“宝”，也要输出“宝”。对于目前“村淘”这个电商平台，王琪有着深刻的认识。目前，她的电商平台架构已经基本稳定，输出“宝”也成了王琪下一步思考的课题，开办淀粉厂就是她迈出的重要一步。“我出去考察了大半年，在北京、上海、安徽等地的销路已经确定好，保守估计，淀粉厂年收入上百万不是什么问题。”

用敏锐的判断力在电商的平台上“奔跑”，用实际行动改变家乡面貌，王琪，这名一路奔跑的90后，真正成了网络时代的弄潮儿。

微语录

“我放弃了在大城市做光鲜亮丽的白领的就业机会，选择回农村打拼。有人说我傻，偏偏又回到镇赉这么小的地方接着干，但是我就想回到我自己的家乡去创业。”

——“农村淘宝海归”王琪

微评论

网友“治民特产”说：王琪，中国新一代大学生，为建设社会主义新农村贡献自己的一切！赞！

网友“勇敢的小星向前走”说：网购对于农民来说还是新鲜事啊！

网友“一个想字呀”说：电商正在迅猛发展，实体店铺在农村也正在经历翻天覆地的大洗牌。

网友“星期八宠物食品店”说：江苏省常州市农村淘宝什么时候入驻？我已经等了两年了。

符良玲的身上有一种温柔而坚定的力量。(新华社记者　郭程　摄)

“康复天使”符良玲

符良玲,海口市美兰区海甸街道禁毒办副主任。6年多来,她投身于社区戒毒(康复)人员的走访帮教、就业安置、低保办理等工作,把握“全、异、情、诚、实、新‘六字真经’”,为他们回归正常生活而不厌其烦地奔走。同时,她把社区戒毒(康复)人员当亲人,用爱和真心感化他们,让他们下定决心远离毒品,走上正常的生活轨道。她为社区的稳定和谐奉献了自己的一份力量,也最终获得社区戒毒(康复)人员的尊重和信赖。提起符良玲,他们总说:“玲姐就像我们的家人一样!”

符良玲,用爱点亮戒毒人员新生命

新华网海南频道记者　胡婷

初见符良玲,是在她的办公室里。她极瘦,脸色也有些苍白,不停地来回踱步打电话对接工作,时而眉头深锁,时而神采飞扬。符良玲是海口市美兰区海甸街道禁毒办副主任,6年多来,她投身于社区戒毒(康复)人员的走访帮教、就业安置、低保办理等工作,把握"全、异、情、诚、实、新'六字真经'",把社区戒毒(康复)人员当亲人,为他们回归正常生活而不厌其烦地奔走,用爱和尊重引导他们走向新生,为社区稳定和谐奉献了一份力量。在网友的投票推举下,符良玲登上了2017年6月的"中国好人榜"。

"我每天都在和时间赛跑"

符良玲的家离办公室很远,她几乎每天都是5点多就起床,简单地吃过早餐后就赶着上班了。她笑着说:"我的一天基本上是三部曲——工作、吃饭、睡觉。"她的语气中并没有一丝无奈,反而露出一股自豪感来。

符良玲大量的时间都花在了戒毒(康复)人员身上。作为一名基层的禁毒办副主任,她的工作是繁重而琐碎的:上网了解、核对信息,走访帮教对象,与他们谈心、了解情况,并为他们制作档案、申请低保、协调安排就业……"玲姐总是来得最早、走得最晚的。即使回到家,也还在不停地打电话开展工作。"符良玲的同事说。

超长的工作时间背后,是符良玲对帮教对象倾注的一腔热血。戒毒(康复)人员是非常特殊的群体,他们不仅要和自己的生理、心理抗争,还要面对社会上异样的眼光以及工作技能缺失等种种困难,很容易受到打击而对生活失去信心,甚至走上复吸之路。只有及时准确了解他们的情况,不断地帮助和鼓励他们,才能使他们的生活慢慢走上正轨。符良玲不断地奔波,深入社区,走访社区民警、村居干部、辖区群众和戒毒帮教人员家属,了解社区戒毒(康复)人员思想动态、交友情况、经济来源、工作生活等基本情况。她对帮教对象的情况了如指掌,谁今天该回来尿检,谁最近情绪波动比较大,她都记得清清楚楚。只要一发现出所人员,便第一时间列管,生怕自己不小心漏掉了一个人。

2017年5月8日下午，符良玲正在与派出所电话沟通工作对接情况，话说到一半时，头突然一下扎到了办公桌上，晕倒了。同事们立刻将她送往医院进行抢救，诊断结果为消化道出血。

而住院的第二天，她一边吸着氧气，一边又开始用手机处理戒毒人员的各种问题了。在医院的10天里，她就这样通过手机处理大事小情。10天过后，她极力说服医生让她提前出院。医生最终同意了她出院，但要求她必须待在家里休息，过段时间再来医院复查。为了能快点出院，早日回到工作岗位，她一口应下了医生的要求。但出院后，她很快又投入了工作中，将医生的忠告完全晾到了一边。“去医院又要浪费很多时间，排个队都要等很久，单位那么忙，事情那么多，哪里有空去啊。”她就像一个陀螺一样不停地旋转，一提到帮教工作，她总觉得时间不够用。“我每天都在和时间赛跑。”符良玲不由得感慨道。

用心探索帮教模式，从无到有

2011年，符良玲刚到海甸街道禁毒办时，海甸街道被挂了绿牌警告，是戒毒“重灾区”。大会上，海甸街道也是被公开批评的对象，这让符良玲心里很不是滋味。她暗自在心里说：“我一定要好好努力，脱掉这个‘重灾区’的帽子！”然而，符良玲当时一点经验

符良玲在工作中。（新华社记者 郭程 摄）

也没有,"而且一开始很胆小,内心很脆弱,别人声音大一点我都想哭。"办事处当时还没有专门的禁毒专管员,要从别的岗位"借"人帮忙。这该如何开始帮教工作?

符良玲没有认输。她开始留意海口市禁毒工作做得最好的单位,并通过各种渠道去学习工作经验,"然后强行逼自己用大脑去记。"每次参观结束,符良玲就赶紧找个地方坐下,拼命回想看到的和听到的,把值得学习的内容立刻记录下来,生怕自己回到家会忘掉。

通过这种"笨办法",符良玲慢慢学习,再结合海甸街道实际情况,做出相应的计划和行动。渐渐地,她总结出了一套自己的帮教工作经验——全、异、情、诚、实、新"六字真经"。"全",是在掌控底数及现状上求"全",不漏管,不失控。"异",是在制定帮教方案上因人而"异"实施戒毒帮教。"情",是真情实意将社区戒毒(康复)人员视为"娘家人"。"诚",是用诚心让戒毒帮教对象感受到党和政府的温暖。"实",是解难题,办实事,踏踏实实做事。"新",是大胆创新戒毒帮教模式。面对帮教对象的物质感谢,符良玲是坚决推辞的,实在推辞不了,就把送来的米和牛奶等折算成钱,一分不少地还回去。

针对家境贫困,又没有一技之长的帮教对象,符良玲积极会同有关部门,做好就业安置、职业培训、低保办理等工作。30 多岁的阿翔(化名)刚从戒毒所出来时一贫如洗,没有工作技能,当符良玲劝他来康复中心时,他开口让符良玲"滚"。符良玲不顾他的恶语,耐心引导鼓励,并奔波于各部门为他开证明、办手续,终于为他争取到小区保安的职位,还促成了他的婚姻。

针对家庭负担重的帮教对象,符良玲扩展帮扶范围,解决其后顾之忧。老李月工资 1300 元左右,妻子多病且无固定工作,母亲年老体弱,女儿在上小学。符良玲多次奔走民政部门,为他争取补助金,同时不遗余力地为他妻子找了份清洁工的工作。

刚开始时,符良玲几乎每天都忙到半夜两三点,经过她夜以继日地努力,2011 年年底,海甸街道就摘下了"重灾区"的帽子,2012 年被评上海口市禁毒先进,之后的每一年都上了光荣榜。海甸街道禁毒办的工作状况也渐渐好转起来,目前总共有 7 个专管员。2016 年,禁毒办共安置就业 49 人、落实临时救济及重大医疗救助 8 人、法律援助 2 人。

只要有她在,就有希望

不久前,戒毒(康复)人员阿勇(化名)的妈妈由于照顾丈夫太过劳累而突然晕倒,阿勇急忙将母亲送到医院。母亲进了急救室后,他整个人一下子颓了下来,仿佛失去了所有的支撑。他下意识地伸手掏出手机拨打电话,第一个电话就打给了符良玲,而符良玲也立即放下手头的工作赶到医院。"从所里面出来的人都把玲姐当成亲人,只要有她在,就有我们这一帮人的希望。"阿勇说。

符良玲为同学们发放禁毒资料。(新华社记者　郭程　摄)

符良玲为同学们讲解禁毒知识。(新华社记者　郭程　摄)

阿勇 2011 年戒毒成功,家境贫寒的他,有个瘫痪 10 多年的老父亲,母亲身体也不好,家里的重担都压在了阿勇一个人身上。刚开始,阿勇对生活毫无信心,对他人充满怀疑,对帮教非常排斥,一直辱骂符良玲。然而,符良玲像母亲耐心开导犯错的孩子一样,真诚对待阿勇,无微不至地关心他。她和同事们为阿勇申请困难救助,帮他的父亲办理残疾证,逢年过节时还带着礼物去看望他……最终,阿勇被她的真诚打动,决心重启自己的人生。

像阿勇一样,很多刚进所里的戒毒人员对工作人员非常排斥,轻则辱骂,重则要拿东西打人。符良玲以极大的耐心对待他们,用真心感化他们,把他们当家人一样。"第一次不愿意开门,我们就隔着大门跟戒毒人员讲《戒毒法》,讲国家的政策及政府对帮教工作的重视。一次不行,我们再来,第二次不行,再来一次,直到他们愿意打开那扇门。"符良玲说,"只要他们打开门就有希望。"符良玲说这句话的时候,眼神中流露出光亮。

6 年来,符良玲先后主持创建了"海甸阳光青年"微信群、"老爸茶"聊天室、"阳光青年"座谈会等帮教载体,收集和倾听戒毒(康复)人员心声。设立"心愿树""祝福墙""荣誉墙""事迹墙",用鲜活的案例让他们真心接纳党和政府,下决心戒断毒瘾。同时通过举办"娘家人"聚会、生日会等活动,拉近了与帮教对象的距离。符良玲主持设立的海甸禁毒帮扶救助基金,由禁毒办工作人员每天捐 1 元钱建立起了基金,在社区戒毒(康复)人员遇到困难时能够及时给予资助。

在外人眼里,符良玲就像为帮教对象站岗的哨兵,永远坚守在岗位上,默默地发光发热;而在帮教对象看来,她就像亲人一样,默默地为他们付出,不求回报。

记者手记

新华网海南频道记者　胡婷

她好像很喜欢笑,有种温柔的感觉,但同时,我在她身上看到了一股力量,那是一种"明知山有虎,偏往虎山行"的勇敢,那是一种温柔而坚定的力量。她,就是海口市美兰区海甸街道禁毒办副主任符良玲。

"玲姐给人的感觉真的是天不怕地不怕的。"她的同事这样形容她。符良玲和她的同事们,每天的工作就是给戒毒(康复)人员提供帮教,而这是非常困难的。戒毒(康复)人员习惯于封闭自己的内心,用强大的敌意冷冷地注视着这个世界,对于周遭的事物嗤之以鼻。偏偏符良玲执意要做一个敲开他们心门的人。冷眼、辱骂甚至是威胁并没有让她退缩,第一次不接受帮教她就再来,第二次不行还再接再厉,直到他们愿意接受帮教,下定决心戒毒为止。符良玲的同事们都曾被恶劣的态度吓得不敢再去,只有她不为所动,执意去劝导,直到他们放下心理的戒备。"去戒毒所时,玲姐永远是走在前面的那一个,而一旦戒毒人员情绪失控,她就让我们快点跑。”她的同事这样说。

两年前,阿伟从戒毒所出来,按照规定他应该到海甸街道禁毒办找符良玲进行尿检、建档,可阿伟却迟迟不来。于是,符良玲让社区综治办工作人员上门通知。工作人员被阿伟的家人吓怕了,推辞说那家人要拿刀砍他,他再也不敢去了,去了就没命了。符良玲决定自己去。前三次,符良玲皆受到帮教人员家属的冷眼。第四次,阿伟的母亲终于让符良玲进门,不料阿伟的大哥看到符良玲后情绪激动,大声喊道:“谁让你们来的,你们来干什么?”喊完顺势拿起旁边的凳子要打符良玲。还好当时老人反应快,看到儿子拿起凳子,立即把符良玲推出门外,迅速把铁门锁上。符良玲仍不退缩,三番五次做工作,阿伟终于来到戒毒办,最终重新拾起对生活的信心。

“一开始我胆子特别小,内心很脆弱,别人声音大一点我都想哭。”看起来天不怕地不怕的符良玲,其实也是个弱女子,但一份对工作的责任和对戒毒(康复)人员真诚的关爱,让她蜕变成长。符良玲刚到海甸街道禁毒办工作时,街道被挂了绿牌警告,是戒毒“重灾区”。符良玲当时一点儿经验也没有,办事处还没有专门的禁毒专管员,要从别的岗位“借”人,这样的处境让她举步维艰。她哭过,但从没想过要放弃。没有经验,她就拼命找各种办法学习别人的经验;人手不够,她便把大量工作往自己身上揽,每天加班加点……无所畏惧,不抱怨,不气馁,只是埋头苦干。

符良玲,身材瘦小,却藏着大大的能量,就像一名永不退缩的战士一般。在采访时,我问她,是什么让你一直有动力做这份工作?她说,家人的支持和鼓励给予她努力工作的动力,街道的老党员、领导不怕苦不怕累的精神也激励着她不断向前冲,而帮教人员的生活一点儿一点儿地变好,更是她一直永葆工作热情的能量之源。

微语录

“一次不行,我们再来,第二次不行,再来一次,直到他们愿意打开那扇门。只要他们打开门就有希望。”——“康复天使”符良玲

微评论

腾讯微博网友说:春风化雨,温暖是一剂戒毒“良药”。符良玲是社区戒毒人员心中的“暖心大姐”,她不辞辛苦,七年如一日,让许多社区里的戒毒人员彻底戒掉了毒品,重拾信心融入社会,过上了新生活。她的付出挽回了一个个濒临破碎的家庭,为她的义举点赞!

腾讯微博网友说:她用“爱”坦诚相待,打通戒毒人员回归路。

冯开平在金灯寺内。(新华社记者 杨晨光 摄)

“与世隔绝的护宝人”冯开平

海拔1700米的林虑山巅,无水、无车、无信号、无人烟。在这云雾缭绕的“仙境”中,只有500余尊佛像,而58岁的文保员冯开平在这座全国重点文物保护单位金灯寺守护文物已达22年。没有水,他就喝石窟内的雨水;没有车,他近3年没回过家;没有手机信号,妻女出车祸他全然不知;没有人烟,他就靠抽烟打发时光。因为那份责任,即使有生命危险他也没有退缩,冯开平在平凡的工作岗位上、在与世隔绝的环境中,实现着不平凡的人生价值。

冯开平:22 年与世隔绝的“护宝”人生

新华社“中国网事”记者 王学涛

海拔 1700 米的林虑山巅,无水、无车、无信号、无人烟,只有 500 余尊佛像和云雾缭绕的仙境。冯开平在这里守护着国保文物单位金灯寺,一守就是 22 年。

没有水,就喝石窟内的雨水;不通车,这些年很少回家;没有手机信号,妻女出车祸也全然不知。因为心中的那份责任,即使面对生命威胁,冯开平也没有退缩一步。

“熬过”清苦寂寞

早上从山西平顺出发,车辆一路颠簸,轮胎不时打滑,石子飞溅,飘出一股焦皮味。下午 3 点,终于到达目的地金灯寺,路上足足用了 7 个小时。

方圆七八里不见人烟,冯开平没有私家车。

“没车您怎么回家?”记者一见到冯开平就好奇地问。“少回呗!”他说,每次回家先步行 3 小时到玉峡关,然后才能坐上公共汽车。因此,短则一两个月,长则几年才回一次家。令人吃惊的是,2014 年至今,他还不曾回过家!

一间小屋既是宿舍,也是办公室。记者打开随车携带的水和方便面准备吃午饭,老冯热情地烧水、煮鸡蛋。屋子太小,一张床、两张桌子、一个监控屏幕就占满了空间,他只好把电磁炉拿到门外去烧水。“现在方便多了,10 年前还不通电呢。”

“没电怎么办?”记者脱口问道。“点蜡烛!”冯开平说,文物部门曾先后买过柴油和风力发电机,但因为柴油贵、风力小、声音大,最后不了了之。直到 2007 年,当地开发旅游才通上电。

吃完饭,记者看到金灯寺修缮工地外有两大桶水,就拧开水龙头洗碗,被施工人员叫住了,他说那是 100 元买的水。

“没水怎么活?”记者感到不可思议。老冯指了指水陆殿说:“吃雨水!”记者看到,石窟常年漏雨导致地面形成了一个小水池,水里还有硬币、纸币。“人多时看不住,还有人在里面洗手洗脚。”

记者发现,金灯寺连手机信号也没有。“没信号怎么与外界联系?”两天的采访,记

空闲下来，冯开平常常抽着烟眺望悬崖下方。（新华社记者　杨晨光　摄）

者已感到与世隔绝的不便与孤独。

“习惯了！”老冯靠在悬崖边的护栏上，深深吸了一口烟，烟雾爬上他满头的白发。

“挺过”偷盗危险

金灯寺虽是全国重点文物保护单位，但地处偏僻、道路崎岖，加上以前电讯不通，一度成为不法分子盗窃的对象。在此背景下，1995年，曾在平顺县落子剧团工作的冯开平被派到金灯寺看护文物。

20世纪90年代，冯开平经历过4次偷盗，先后有五六个和他一起看护的老汉被吓得离开，只有他坚持了下来。在他之前，临时看护的老汉都是附近村民。

一次偷盗中，4个盗贼卡住他脖子，刺伤他腰部，捆住他手脚，嘴里塞上毛巾，把他锁到了厨房。“好在没丢东西。他们走后，我用捆着的手先解开脚上的绳子，然后试着用切菜刀把手上的绳子割断，结果没成功，手腕也划破了。后来又试着用锯才把绳子割断。”冯开平说。

在孤立无援的悬崖绝壁上，面对盗贼，老冯也害怕。他回忆说，有天晚上下着雨，他听见撬门声，紧接着进来一伙人，他和临时看护的老汉躲在了悬崖边上。负责巡逻的盗贼打着头灯转来转去，搬起石头就往悬崖下投。冯开平和老汉紧贴崖壁，惊怕不已，因为一旦被砸中便会葬身悬崖。

“那是丢得最多的一次，共破坏了14尊佛像。盗贼一走，我就心急火燎地步行到玉峡关报案，当时已是凌晨两三点了。”冯开平说，让他稍微宽心的是，没过多久，这个盗窃团伙在河北落网，交代了在金灯寺的犯罪事实。

“藏着”内心愧疚

在金灯寺的8000多个日日夜夜，冯开平一人熬过黑暗、危险、寂寞，然而提起家人，这个不善言辞的汉子却捂起脸抹眼泪。“干好工作就冷了家，幸好老婆孩子都支持我，退休后，咱担责任！”

20多年前，冯开平刚到金灯寺时，小儿子才1岁，这么多年是妻子孟喜梅独自把3个孩子拉扯大。为了生活，孟喜梅开过烟酒铺、卖过衣服、卖过饭。她每天带着儿子进货、摆摊、收摊，其艰辛不言而喻。

最让冯开平感到愧疚的是，2005年，妻女出车祸，他却全然不知。当时她们乘坐的公交车与火车相撞，女儿手臂骨折，妻子的脸被划破，缝了47针，至今右脸颊和嘴上仍

冯开平在金灯寺水陆殿打水。（新华社记者　杨晨光　摄）

冯开平在打扫金灯寺的院子。(新华社记者　杨晨光　摄)

能看到疤痕。"给他打电话打不通,伤好了,他才知晓此事。"孟喜梅说。

为了节省生活开支,冯开平一直穿儿子穿剩的衣服,抽三五块钱一包的烟。发芽的土豆和长毛的馒头他也舍不得扔掉。"刮刮还能吃,只要填饱肚子就行。"老冯说,孩子们长大后,老伴会抽空来看他,给他理发、洗衣服、做顿好吃的。

冯开平的默默坚守没有白费,如今的金灯寺变得越来越好。在他看管后的第13年,寺里通了电迎来光明;第16年,寺里安装上了监控;第21年,国家开始抢救性保护金灯寺的文物。虽然即将退休,但他工作更认真,近3年多一刻也没有离开过金灯寺。

"我想平安、光荣地退休。等2019年文物修完时,我就能安心地退了。"冯开平说。

记者手记

新华社"中国网事"记者　王学涛

冯开平22年守护文物的付出,记者无法感同身受,但短短两天的采访却已感受真切。

从平顺县城出发,到金灯寺竟然用了7个小时!早晨8点,记者一行从山西平顺县城出发,原以为高速路好走,就导航到了河南林州,多方打听后,开始爬山。车辆一路颠簸，停停走走，遇上大小石块混合路段，不得不下车步行。就这样轮胎打滑，石子飞溅，不时闻到一股焦皮味，下午3点，终于到达海拔1700米高处的金灯寺。

方圆七八里看不见人烟，冯开平也没有私家车。他告诉记者，每次回家先要步行3个小时到玉峡关，然后才能坐上公共汽车。从家回寺里也是一样，先坐车到玉峡关，然后步行回金灯寺。最初只有一趟班车时，每次从家回来，他都要一个人步行走山里的夜路。

一个人在金灯寺究竟有多寂寞？采访期间，记者因为工作上有事需要打个电话，结果发现没有任何手机信号。老冯告诉记者，到金灯寺水陆殿里也许能收到信号。记者迫不及待地去了，水陆殿里特别冷，记者蜷缩着身体，不停地重启、摇晃手机，结果还是无济于事。为了不放弃一丝希望，记者找来一个碗，把手机放在碗里，留在了水陆殿中央。

更让记者感到不可思议的是，在金灯寺就连基本的喝水都成问题。就在记者四处找水龙头时，冯开平还是指了指水陆殿，告诉记者，他一年四季就喝水陆殿里的水，在他的记忆里，水陆殿断水的时候只有那么一两次。

记者走进水陆殿，满壁的浮雕、佛像，非常震撼，但由于常年漏雨，环境十分阴冷。崖壁上可以看到一片片被水浸湿的痕迹，严重的地方已经变黑变硬，而屋里地面早已形成了一个小水池。水面上飘着游客投进去的纸币，池底里沉着硬币，还有已经变黑了的水生植物。

“这水能喝吗？您咋让游客往里面扔钱呢？多脏啊！”记者忍不住说。老冯指了指挂在殿里的牌子，上面明文写着禁止往水里投东西。“游客多时，我一个人管不过来，这都是好的，还有人夏天在里面洗手、洗脚呢。没有选择，不干不净，吃了没病。”老冯无奈地笑笑。

水在金灯寺的确宝贵。记者去采访时正赶上金灯寺石窟在维修，连建筑工地上用的水都是购买的。记者在工地上吃完饭，想去刷碗，刚拧开水桶上的水龙头就被叫住了。

下午，雾气升腾，能清楚地看到雾气在身边流动、扩散。慢慢地，整个金灯寺被雾气包裹，能见度非常低。到了晚上，我们和老冯一起趴在金灯寺的砖石护栏上往山下眺望，看到的是河南林州的万家灯火。冯开平默默地点燃了一支烟，烟雾缭绕，飘过他满头的白发。

“条件已经好多了，之前连电也没有，盗贼还经常到访……”老冯说。

微语录

“习惯了！既然来看庙，就要把它看好，我想光光荣荣地退休。”——“与世隔绝的护宝人”冯开平

微评论

网友“心灵鸡汤”说：了不得！几十年坚守，看护文物，精神可嘉！

新华社客户端网友说：这些默默无闻却又奉献自己的人，他们的付出难道仅仅是一种坚持吗？换作是我们可以吗？能坚持下去吗？向老冯致敬！

余绍森和小朋友们在一起特别开心。(新华社记者 黄宗治 摄)

“轮椅上的幼篮大家”余绍森

余绍森曾经是一名体操运动员,12 岁开始参加大小比赛,南征北战。26 岁在做吊环大回环动作时重度摔伤,胸部以下高位截瘫,从此告别了热爱的体操馆,至今在轮椅上坐了 40 多年。余绍森没有一蹶不振,他自学日语,报考体育专业院校,决心“用脑子继续体育事业”。他将全部热情和精力投入幼儿体育教育事业,推动篮球、足球、游泳等运动在幼儿中的普及。

今天,他是风靡大江南北的浙江幼儿篮球操的创始人和推广者、浙江省幼儿体育协会常务副理事长,也是千千万万孩子的“余爷爷”。

在轮椅上延伸梦想的余绍森：让幼儿篮球操传遍大江南北

新华社“中国网事”记者　朱涵

12岁学习体操，南征北战参加大小比赛，26 岁训练受伤，胸部以下高位截瘫后，他再也没能够站起来，至今在轮椅上坐了 40 多年。

但轮椅没能阻止梦想的脚步，他将全部热情和精力投入幼儿体育教育事业上，推动篮球、足球、游泳等运动在幼儿中的普及。

他就是风靡大江南北的浙江幼儿篮球操创始人和推广者、浙江省幼儿体育协会常务副理事长余绍森，也是千千万万孩子的“余爷爷”。

“不能随随便便活下去”

余绍森曾经是浙江的一名体操名将，45 年前的一次意外彻底改变了他的人生轨迹。

1972 年 6 月 27 日下午，余绍森最后一次上吊环练习。教练将他托举到吊环上后随即离开，没有按照常规在旁保护。落地前，余绍森在吊环上做大幅度摆动时，由于动作变形重重地摔到了地上，导致第六、七节颈椎骨折。

当时余绍森已经练了 14 年体操，正准备转型成为教练。从一个拥有强健体魄的运动员摔成生活不能自理的病人，余绍森急得不行，拼命想要治疗，“再难再苦，至少要重新站起来。”

受伤后的 6 年中，他做过 3 次大手术，两次与死神擦肩而过，试过各种各样的办法，但奇迹始终没有出现。冬天，他的两脚全是冻疮，烂得一塌糊涂；到了夏天，室外 40 摄氏度，他的胸部以下不出汗，体温达到 40 摄氏度，晚上每睡 20 分钟就要翻一次身。

曾享受在吊环、双杠上自由自在腾挪、旋转的余绍森，高位截瘫之后却只能在梦里寻找腾空的自由，午夜梦回，他总是满脸泪水。

站起来的希望破灭了，余绍森躺在病床上，脑子却在不停地运转，他问自己：“难道就这样躺着活下去，随随便便度过这一生了吗？”

几经考虑，余绍森决心继续从事体育事业——“用脑子搞体育研究”。他开始自学

余绍森在浙江省幼儿体育协会的办公室内。(新华社记者　黄宗治　摄)

余绍森在杭州市陈经纶体育学校的体操训练馆。(新华社记者　黄宗治　摄)

日语，并报考上海体育学院的大专函授班，坐着轮椅坚持上课，风雨无阻。

1982年，余绍森的一篇翻译文章登上了《中国体育报》。这是他自受伤后最为激动的时刻，他觉得自己不再是个废人，又找回了当运动员时那股奋斗的劲头。此后，他又陆陆续续发表了40多篇论文，撰写了十几份研究报告。

“强身健体从娃娃抓起”

在今年的全运会、全国学生运动会等多项赛事的开幕式上，一群七八岁的小娃娃身着运动服表演动感十足的篮球操，双手运球、背后传球、胯下运球，玩得有模有样，震撼全场观众。

这项幼儿篮球操正是在余绍森的建议和指导下，由浙江省幼儿体育协会率先在幼儿园进行推广的。2006年，浙江省宁海实验幼儿园开始试点幼儿篮球，入园的小娃娃人手一只篮球，作为晨间操、活动时间的运动器械。为了令幼儿篮球更“好玩”，余绍森将体操与篮球动作相结合，配合动感音乐，创编了幼儿花式篮球操，趣味十足，大大推动了这项运动的参与度。

“幼儿花式篮球操让孩子们玩出了兴趣和志向。”余绍森说，幼儿篮球操注重让孩子在身体练习的基础上轻松地学、快乐地练、主动地思考，在游戏中奔跑，在叫喊中进行体能训练和规则教育。

如今，幼儿篮球操是浙江幼儿园中普及度最高的一项运动。“孩子们把篮球当成游戏伙伴，变得主动、自信、阳光。所有的篮球技巧都隐含在游戏中，学到的各种动作都可以作为基本功，为以后的篮球发展打下基础。”宁海实验幼儿园园长陈晓燕说。

“一切为了下一代”

20世纪90年代，余绍森在一项科研任务中发现，当时运动员苗子选材困难的现象十分普遍，而在基层幼儿园，孩子们对于体育项目也练得越来越少，拉拉手围个圈就是体育课。这让余绍森看在眼里急在心里。

为此，他开始在浙江省幼儿园中推广幼儿体操。为了更好地开展工作，余绍森经常要去基层幼儿园走访，了解孩子们的运动情况，为老师们开展讲座，为幼儿园定制运动方案。走得多了，孩子们都认识了这位总是乐呵呵的老爷爷，如今每到一处，孩子们都会一拥而上将他围住，大声喊他“余爷爷”。

截至目前，浙江省共有161所体育示范幼儿园，运动项目包含篮球、足球、体操、游泳等。2017年6月，浙江举办2017年浙江省幼儿体育大会暨浙江省第四届幼儿篮球表演大赛，设立了近20个比赛项目，参赛人数达到1600人。余绍森作为大会发起人，由于

2017年12月25日,余绍森在杭州市丁兰第二幼儿园,观看小朋友练习幼儿篮球操。(新华社记者 黄宗治 摄)

身体行动不便,只能坐在远远的角落,满怀欣慰地为孩子们鼓着掌。

他的敬业精神令身边人都深受感动。“余绍森多年坚守,将一件事做到极致,倾注所有的光和热,可以说是浙江幼儿体育工作的一面旗帜。”浙江省体育局局长孙光明说。

余绍森专注体育事业,至今单身,他将千千万万的娃娃都当作了自己的孩子。

“我不能走、不能跑、不能跳,但娃娃们在我眼前那么欢快地走、跑、跳,从他们身上我看到了梦想的延伸,因此活得更快乐。”余绍森的信念和追求坚定、坚韧,因为“一切付出都是为了下一代”。

记者手记

新华社“中国网事”记者 朱涵

一个负重登山的人

采访余绍森是在一个早晨。我来到他的办公室,坐在他办公桌边的椅子上等他。办公室很旧，有四五张办公桌，他的办公桌在窗旁，侧对着大门——这是轮椅进出最方便的位置。

很快，办公室里渐渐热闹起来，余绍森的同事推着轮椅送他进来。余绍森比我想象中高大、挺拔，即使是在轮椅上坐了40多年，他的腰杆也挺得笔直。

当时余绍森刚刚从一场大病中恢复。因为忙于浙江少儿体育大会，他长时间奔波、久坐，长了股疮，“有硬币那么大一个洞”，他拿手比画了一下。

我们从他意外受伤的时候聊起，几次与死神擦肩而过，尝试过各种方法，受到的痛苦令他这个长期满身伤病的运动员也感到实在难以忍耐。但他在述说这些经历的时候，却很平静，脸上还带着笑。他甚至笑着挽起一点裤腿对我说，看，你肯定很难想象一个健壮的运动员会瘦成现在这样。

对于一个高位截瘫的人来说，生活琐事已是不易，更不用说在事业上开辟疆土了。我了解到的是，从相关部门到社会、家庭，对幼儿体育教育都不算重视，余绍森作为一个体育人，不会不知道其中的难度。然而在他的带动下，浙江一批教师和体育工作者开始为幼儿体育呐喊奉献。在多年努力下，浙江举行了幼儿体育大会，成立幼儿体育协会，举办幼儿健康体育发展论坛，评选体育示范幼儿园，发展起浙江幼儿体育工作，做出了规模，形成了声势。最重要的是，孩子们无论是从身体素质，还是意志品格上都有了很大提升。

采访时，余绍森的不少同事就围坐在一旁。他们将余绍森称为“余老师”，他们说，余老师是一个负重登山的领路人，他是先锋，也是旗帜，他看到了更远的地方。

微语录

“我不能走、不能跑、不能跳，但娃娃们在我眼前那么欢快地走、跑、跳，从他们身上我看到了梦想的延伸，才能活得更快乐。”——“轮椅上的幼篮大家”余绍森

微评论

网友“龚力魄”说：不是每一位身残志坚者都能明白“一枝独秀不是春”这样的人生道理。任何身残志坚者，如果在自立自强的同时，还能像余绍森这样竭尽所能地将自己的特长发挥到极致，并使之产生价值，那他所诠释出的意义就已经超越“独乐”与“众乐”、“独秀”与“春”的范畴，而将心境中的“最美”发挥到另一种宽泛与高度。

网友“王再权”说：余绍森三十多年如一日，呕心沥血，为了下一代接班，倾注光和热，我深受感染。在他身上不仅仅看到工作热情，更看到对工作的执着，从深层次来说，感到一个共产党员的品质所在。

2017年12月25日，杜诚诚在蒋家墩社区办公室为居民办理业务。（新华社记者 熊琦 摄）

“光明使者”杜诚诚

杜诚诚，女，中共党员，武汉市青山区新沟桥街蒋家墩社区残疾人协理员。左腿高位截肢的她并没有倒下，而是通过刻苦学习和坚强意志，为黑暗中的盲人传递“光明”。多年来，她从事“为盲人讲电影”志愿服务工作，现已为盲人“讲”了近200场电影，为50多部电影写下近百万字的解说词，累计有7000人次的盲人听过她讲电影。为此，她荣获2016年全国学雷锋志愿服务“最美志愿者”、2016年“武汉精神践行者”年度人物、武汉市“五四青年”奖章、武汉市“最美志愿者”、武汉市“岗位学雷锋”标兵、武汉市“读书明星”、武汉市五星级社区志愿者、武汉市优秀助残志愿者等荣誉，荣登“湖北好人榜”“中国好人榜”等。

为盲人讲电影的"光明使者"

《中国青年报》记者 雷宇 李明月

"此刻,全场都站了起来,为谷雨鼓掌。谷雨赢得了包括对方教练和队员在内全场人的一致认可……"当杜诚诚结束了电影《特别的爱》的讲解,一群盲人观众依旧沉浸在剧情之中,久久不愿离开。

杜诚诚是武汉市青山区蒋家墩社区一名残疾人协理员。她的日常工作是根据国家各项政策落实对残疾人的救助和关爱。

除了在工作中尽心尽力地帮助残疾人,2010 年,杜诚诚在武汉市残联参加了盲人电影讲解员的培训活动,利用业余时间帮助盲人"看"电影,这个志愿服务一做就是 7 年。

与一般的志愿者不同,诚诚自身也是一位残疾人。

十几岁时,杜诚诚的左腿患上了神经纤维瘤,大学期间因病情加重不得不辍学。2009 年,忍受着病痛煎熬的诚诚冒着手术失败的风险选择了高位截肢。

"实在是太疼了,连呼吸都觉得很疼,疼到一吃饭、喝水就想吐。"诚诚说,截肢对于自己来说反而是一种解脱。

由于手术失败的概率较大,武汉大学人民医院的范里医生顶着压力接纳了诚诚,并对她进行了手术。躺在手术台上的杜诚诚心里默默地想:"如果能活着走下手术台,我也会像范医生一样尽力去帮助别人。"

为了这个对自己的承诺,到目前为止,她已经义务为盲人讲了 200 余场电影,累计服务人群超过 7000 人次,为 50 多部影片写下了近百万字的讲解稿。

杜诚诚说,讲解电影最重要的是"选片",一部情节简单、故事感人、能够引起残疾人共鸣的电影是最合适的。其次,为了能让自己的声音在人物对话的间隙适时地出现,做到既跟上电影的节奏又不会打乱剧情的连贯性,杜诚诚会对每一处画面内容进行仔细推敲取舍。这样一来,每部电影她至少要观看四五遍。

电影《山楂树之恋》的讲解是杜诚诚的处女秀。初次讲解有些紧张,她用了一个星期的时间将稿子推敲了 20 多遍。遇上最新上映、无法从网上下载的影片,诚诚就自掏

2017年12月25日晚上，杜诚诚在家对着电脑手写电影解说词。（新华社记者 熊琦 摄）

腰包到电影院反复观看，然后凭借记忆写下解说词。2016年10月，为了能让观众看到正在热映的《湄公河行动》，她一天之内将这部电影看了4遍，带着面包和水在电影院里坐了8个多小时。因为身体状况特殊，她需要不时地拍打、按摩自己的腰和大腿来缓解因久坐带来的下肢酸痛。

看着女儿这么拼，杜妈妈时常忍不住揶揄她："杜诚诚你可真行，就你有奉献精神啊？"

50多岁的桂师傅是盲人电影院的常客。自从失明之后，桂师傅已经有30多年没有看过电影了，他说，是杜诚诚帮助他再次体验到了"看"电影的感觉，这也代表了大家的心声。

2017年2月，蒋家墩盲人电影院拆迁，杜诚诚和她所在的志愿服务团队失去了固定的活动场所，观众也因为搬迁到其他地方而难以聚集。为了继续给盲人讲电影，诚诚在坚持线下讲解的同时开辟了网上直播通道。

5月19日，杜诚诚受邀给武汉市盲校的200多名儿童讲解了她最喜欢的电影——《特别的爱》，并进行了现场直播，这段视频在"见微直播"上获得了20余万的关注量。

2017年12月底，杜诚诚在社区电影院为盲人讲解电影。(新华社记者　熊琦　摄)

2017年12月26日，杜诚诚在荧幕前等待为武汉盲校的孩子讲解电影。(新华社记者　熊琦　摄)

电影结束后，一个小男孩儿站起来对她说："诚诚老师的奉献精神让我觉得，即使我们是残疾人，只要肯努力，也可以像健全人一样生活。"这段视频一直保存在杜诚诚的手机里，成为她温暖的记忆。

现在，杜诚诚不仅自己讲电影，还在武汉市范围内培训了100余名和她一样热心公益的盲人电影讲解员。

新沟桥街道办事处的残疾人专干刘明亮是杜诚诚的直接领导，在他看来，盲人电影讲解员不少，但是坚持了这么久，做得这么好，影响这么大，杜诚诚是其中突出的一个。

今年31岁的杜诚诚有着一张憨态可掬的娃娃脸，脸上缀着两只"熊猫眼"，问她熬夜做什么，她有点不好意思地笑了："有时候要写讲解稿，有时候要准备各种考试。"

没有念完大学一直是这个85后姑娘心中的痛。为了弥补这份遗憾，她自学通过了专升本、中级社会工作师、二级心理咨询师和葫芦丝业余十级等大大小小的考试。

杜诚诚的故事正感动着越来越多的人。7月27日，她光荣当选湖北省第十三届青联委员。而此前不久，她还获得全省青年人的最高荣誉——湖北省"五四青年奖章"。她说，这既是肯定，也是鞭策。

记者手记

《人民日报》记者　王子潇

什么是力量？你看不见，我讲给你听；你感觉不到，我帮你触摸；你走不稳，我扶着你……力量是无形的坚持，也是可感的帮助。杜诚诚帮助盲人"看"电影，其故事不仅如电影剧情般精彩，而且透着震撼人心的力量、温暖人心的感动。

用持之以恒的善举让失明者感受银幕的光影，这正如杜诚诚的名字的意蕴——诚朴的爱心、诚挚的善念。善的背后是行动，杜诚诚也是一位残疾人，她用公益奉献的一言一行证明了爱不是健全者的专利，只要怀有一颗助人为乐、与人为善、关爱他人的心，即使身有残疾，也能成为他人生命中的"贵人"。或许，在她身上，我们更能感受到什么叫健全、什么叫美丽。

流动的善更伟大。杜诚诚生病时，范医生给了她帮助，她决心将助人的精神传递下去。如今，更多的人像她一样为盲人讲解电影，这一点一滴的无私付出，终于汇成了温暖的洋流。这也启示我们，不要忽视每一份微小的爱心之举，不要轻视每一次公益的坚持，它们都足以折射出人心深处最美的底色。

"万物皆有裂痕，那是光照进来的地方。"即便是残疾人，也能成为他人生命里的光，映出他人心中的精彩，就像盲人们听到杜诚诚讲述电影时，他们懂得"声音是看得见的光”。

微语录

“我有一个梦想，即使我是一个残疾人，依然可以将‘阳光’洒满每个力所能及的地方，依然可以用我的知识和行动将爱与梦想传递。”——“光明使者”杜诚诚

微评论

网友“桥哥在线”说：身残志坚，永不放弃，平凡的女孩成就不一样的人生，用生命的奉献，真心快乐地生活！

网友“小可”说：杜诚诚为盲人讲解电影，在盲人的内心打开了一扇窗，用一丝光明照亮了盲人的心田。

网友“撒迦俐亚”说：大爱无边，用心去帮助、关怀身边的每一个人，世界就会变得更加美好。

葛军为能给其他人带去快乐而快乐。

“鸿雁天路的快递小哥”葛军

2009年7月，青海邮政开通格尔木至唐古拉山镇邮路。这条邮路地处人们常说的地球第三极，人称“生命禁区”。1976年生的葛军主动请缨，一人一车，承担起沿线官兵、居民、环保志愿者的送邮业务，一走就是7年，成为这条邮路精神和物质的重要传递者。他与疯狂的沙尘暴赛跑，与风霜雪雨抗争，与高海拔较劲，一次又一次与死神擦肩而过，出色地完成了邮运任务。他曾不顾刺骨的洪水侵体保护邮件，曾在中秋佳节顶风冒雪“八百里”将月饼送到志愿者手中，曾无数次紧急救助起沿线的陌生人……

7年35万公里，生命禁区里送快递

新华社“中国网事”记者　涂蕊

“在可可西里，你踩下的每一个脚印，就有可能是地球诞生以来人类留下的第一个脚印。”这是广袤而神秘的可可西里的真实写照。

在这平均海拔4600米，被称为生命禁区的地球“第三极”，有一条邮路叫作“鸿雁天路”。葛军，就是这条邮路上唯一的快递员。一个人一辆车，一走就是7年35万公里。他开玩笑说：“再开3万公里我就到月球了。”

主动请缨：一个人的邮路

与城市里灵活穿梭的快递“小哥”不同，可可西里的快递可不是容易送的。有人形容：“在这里，躺着都是一种奉献。”

2009年7月，青海邮政开通格唐邮路（格尔木至唐古拉山镇）。这条邮路地处人们常说的地球“第三极”，平均海拔超过4600米，年平均气温零下6摄氏度，常年无霜期仅3个月，空气含氧量仅为平原地区的43%，走一趟要翻越4767米的昆仑山口和5010米的风火山口，穿越可可西里无人区。

这条路被当地军民亲切地称为“鸿雁天路”。2010年，转业军人、司机出身的葛军主动请缨，肩负起了“鸿雁天路”的邮运重任。

这条邮路是为沿线的保护站、泵站、兵站、机务站、养路段和居民等服务的。而此前，沿线的包裹都是由顺路车捎带，或者人们自己乘车到格尔木取件。

2017年8月19日早上，在青海省格尔木邮局，记者见到葛军。他前一天早上6点刚刚从唐古拉山镇返回格尔木。葛军16日凌晨4点就出发了，可由于青藏路上堵车，500公里的青藏路，他用了26个小时。而葛军却说：“堵车是常有的。”

1976年出生的葛军，一身邮政制服，皮肤黝黑，嘴唇发紫，这是常年在高海拔地区生活的特征。很难想象眼前的他来自上海。虽然只有40出头，葛军的头发稀疏，而且多半都白了，看上去比同龄人老很多，被沿线的官兵和居民亲切地称为“葛大爷”。

早上8点，葛军已把邮包装上车，带上了干粮和热水。这是本周内他第二次送邮，

葛军常年一个人奔走在这条“鸿雁天路”上。

车内装满了包裹和报纸。记者跟着葛军从格尔木出发，沿着青藏路驱车500公里到唐古拉山镇，此行沿线有23个邮件交接点。

青藏公路冻土层地质条件复杂，经常进行路段整修，加上自然气候等原因，堵车、抛锚现象时有发生，邮车有时不能按时限到达。葛军驾驶印有“中国邮政”的绿色邮车上，常年备有棉被、军大衣、药品等，邮车途中可能出现的故障，他基本都能搞定。

穿越生命禁区：无人不知的“葛大爷”

纳赤台机务站、三岔河特大桥、昆仑山二号云端哨卡……“鸿雁天路”上的官兵、居民们，几乎人人知道这位“葛大爷”。每到达一个兵站，葛军都大喊一声：“兄弟们，交接了！”官兵们纷纷跑出来迎接他，查找自己的邮件。他们簇拥着葛军有说有笑，花白头发的葛军则像个大男孩，偶尔开起玩笑还会跟大家抱在一起扭打。

一位来自山东的90后武警战士告诉记者，高海拔地区物资匮乏，他是家里的独生子，父母不放心，常寄来衣食等，4年来都靠“葛大爷”送包裹。

在平均海拔4600米以上的高原公路上行驶并不简单。到过青藏线的人都曾深刻体验过严重的高原反应，头痛、胸闷、呕吐、神情恍惚，脚下如无根，走几步如同爬了十几层楼梯。

2011年的一次投递，葛军到达唐古拉山镇兵站后，半夜开始头疼、呕吐，战士们把他送到武警卫生院输完液后才感觉好点。没想到，再次上路后，他又出现了头疼、恶心的状况，意识也开始不清醒；70 公里的路，他坚持了 4 个小时才安全抵达下一个投递点。事后，他才知道，自己患的是高原脑积水症，随时有生命危险。

还有一次大雪封路，邮车无法开往沱沱河兵站。当时邮车里只有几封战士的信，深知高原官兵盼信心情的葛军，不顾刺骨的风雪，徒步行走了 20 多里路，将信送到了战士们手中。看着葛军被冰雪冻得红肿的脸庞，战士们激动得热泪盈眶。

下午 2 点，邮车到达可可西里自然保护站。如果路上顺利，葛军每次都会在这里简单吃个午饭：就是随身携带的面包和温水。同行的记者高原反应严重，在此休息时，大家的嘴唇和脸都已发紫，稍微走快点都会喘着大气。细心的葛军从兜里掏出两瓶葡萄糖液让记者喝，说这样可以增加体内含氧量。没等记者说谢谢，他便笑着跑开了。

晚上 9 点，可可西里的天刚刚黑下来，经过 13 个小时车程，葛军的邮车终于到达沱沱河武警某部。在沱沱河自然保护站工作了 3 个月的志愿者小丁说：“我开会的时候还在念叨，葛大爷怎么还没到呢。”

葛军和沿途官兵亲如兄弟。

雪域坚守：哪怕只有一封信也要送

常年的恶劣环境和寂寞旅途，让葛军少言寡语。无论记者问什么，他总是笑着一句带过，没有豪言壮语，更没有对于经历和细节的更多描述。面对危险，葛军更是咬着牙一声不吭。无论多大的困难，在他看来都不算什么。

唐古拉山镇山高路远，沿途人烟稀少，车辆常常行驶几十公里见不到一个人影。这条邮路附近的边防兵站官兵、机务站工人、农牧民生活条件十分艰苦和单调。葛军的邮车一年到头穿梭往返，和沿途农牧民及各边防兵站、泵站的官兵结下了深厚的友谊。

沿途兵站的官兵们生活条件艰苦，纪律严、任务紧，葛军就帮他们寄钱、寄邮件，洗照片，购买药品、书籍等日常用品。沿途的农牧民冬季吃不上蔬菜，托葛军代为帮忙购买，他从不推托，总是有求必应。

青海省格尔木市邮政分公司总经理史平测算，这条“鸿雁天路”一年的成本投入四十七八万，而直接产生的收入不到一万。“这条邮路是不产生效益的，但赔钱也要送。这是中国邮政提供普遍服务的职责所在，也是国家赋予邮政的特殊职能。”史平说。

而在葛军看来，这种坚持更加具体。“无论过年过节、狂风下雪，每周至少跑一次，哪怕只有一封信，也要送。”说着说着，他笑了。

葛军在登记邮件。（新华社记者　韩方　摄）

记者手记

新华社“中国网事”记者　徐蕊

采访前，青海邮政公司的工作人员说：“在这里，躺着都是一种奉献。”采访结束，我才理解这句话毫不夸张。

从格尔木沿青藏线南行，便进入巍峨昆仑山间，海拔升至4700多米。继续往南便进入可可西里无人区，万里长江之源的楚玛尔河、沱沱河等源流交织其间。这里冰雪连天、山河纵横，大气含氧量仅为海平面的43%，年均气温零下6摄氏度，8级以上大风天年均168天，不适合人类长期生活，被称为“生命禁区”。

早上8点见到葛军的时候，他已经把车装好，而由于大堵车，他前一天早上6点刚刚从唐古拉山镇返回格尔木，稍作休息，继续出班。在青藏路上，类似这样的堵车时常发生，在车上过夜对于葛军来说也是常有的。因此他驾驶的墨绿色皮卡车里常备棉被、大衣、面包、热水等防寒物资，车辆的小故障他基本都能自己修理。

青藏线上大车多，道路颠簸难行，很考验司机车技，而葛军可熟悉路况了，“哪儿有什么样的坑我基本都知道。”

从格尔木出发，450公里的邮路上有20多个投递点，到达唐古拉镇的时候已经晚上9点了，天刚刚黑下来，这一路没有遇到堵车算是顺利。常年一个人奔走在邮路上忍受孤独，葛军话并不多，没有豪言壮志，更不会主动聊起自己的经历。下午3点，我们到达中点站可可西里保护站，大家围坐在桌子上吃着随车带来的面包、榨菜和卤肉，在这种条件下，这已经是一顿很丰盛的午餐了。而葛军自己却不声不响地坐在车上一手拿着面包啃，一手拿着一瓶水，这基本是他每趟送邮途中的“午餐”。简单填饱肚子他就开始卸货了。

一行采访的记者们都因为高原反应强烈恶心、头晕，行动都慢下来，葛军依然迈着大步甚至小跑，忙个不停。“你有高原反应吗？”我问道。葛军说：“刚刚开始走这条线的时候反应强烈，但当时并不知道这是高原反应，扛下来已经适应了。”他说起来很轻松，后来我得知，葛军一个人驾车因为高原反应曾多次与死神擦肩而过。

刚刚8月，唐古拉镇已经非常寒冷，大家都穿上了羽绒衣。再过一个月，这里就会冰天雪地。到达唐古拉镇，兵站的战士们给我们准备了热气腾腾的晚餐，由于“高反”大家都没有胃口，同行的记者开始发烧，葛军跑过来递给我一瓶葡萄糖让我喝下，说了一句“补充含氧量”就笑着跑了。他话虽不多，但跟战士们却亲如兄弟，开起玩笑时像个大孩子一样偶尔扭打在一起。

随着邮路上的邮件越来越多，格尔木市邮政分公司正考虑给这条邮路换一辆装载量更大的厢式邮车。“真要是换邮车了,会不会有人和你轮流开?”记者问。葛军摇摇头:“会开车的人不少,但他们的身体不一定能受得了。”

微语录

“无论过年过节、狂风下雪,哪怕只有一封信,也要送。”——“鸿雁天路的快递小哥”葛军

微评论

网友说:邮递员始终是最可爱的人,特别是山区和偏远地区。

网友说:葛军就是干着平凡事情的英雄。

2017年12月26日，韦华在病房里展示大熊猫“八喜”被成功放归野外的照片。(新华社记者　谢佼　摄)

“熊猫天使”韦华

仫佬族青年、野生动植物保护学硕士韦华放弃了大城市生活，钻进深山做熊猫保护工作。龙门山脉深处，人迹罕至，汶川大地震后满山危岩，他每天穿梭于悬崖间，饿了吃冷鸡蛋和面包，渴了喝溪水，曾差点被大树砸中、被滚石掩埋。2016年12月，韦华意外被熊猫咬伤，血几乎流光，生命垂危，输进5000毫升血液，好不容易才救回性命，但留下终身残疾。他仍坦然笑对，无怨无悔。到受伤前，他完成了150多种鸟类调查，发现了10多种本地区未曾记录的鸟类，撰写的熊猫论文极具指导价值。

“熊猫回家”背后的血与爱

新华社记者 陈天湖 谢佼 袁秋岳

11月23日，四川栗子坪。

笼门拉开，大熊猫“八喜”和“映雪”冲出笼子，一溜烟奔入森林，回归大自然。

为了这一刻，许多人付出了极大艰辛，甚至鲜血。至今还在医院治疗的韦华就是其中的一位。

中国大熊猫保护研究中心的仫佬族青年研究者韦华，2016年年底意外被大熊猫攻击，一度命悬一线。

“八喜”回归大自然这天，得到此消息的韦华露出欣慰的笑容。

挚爱，促他千里追大熊猫

“‘八喜’回家了，真的太好了！”韦华激动地说。

面前的这个男人，虽然全身大的伤情得到了治疗，但他的右手肘关节钙化，左手肌肉力量退化，双手难以伸直，左手小指已经萎缩，不能做动作，也没有知觉……

“这手指以后就是个摆设了。”韦华说。他的手臂、腿部到处是凹陷的大伤疤，需要每天缓慢行走，艰难恢复肢体功能，头上有道长长的疤痕——他的头皮曾差点被整个掀了。

2016年12月，韦华照看的大熊猫“喜妹”在野化培养中，护崽心急，猛地扑倒了他……卧龙耿达镇卫生院医生邱琅泰得到消息后赶紧上山，半路上遇见基地的人正背着韦华下山。邱琅泰一摸，韦华的身体冰凉，伤口血已不多——身体里的血快流光了！幸好韦华体质好，还有意识。

救护车飞快地把他送到都江堰医疗中心。医生二话不说赶紧配血型，先输1000毫升血，然后飞速转到华西医院。

邱琅泰说：“我从医这么多年，从来没见过这么重的咬伤！这是要命的啊！”韦华手腕脚筋被咬断，左手掌几乎被咬掉，手臂和大腿没剩一块好肉……最后又输进4000毫升血液——这差不多是正常人全身的血液量！

经过抢救，韦华的命保住了。

到现在快一年了，韦华仍未出院。华西医院上锦病区骨科医生段鑫说:“这已经是最好的治疗效果，需要评残疾等级。”

一般人被咬伤后会有心理阴影，韦华却盼着早一天好起来，继续陪伴大熊猫:“不知道下次见‘喜妹’,它是什么表现?”

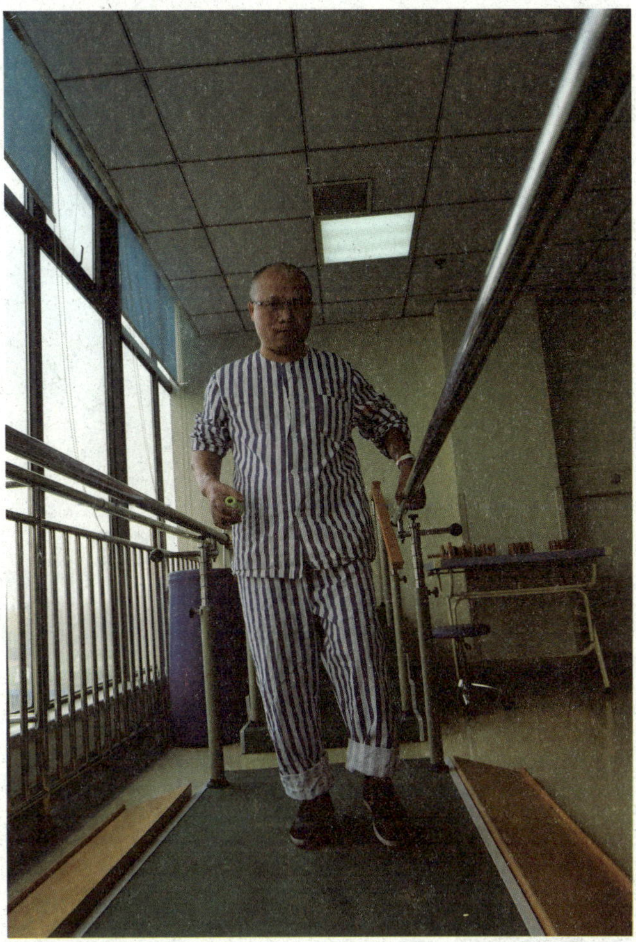

2017年12月26日，韦华在华西上锦医院康复科进行康复训练。据医生介绍,韦华康复情况非常理想。(新华社记者　谢佼　摄)

韦华来自我国唯一仫佬族自治县——广西罗城县，是当地小有名气的仫佬族野生动植物保护学硕士。毕业后，韦华在桂林有一份稳定的工作,2012年他到大熊猫中心雅安基地，一下子就喜欢上了这里。“哪见过这么多大熊猫啊?!”

回到桂林后，他吃饭走路,眼前都是“滚滚”们的样子，没办法控制自己对大熊猫的喜爱和思念。经过一年考虑,韦华瞒着家人,辞去了工作,到四川当上一名普通的熊猫科研者。

父母唯有苦笑,由他去了:“这个儿子,是‘嫁’给大熊猫了!”

纯爱,使他淡泊名利

韦华兴冲冲到雅安,投入大熊猫保护工作。

大熊猫中心雅安基地安排他从最基础工作干起。于是,他与同事们每天一丝不苟地搞卫生、收拾大堆大堆的熊猫粪便、喂食……干着脏活累活,他却笑嘻嘻的,乐在其中。

韦华负责照顾大熊猫“喜妹”。他注意到，这只120公斤重的大熊猫特别喜欢野外，而且性格活泼。

按照大熊猫中心前辈的指点，韦华有空就和“喜妹”说话，像和自己家人聊天；和“喜妹”对视时，常常蹲着和“喜妹”平视，去读“喜妹”的心理……“喜妹”的点点滴滴通过韦华，进入了大熊猫研究的核心领域。

很快，“喜妹”被选拔成为“野化”对象。

“野化”是中国探索恢复大熊猫野外种群的核心环节。按科研计划，具有野外生活经验的熊猫妈妈，在卧龙核桃坪基地的野外环境生育幼仔，教幼仔学会爬树、觅食、避险等生存本领。经过培养后，完全能适应野外生活的亚成体大熊猫才被正式放归野外。

经过多次主动申请，韦华2015年1月如愿调到卧龙核桃坪基地。这里地处龙门山脉深处，人迹罕至，汶川大地震后满山危岩，道路艰险。韦华几乎与世隔绝：每天在深山里穿梭，饿了吃点冷鸡蛋和面包，渴了喝溪水，曾差点被大树砸中、被滚石掩埋……

野化培养场近3000平方米，韦华靠无线信号寻找大熊猫的踪影，还要搜集记录大熊猫的行为方式。为了克服大熊猫对人的依赖，只要上山，韦华都穿上厚厚的“熊猫服”。这是大熊猫中心的一大发明：外形模拟熊猫，戴上熊猫头盔，涂上熊猫尿液，让熊

韦华和同事在深山里靠无线信号寻找大熊猫的踪影。

猫“见不到人”。

2016年12月14日,令韦华喜出望外的是,“喜妹”带着孩子“八喜”来到“野化场”。他格外关心它们。17日,他和同事商议,连续两天通过摄像头没看到“八喜”,不知道是什么情况,他放心不下,得上山看看。

当天下午,韦华和杨长江走进了“野化场”。他们先通过电子信号找到“喜妹”,尝试让它进入隔离笼,“喜妹”不为所动。通过无线信号发现“八喜”在另一侧,两人决定撇开“喜妹”,前往查看“八喜”的情况。

看到“八喜”安然无恙,两人松了一口气。由于地形复杂,电子信号显示“喜妹”相隔很远,但一抬头,“喜妹”就在眼前,并拦住了去路。

“不好,它生气了!”熟悉“喜妹”的韦华心里咯噔一下,“喜妹”认不出眼前穿了熊猫服的韦华,误以为是“坏熊猫”来欺负自己的娃,便向他扑了过去……

受伤后,他没有告诉家人。

韦华父亲在电视上看到韦华的伤情,不禁落泪。

全家人赶到成都。在医院里,看着韦华斑白的两鬓、艰难迈动的双腿,家人心疼不已。

妹妹韦萍回想哥哥的往事:

“20世纪80年代,邻居爷爷打到一只野鸡,三哥韦华再三替野鸡求情未果。邻居煮好后送我们一碗,哥气呼呼地站着,一口都不吃,说:‘我长大后一定要专门保护它们!’”

“高考时,三哥第一年考上了警校,多少人羡慕,可他不去;第二年考上师范,他还是不去;第三年考上野生动植物保护专业,他才开开心心去读大学。”

“读研究生时,他去龙岗自然保护区观察白头叶猴13个月,回来时我都认不出他,又黑又瘦……”

收入微薄,条件艰苦,却初心不改。韦华将满腔热情投向大自然,凝聚在大熊猫身上。受伤前,韦华常在“喜妹”身边轻声呼唤,就像呼唤老友亲人。受伤后,韦华说起“喜妹”,眼里还是充满宠溺:“它只是动物,它又不懂事。”

大爱,让他们并肩前行

原始森林里,野化项目仅拥有一间10平方米的小屋。无数个夜晚,韦华和同事在这里,就着昏暗的灯光梳理大熊猫监测数据。

孤灯陪伴,韦华内心却不孤独。

他有一个庞大的生态粉丝群,有的是同事,更多的是陌生人。绿色生态的初心化为

韦华和同事们长期在深山里不停穿梭。

大爱，让他们并肩前行。

何晓安是韦华身边的一位“绿友”。他记得，一次韦华和贵州鸟类爱好者上雪线观察藏雪鸡，当时风很大，山脊上有雪，海拔大约4700米，韦华带着大家在悬崖上艰难行走，最后惊喜地发现雪鹑。何晓安说：“韦华对大自然充满热忱和尊重。”

在艰苦环境里工作，韦华不忘观察、思考、总结，到受伤前，他完成了150多种鸟类的调查，发现了10多种本地区未曾记录的鸟类。有生态学家评价这些调查“具有积极指导意义”。

长期在深山工作，导致韦华膝关节积液严重，受伤后更可能终身残疾。康复中，他仅一只手能动，还托同事带来《卧龙保护区动植物资源》等书“猛啃”。

一个如此纯粹、如此朴素、如此勤奋的生态人，打动了许多人的心。就在几天前，美国人苏珊·布兰登通过邮件问候：“韦华还好吗？请转达我的敬意和祝福！”韦华受伤后，问候和致敬不断从世界各地传到中国大熊猫保护研究中心，传到韦华身边。

保护研究大熊猫之路充满艰辛。韦华的受伤让人们想起，被大熊猫追得口吐白沫的“熊猫教父”胡锦矗，想起被大熊猫咬伤过的邓耀楷、张和民，想起在山野调查迷路4天的王鹏彦、苏杰光……

胡锦矗曾说：“你们看，当地老乡上山总是带着砍刀，砍什么？砍路！我们保护大熊猫、研究大熊猫也没有现成的路，只有不停地‘砍’。‘砍’，才有希望。”

认真研究，接力奋斗。经过长期努力，中国大熊猫保护连续取得世界级成就，物种命运的变迁让世界看到了人与自然和谐相处的希望。

这种希望，是无数韦华这样的人大爱的延伸……

记者手记

新华社记者　谢佼

每次见韦华，他总是不好意思：“光吃不运动，又长胖了。”

他不是不运动，他是没办法运动。大熊猫“喜妹”足足120公斤，造成的伤害足以致命，韦华能保全性命就已经是幸运了。他的脚上有一根跟腱永远地丢失，现在只能简单地行走，无法踮起脚尖。

受伤之前，韦华是大熊猫保护研究中心最精壮的仫佬族汉子，脸部线条刚毅，受伤后，输液、静养，这条汉子变成了一位神似熊猫的胖子。

韦华脸上还是挂满了微笑，似乎这一切对他来说都如清风拂面。他可能早就有思想准备，毕竟他比任何人都清楚，大熊猫是一种大型野生动物，在野外没有天敌，豺狼虎豹都不是大熊猫的敌手。做大熊猫的守护者，远不是人们所想象的天天抱着玩具萌物那般惬意。

是什么让他义无反顾？

数次采访中的一些细节，或许可以窥见这颗伟大心灵中的一些特质。

韦华的笑，是那种礼貌中带着抱歉的笑容，似乎他总是抱有一种歉意，认为自己没有达到对方的某种要求。这种歉意的微笑如今已经很难见到，人们更容易看到自豪的笑、谄媚的笑、应付的笑、千篇一律的接待笑容等等，这种发自内心的“不好意思”，体现出的是韦华的纯粹。

他就是纯粹觉得自己不够好。

什么人会觉得自己不够好？善良的人才会觉得自己不够好。不善良的人，总是会觉得自己得到的不够多，而不会觉得自己不够好。

韦华的手，目前难以伸直，只能曲臂，像吃饭、抓痒等小事，他要累得满头大汗。比如摸耳朵，他都要很费劲地把手臂举得高高的，然后落下来。他还忘不了自嘲：“你看我像不像孙悟空？”

能够自嘲的人，都是乐观的人，不容易被命运击败的人。

韦华的命运，一直被他自己牢牢掌握。他出生在我国唯一仫佬族自治县——广西罗城县，是当地小有名气的仫佬族野生动植物保护学硕士。高考时，第一年他考上了警校,多少人羡慕,可他不去;第二年考上师院,他还是不去;第三年考上野生动植物保护专业,他才开开心心去读大学。工作中他更是放弃了大城市的前途,只身一人来到深山,加入大熊猫保护者的行列。

这是何等的决心和毅力。

纯粹、善良、坚毅,这些特质加上对大自然生态的执着热爱,汇成了韦华义无反顾的选择。有网友说得好,正是有了这千千万万普通人的辛勤付出,才有了大熊猫保护的进步,才有了生态环境保护的进步。

望着韦华抱歉的笑容,我突然觉得,韦华才是最值得骄傲、最值得夸耀、最值得尊敬的那个人。

告别时,我不敢同韦华握手。他的左手小指,被咬断再接上去,已经不能有任何动作和知觉。

我更怕他的小指,触到我们的软弱。

微语录

"选择了动植物保护这个专业,喜欢了就喜欢了,一辈子也不会改变了。"——"熊猫天使"韦华

微评论

网友"Mountain King"说:萌萌的"滚滚"背后,是辛勤无私的人。他们很平凡,名声未必比得上自己照顾的熊猫,但他们更伟大,爱心永流传。

网友"静待花开"说:总有一群人,在默默地守护着珍稀动植物,就为了让这些珍稀动植物不会只能从书上看到!简单的信念,执着的奉献!点赞!

2017年12月26日,王璐展示给器官捐献者家属的荣誉证书样本。(新华社记者　鞠焕宗　摄)

"器官捐献协调员"王璐

王璐是北京佑安医院的医生,2012年成为器官捐献协调员。这是与公民自愿捐献器官同步发展的一种新职业。每有符合器官捐献条件的患者到达生命终末期,死亡无法避免时,王璐就要顶着压力去动员患者家属。面对至亲分离,被拒绝成了她工作的常态。与同意捐献的患者家属一起经历这场生死别离,也是她的必修课。一边是死亡,另一边是重生,王璐是生命的"摆渡人"。她的工作,给更多的生命带去了活下去的希望。

让生命走得更远

新华社记者 黄筱 郝方甲

61岁的鲁金祥曾经与死亡只有一步之遥。掀开上衣，他腹部有一个脸盆大小的“人”形旧疤，这是他接受肝脏移植的手术疤痕。恢复健康后，鲁金祥说自己承载着另一个人生命的馈赠，必须活得更健康、更有意义，才是对捐献者的尊重和感恩。

2015年起，公民自愿捐献成为我国器官移植的唯一合法渠道。当年，我国器官移植手术达到了历史最高值的10058例。2016年进一步上升到1.5万余例，增幅超50%。

用中国器官移植发展基金会理事长、卫生部原副部长黄洁夫的话来说：“器官捐献事业的春天来了。”

互联网+公益：10秒钟完成人生重要决定

“142269”，这是上海白领孙潇潇的一个新编号。她通过手机支付宝，进入“器官捐献志愿者登记”页面，提交姓名和身份证号后，成为在中国器官移植发展基金会登记备案的第142269名器官捐献志愿者。

孙潇潇把这作为送给自己30岁的生日礼物。将登记卡分享在微信朋友圈时，她写道：“想不出不救另一个美好生命的理由，抛开其他，生命燃尽薪火之时，还能赠他人以温暖，挺好。”

从打开支付宝，到手机显示印有自己名字的“中国人体器官捐献志愿登记卡”，这个过程只花了10秒钟。

“互联网+公益”，中国器官移植发展基金会和蚂蚁金服这一跨界合作爆发出巨大的社会动员力量。新登记系统上线后的两天半时间里，新增登记就超过8.6万人，超过该系统既往运行两年半的登记总数。

这一合作灵感来源于国际先进经验。2012年5月，美国社交网站Facebook宣布用户可通过网站上的链接注册成为器官捐献者，不到一个月时间，2.4万余人注册。2016年，苹果在ios10正式版中也加入了器官捐献登记功能，登记峰值达到一天1.3万人。

日前，由世界卫生组织支持的《中国器官捐献公众意愿调查》显示，83%的参与调查者愿意成为器官捐献志愿者。56%的不愿登记成为器官捐献志愿者的原因是“不知道在

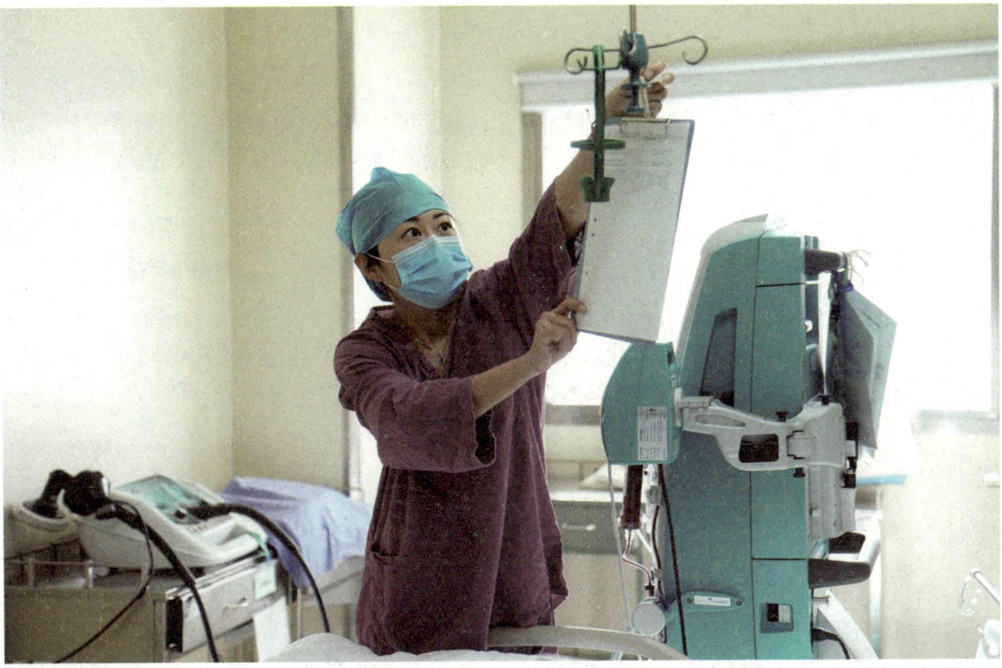

2017年12月26日,王璐在北京佑安医院ICU病房内。(新华社记者　鞠焕宗　摄)

哪登记或手续太烦琐",登记渠道不畅、流程复杂等是导致登记人数少的主要原因。

浙江省人体器官捐献评估专家组组长方强对这样的调查结果并不意外, 他说,当前最大的阻碍并不是观念保守,而是落后的器官捐献管理系统。

从有想法到登记,有时只是缺乏一个渠道。"渠道畅通后登记人数迅速增长,证明越来越多人接受了器官捐献的理念,愿意加入生命接力的队伍中。"肝移植医生屠振华说。

黄洁夫认为,把器官捐献志愿登记与互联网服务相结合,是一种超常规的、广泛便捷的社会动员方式,"可以预见,其广泛性和便捷性将让更多具有器官捐献意愿的人们参与进来。"

互联网不仅是工具,它也可以有温度。蚂蚁金服企业社会责任总监刘琴说:"对一家互联网公司来说,除了捐款捐物的传统公益外,我们更希望技术、产品和开放平台能产生更多的社会价值,满足公共利益。"

自愿捐献:公开透明让器官移植事业进入春天

捐献的器官去了哪里? 如何给到最需要的人身上? 过去器官捐献和移植过程的不

透明，令不少人心有善念却对志愿登记望而却步。

实际上，从 2015 年开始，在推进全面依法治国的大背景下，中国宣布废除死囚器官使用，公民自愿捐献成为唯一合法的渠道。由于移植手术环境变好，公开透明的全系统流程规范，更多人对于器官捐献多了一份信赖和认可，捐献人数大幅上升。

很多人不知道，登记成为器官捐献志愿者，并不等于实际捐献。器官捐献志愿者登记网明确写着：“志愿登记仅是一个意愿，一种支持，一份宣传。”正如美国公民的驾照上，器官捐献志愿者会有一个“Organdonor”（器官捐献志愿者）的红心标记，是个人意愿的体现。真正完成捐献还需要达到一定的医学状态，经过严格的医学、伦理评估及组织配型等过程。

浙江大学医学院附属第一医院人体器官捐献办公室副主任吴晓梁介绍，每例成功的器官捐献背后，都有一个 10 多人的团队，包括红十字会器官捐献协调员、评估专家、医院协调员、遗容整理师等，还有肝脏、肾脏、角膜等不同器官类型的专科医生，同时准备一系列的医疗、法律文书，整个流程非常严格。

一旦器官捐献成功，必须进入“中国人体器官分配与共享系统”，依据等待患者的病情严重程度、等待时间、地理位置等客观条件排序，由计算机将其分配给最合理、最

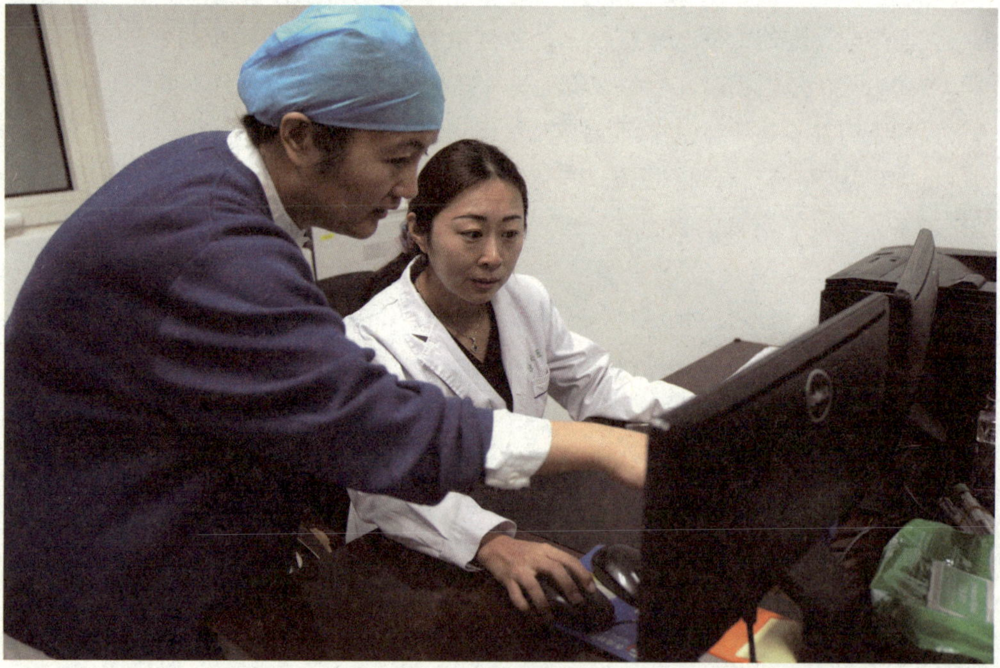

王璐（右）在门诊办公室。（新华社记者 鞠焕宗 摄）

适宜的受者。"既要遵守所有的法律程序,还要保证合适的受者能够得到功能健康的器官,我们常常与时间赛跑,分秒必争。"吴晓梁说。

在今年全国"两会"上,心肺移植专家、全国人大代表陈静瑜利用开会间隙,动员更多人成为器官捐献志愿者。"公民去世后自愿捐献器官成为器官移植使用的唯一渠道,这是法治中国的应有之义。流程更透明了,社会更认同了,我们为这份事业鼓与呼也更有底气了。"

协调员:为生命接力的陪伴者

器官捐献协调员——这是与公民自愿捐献器官同步发展的一种新职业。

他们经过系统培训,持证上岗。就像医生牢记"健康所系,性命相托"的誓言,护士在授帽式上诵读的"南丁格尔誓言",器官捐献协调员的工作职责是:当患者到了生命终末期,死亡无法避免的时候,向病人家属传达公民逝后器官捐献的理念,动员他们在患者去世后把有用的器官捐献出来,拯救等待器官移植的人。

他们用自己的真诚和专业,陪伴器官捐献者走完最后一程,帮助完成逝者最后的

王璐和另外两位器官捐献协调员张宾(左)、支雨娜(右)做出爱心手势。(新华社记者 鞠焕宗 摄)

心愿。

大多数时候，协调员面对的是拒绝甚至责骂。“开口时就预感会被拒绝，但压力再大，也还是要开口，因为问出去了也许就有人有机会活下来。”首都医科大学附属佑安医院器官捐献办公室副主任王璐说。

俞欢当器官捐献协调员 5 年了，在她看来，得到捐献者家属的信任和依靠，是这份职业的最大成就感。

曾有一对浙江金华的夫妻，在俞欢的帮助下，给意外去世的女儿完成了器官捐献。此后，她成了这个家庭的“新成员”。“几年后，夫妻俩第二个孩子出生后，希望我来给这个孩子取名字，让我很感动。”俞欢说。

由于器官捐献采取“双盲原则”，捐献者与接受者双方并不见面，协调员有时会成为双方传达问候的纽带。

新年前夕，王璐收到一张卡片，一名接受肝脏移植的孩子希望将卡片转给捐献者的父母。卡上稚嫩的笔迹写着：“爸爸妈妈，我不认识你们，但我谢谢你们。”

去世后将自己的一部分留在世界上，帮助其他人活下去，通过捐献、移植，越来越多的生命在不同意义上得以延续。是器官捐献协调员，默默护送了一场又一场生与死的接力。

“最令人难过的时刻不是被拒绝，而是悲痛的家属说‘我愿意’……”从一名大夫，变成一名器官捐献协调员，王璐在各种场合见过数不清的生离死别。生命的终结总令人悲伤，而作为协调员的她，能感受到更多人由此重生的希望和力量。

记者手记

新华社记者　曹江涛

一间 10 平方米见方的小房间，一个陈旧的铁皮柜，一张被晒得有些褪色的合影。眼前的这个器官捐献办公室和记者预期的差别有些大。

“我们平时基本不在这里办公。”王璐向记者解释道，器官捐献协调员大量的工作在救治一线，而且因为自己仍是一名临床医生，还有大量临床的工作要做，所以这个在佑安医院角落的办公室，就成了存放资料和偶尔歇脚的地方。

办公室里那张褪色的合影，凝固了器官捐献办公室的几名成员在出诊前的瞬间；而那个陈旧的铁皮柜里，静静地躺着四名器官捐献者的骨灰。

2010 年，王璐还是一名 ICU 的医生。经过系统的培训之后，2012 年，王璐取得了中国人体器官捐献协调员资格证书,正式成为一名器官捐献协调员。

人体器官捐献的理念在中国仍没有十分普及,很多人还不能理解、接受。“几乎我每一次上去见患者(家属)的时候,我就知道我很可能会被拒绝。”

这种不理解不仅仅来源于患者家属,有时候也来源于医务工作者。在从事器官捐献协调员工作之初,有些不理解的医生甚至会把王璐赶出自己的诊室(手术室)。面对这样的误解,曾经是一名ICU医生的王璐只能伤心地离开。

“凡事都有个开始,我问出去了,可能就有人有机会活下来。”2012年,中国人体器官捐献管理中心成立,对于器官捐献有了一套完整、详细、严谨的流程,王璐的工作才开始得到越来越多人的支持。

王璐的第一例器官捐献患者是一个12岁的小女孩——珍珍。时隔5年,再次在镜头面前谈起这个浙江女孩和她的家庭对于这个社会的慷慨馈赠时,王璐仍然感动得热泪盈眶。

从珍珍开始,22分钟的采访,王璐含着热泪面对镜头一口气讲完了自己做器官捐献协调员这5年的经历。无论是珍珍,还是一人捐献使9个患者受益的北京青年迟晓飞,王璐清楚地记得自己经手的每一例器官捐献案例。

“你心这么软,还怎么干这行啊?”第一次采访结束后,王璐站起来,叹了口气,对在自己对面已经哭成泪人的记者说。20多分钟娓娓道来一场场生死别离,王璐自己眼中也一直噙着泪水。其实,这一个个慷慨的生命馈赠也一直感动着她。

到北京佑安医院,是记者的第二次采访。当时,王璐正在接诊一名普通患者。十几分钟过后,她送走了患者,回到诊室,擦了擦眼镜,从兜里拿出了自己的器官捐献协调员资格证。

一个红色的小本子,背后是系统的培训与资质的认可,是一次次的被拒绝与被感动,是器官捐献者高尚灵魂的见证,是受捐者获得重生的桥梁。王璐拿着它,对着镜头,会心地笑了。

一边是死亡,另一边是重生,王璐是生命的“摆渡人”。她的工作,给更多的生命带去了活下去的希望。

微语录

“我被拒绝是正常的,但我还是坚持去做这件事,因为我问出去了,可能就有人有机会活下来。”——“器官捐献协调员”王璐

微评论

新浪微博网友“卜妮卜妮”说:就像一颗种子,在别人的身体里重新发了芽。

新浪微博网友“遇见奇怪”说:今天恰好说了这个话题。如果有那么一天,我要把所有能用的器官都捐了,嗯,还有遗体。我赤裸裸地来,就赤裸裸地去了,医学发展才能维系生命的发展。生命的意义是什么?不敢说奉献,而是我在这个社会生活这么多年,我总该做些什么。

微信网友“南山的月光”说:一个人身上捐出的器官,可能让九个人重生——向器官捐献者致敬。

白茹云始终微笑着面对人生。(新华社记者　曹国厂　摄)

“人生如诗”白茹云

因为央视的《中国诗词大会》,河北的白茹云火了。她的火,不是因为比赛成绩,也不是因为对诗词的独特见解。这个与死神争夺生命的癌症患者,在她一分钱掰成两半花的就医路上,在她历经7次化疗1次放疗的治疗期间,在她人生的最低谷,通过读诗,获得坚强的力量,并最终以自己对诗词的热爱和感悟,打动了所有人。

书籍虽然并不能战胜病魔,但给了白茹云一种豁达、坚韧、自信的情怀。“人生如逆旅,我亦是行人。”她从诗词中汲取了更多的精神力量。即使荣誉环绕,她依然能把脚踩在地上,看淡人生的困顿,继续着昂扬的坚强。

人生如逆旅 我自向前行

——白茹云的“诗意人生”

新华网河北频道记者 吴翠霞

白茹云是河北省邢台市南和县一个普通农民,却因为《中国诗词大会》上的二十几分钟,让全国观众过目不忘,潸然落泪。务农为生、家境清贫、病痛折磨、现实沉重……面对人生中的种种不幸,她却从优秀传统文化中汲取力量,背诵诗词上万首,坚强乐观,笑对人生,感动了万千观众。

出名后,很多人打来电话时都会问她同一个问题:诗词是如何帮她战胜病魔的?

白茹云不知道该怎么回答这个问题:“诗词怎么会帮我战胜病魔?要是诗词可以,我天天看诗就行了,得省多少钱?”也许,诗词只是帮她在人生最困顿的低谷中找到了最真实的自己。

与诗词结缘,源于安抚患病的弟弟

1976年出生的白茹云是家中长女,父母农作时,她就在家照看弟妹。二弟 8 岁时脑中长了瘤,发作时便会打自己的头。白茹云想,得想办法安慰弟弟,于是就开始给弟弟背诗,边背边唱,弟弟听了就安静下来。为了哄弟弟,她专门去找诗词来背,虽然那时候都是无意识的,但也就是在那段时间,诗词开始融入她的心田。尽管与诗词最初的结缘并不美好,但白茹云始终认为,她可以在诗词中品味到人生的真谛,并可以从中汲取力量。

虽然白茹云喜欢诗词,但那时候家里几乎没什么书看,所以只能到处去借。当时正好流行琼瑶和金庸的小说,她开始读这些小说,寻找其中的诗词。成家之后,白茹云的闲暇时间少了,她就边做家务边看书,洗衣、做饭、放羊……利用一切匀得出的空儿,去反复地读诗背诗。看到别人家的书上有好诗词,就一字一句抄回来。

就这样,由于对诗词的热爱,白茹云也同样爱上了读书。渐渐地,读书背诗成为白茹云生活中的一部分。

诗词抄写本是白茹云的宝贝。(新华社记者　曹国厂　摄)

有书读,生活的奔波不算什么

白茹云的学习成绩很好,然而,初中毕业那年由于淋巴结手术住院,导致中考失利,没能如愿考上师专。但是,她并没有放弃理想追求。

初中毕业后,她在附近的村小学当了两年的代课老师,一个月挣50元代课费。虽然挣得不多,却也过得充实,因为她渴望读书,能和孩子们一起读书是件很快乐的事情。

1998年,她去北京投奔外出打工的大弟弟,找到一份做保姆的工作,雇主是学校的音乐老师,家里藏书比较多,尤其是中外名著。白茹云在做完家务的闲暇时间里,便向雇主借来这些书读。白茹云说:"能够读到这么多好书,是我做这份工作的主要原因。"靠300元的月薪,她在北京坚持了一年。

对于白茹云来说,有书读,生活的奔波和困境似乎算不了什么。

命运多舛,也要坚强笑对人生

生活的转折始于2011年从北京打来的一个电话:在经历了一年多四处求诊、反复检查后,北京的医院电话通知,白茹云的病理切片确诊为淋巴癌。

“检查了一年多，心里也有点准备。得病了就治病，谁还不得病？”说起7次化疗、1次放疗，白茹云轻描淡写。可病魔的折磨只有她自己清楚，化疗的痛苦摧残着她的身体，每次用完药以后，白茹云胸口就跟堵了一块大石头一样，想吐吐不出来，不吐又憋得难受。

而另一块大石头——治疗费，同样重重地压在白茹云的胸口。对于她这样的家庭来说，十几万简直就是天文数字。生活陷入绝境，白茹云却挣扎着不肯屈服。一旦感觉身体稍好一点儿的时候，她就会溜出医院去转转，看看外面的世界。在医院附近的一家书店，她买到了那本如今几乎翻烂的《诗词名句鉴赏辞典》。“原计划是买给孩子看的，化疗间隙，自己先翻翻。”

医院住院部有一个天井小院，在医院来来往往的人群中，白茹云是那么显眼，她总是穿着病号服倚靠着石柱读诗，和诗词里的古人聊天。“看苏轼写的那些诗，比如‘无波真古井，有节是秋筠’，一开始也不懂，看注释，才知道这么有名的人其实被贬过很多次，生活一直很动荡，但人家还是豁达开朗。我就安慰自己，人家能行，我也行。”

诗词，给了她放飞灵魂的自由

媒体给白茹云的评价，大多用了“乐观”“淡然”之类的词。对于白茹云来说，“努力”可能才是她最直接的生活写照。不论是在生病前，还是在生病后，在过去40年的人生里，她的每一天都在为了活下去而努力。

白茹云的丈夫在她住院期间为了打工多挣钱累垮了身体，现在南和县城当保安。白茹云的身体已经好转，打算去找份工作，为家庭增添些许收入。虽有好心人士向她伸出援手，想资助和帮助她，她深怀感激，却婉言谢绝了不少。生活依然困顿，但是白茹云正在努力把它过成一首诗。

经典诗词给予白茹云一种向上的力量和美好的想象。（新华社记者 曹国厂 摄）

在辛苦谋生和挣扎求生的人生里，是诗词，给了她一种放飞灵魂的自由；是诗词，给予她一种向上的力量；也是诗词，给了她一种平静的安宁。“诗词并不能战胜病魔，但能帮我看到一些原本看不到的东西。古人说'大漠孤烟直，长河落日圆'，可能我一辈子也到不了那么远的地方，但谁也不能阻止我的想象。"

诗词，一家人向上的力量

《中国诗词大会》播出之后，白茹云火了。更多的人慕名而来，媒体约访、邀约讲课、善意鼓励，甚至抗癌取经……白茹云笑侃："那几天的电话，比我前半辈子接到的都多。"

其实，她并不认为读诗有多么高大上。"没什么特别的，身体不好，干不了重活，在家闲着找点爱好。"但是，这样的她已经把很多人感动了。

白茹云认为自己仍然很平凡，"现在老有人打电话说向我学习，没什么好学的，谁遇到事儿都会想法解决、走过去，我就是个普通人"。

可是，诗词已经在无形中影响她的一家人。做饭扫地时，她背诵唐诗；在玉米地拔草时，她吟诵宋词……她还把诗词当歌儿唱，从中感受诗词的优美韵律。"宋词唱出来，跟歌一样好听。"白茹云笑着说，她在背诗唱词时，小女儿也会跟着学。现在，往往她刚背出上一句，小女儿就会接出下一句。

自从参加央视《中国诗词大会》节目后，白茹云在村里成了名人，很多人上门求教，

读书学诗早已成为白茹云生活中的重要组成部分。（新华社记者　曹国厂　摄）

孩子们朗读诗词的风潮也渐渐兴起。“诗词让我学习到不少人生道理，背诗成为我生活中的乐趣和精神寄托。我愿意和更多的人分享、交流，我觉得这也是对文化的传承。”白茹云说。

古人云：书中自有黄金屋，书中自有千钟粟，书中自有颜如玉。对于一位真正的读书人，读书之意并不在于寻求书中所谓的“黄金屋”“千钟粟”“颜如玉”，对于白茹云来说，读书学诗是人生的率意而为，是独享的一种快乐，更是贫瘠田野上希望的种子，是人生路上逆风前行的强大后盾。

记者手记

新华网河北频道记者 **吴翠霞**

白茹云的“诗和远方”

首次致电白茹云时，她表示自己正在公交车上，连连说着抱歉，表示自己所处的环境不适合接受采访，担心我听不清楚。沟通后，我表示待她回到家后再电话采访。电话里，白茹云的声音略带沙哑，这大概和她年轻时声带受损有关，但是言辞落落大方，犹如大姐一般亲切。

原来，白茹云此前是去大女儿的学校为其办理一些事情。大女儿今年刚刚参加完高考，目前已经前往石家庄打工。“我是很支持她在假期出去历练的，去远一点的地方跑一跑，扩展一下自己的视野。”白茹云强调。

说起当初自己得知获选“中国网事·感动2017”第一季度网络人物的感受，白茹云用了一个词——百感交集。她进一步解释：“我就是个普通人，也没感觉到自己做了什么，却得到这么多人的关心和帮助，这个荣誉承担起来还有点愧疚。”朴实的话语透出恳切和谦逊。

采访中，白茹云特意放慢语速，有些话生怕我听不懂，便多次重复。“我普通话不好，你多包涵。”我们可以感觉到，这位大姐有着农村妇女特有的淳朴，心地善良，时刻为他人着想。“刚开始学诗时，大女儿还取笑我的普通话不好，我就认真地跟她学，我们俩一起读。”

白茹云认为，自己读诗就是在和传统文化对话。“有一句话叫作——腹有诗书气自华，读书可以提升人的修养和涵养。这几千年积累下来的文化精华，我们得去传承。我觉得，不光我们，年轻人更有这个责任吧。”

因为7月份忙于大女儿的高考报名等事宜，白茹云去医院检查的事情耽搁了。她淡淡地说：“其实对于身体上的疾病，我确实没有太在意。”对于白茹云来说，诗词是她的远方。因为看书、读诗,她的生活变得十分充实。读得多了,感受多了,心胸也就开阔了。

白茹云认为,生活就是如此反复无常,历史上多少文人墨客一生经历坎坷,仍有着“竹杖芒鞋轻胜马,一蓑烟雨任平生”的豪迈和气魄。“身体已经这样,又何必在困顿中纠结?我在诗词中寻找力量,再看看古人的境界,也就想开了。”

白茹云曾写过一首这样的诗:“胸有佳肴盛万种,心头酸辣味千般。人间捧腹俱欢笑,冷暖由他若等闲。”这也许就是她真实的人生写照。她想用自己的经历告诉所有的人,我们就是行走在人生旅途的一个过客。旅行中自然会遇到风雨,我们坦然面对就好。疾病也好,困难也罢,只要乐观地面对,春天就在身边。

这就是白茹云的“诗意人生”,风雨前行,不卑不亢。

微语录

“向前路,从来雨晴常换。含笑行,莫徜徉。”“纵使前方晴日少,任风雨,路迢迢。”“人生恰似海上行,勇者方观风景殊。”——“人生如诗”白茹云

微评论

网民“张一”说:面对苦难的挑战、死亡的威胁,她不慌不忙,无畏无惧,笑谈过往,庄重从容,她的美不倾国倾城,但倾尽全力。

网民“倩仔”说:看到白茹云的故事,我泪流满面。她感动了我,也提醒了我,珍惜现在的生活,享受每一天。在我心中她是一个胜者!

潜水员们完成救援任务后，虽然身体疲惫不堪，但感觉很兴奋。

"盲潜英雄"潜水员

台风"天鸽"来袭，一条"地下车库被淹，有人被困"的求助信息在珠海潜水圈扩散。有的开着损坏的"敞篷车"，有的从十几公里外换乘汽车、单车辗转，张磊、谷金龙、黄耀佳、陶永德等10余名民间潜水教练奋不顾身赶往事发地。

极低的能见度、漂浮的碎物、低温和漏油……地下车库危机四伏。潜水员们6次盲潜"黑水潭"，慷慨给予被困者护目镜与氧气，3小时的持久战后，成功救出被困者。接着他们又赶往另一被淹车库参与救援，一直奋战到第二天凌晨。

网友点赞台风中的群众力量：潜水员盲潜被淹车库救人成功！

新华社广东分社记者　黄浩苑　丁乐

近日，受台风"天鸽"影响，珠海金海湾花园地下车库被水迅速淹没，3名市民被困。当地潜水教练们自发赶去现场，6次盲潜进车库"黑水潭"，历经3小时心理与体力的挑战，成功救出被困者。周边商贩不计回报地付出，附近街坊争先恐后地帮忙，持续的排水接力为营救赢得了宝贵时间。这场群众自发组成的接力救援，成为风雨后最美的"彩虹"。

为挪车，业主被困地下车库

为什么会有群众被困在完全位于地下的车库？51岁的金海湾花园保安队长吴学习对记者描述了当时的场景。23日，受台风"天鸽"影响，珠海市下起了大暴雨。上午11点左右，地下车库的水已经涨到五六厘米深，有的车主就想把车从地下车库开出来。吴学习劝阻无效，只好跟着到地下车库协助指引。没料到就一眨眼的工夫，倒灌的海水从地下排水道涌出来，奔向地下车库，本已开到出口斜坡处的车辆又被冲了回去。

"当时我在车外，整个人都浮起来了，我拼命拍车门叫女车主出来。但她蒙了，在里面一直哭。没有支点，我就用脚踩着车壁，双手掰门，一拽开缝隙，就用身体抵住，将女车主拽出来。"吴学习说。

吴学习将受困的车主安置在消防管道上面，此时，手机进水打不通，外面的人也不知道他们被困在车库里。眼看水位越涨越高，这样等下去不是办法，老吴就决定自己游出去求救。

"什么都看不见，车子在水里漂来漂去，幸好我熟悉车库的地形，贴着墙，憋气游了出去。"老吴游出来后迅速回到管委会报警，并与其他业主一起组织展开救援。

很快，附近的群众都听说了有人被困在地下车库。金海湾业主芳姐家的房门被台风卡住打不开，这时受困者的家属拍门求助。她一听惊呆了，想到女婿在学潜水，便立即打电话让女儿女婿发朋友圈求助。一条"地下车库被淹，有人被困"的紧急求援信息在珠海潜水圈子中迅速扩散。

“救人第一！来不及细想了”

23日台风登陆前，珠海乐邦潜水俱乐部的潜水教练张磊和谷金龙正在收拾潜水用具，一边打包一边开玩笑说，若是台风来了干脆就穿上装备逃跑。没想到，转眼就看到了这条求助信息。

“看到后都来不及细想，救人是第一位的！”张磊和谷金龙带上装备立即出发。“当时我的车被大树砸烂了，又打不到出租车，我们只好把车窗烂玻璃一扒，把潜水装备一抛，开着‘敞篷车’就往现场赶。很多路被吹倒的大树堵住了，平常 20 分钟的路程走了很久，心里那个着急啊。”谷金龙说。

最先到达现场的潜水员谷金龙和张磊迅速穿上装备，制订初步的潜水救人计划。“当时地形非常复杂，跟我们平时在水文情况良好的海水里下潜完全不同。能见度基本为 0，光线为 0，车在地下车库乱漂，有的车尾箱掀开了，有的车门打开了，潜水行进很困难。”谷金龙说。

台风来临的时候，潜水教练黄耀佳正在休假，收到求援短信后，他立刻从十几公里

救援结束后，部分救援人员开心地合影。

远的坦洲出发，搭顺风车、打出租车、骑共享单车，辗转来到事发地。黄耀佳赶到时，一名被困群众已不幸遇难。“心情很沉重，当教练三四年，没有真正经历这么大的灾难和真实的救援，说不害怕是假的，但我不下去谁下去？”

第四次潜水救援，潜水员发现了被困近 3 小时的群众，现场一片欢腾。由于其中一名女车主情绪非常紧张，使用潜水设备时出现呛水的情况，所以潜水员们决定一队回公司拿重型潜水设备，让受困者可以完全隔离水环境，另一队采用接力方式辅助女车主脱险。

潜水教练陶永德决定一程一程地将女车主救上地面。“经过安抚，女车主的情绪稳定了一些，告诉我们她会游泳。当时水位有点下降，可是车库里空气弥漫着汽油味，一说话喉咙都会灼痛，为了尽快脱险，我们采取让事主分段闭气过梁的方式，每一次过横梁，我都发力拉她一把，给她送点气瓶的新鲜空气，几个潜水员接力将她救出。”

潜水小哥圈粉　邻里互助更加感人

除了赶来救援的潜水教练们，许多闻讯赶来的邻居们也为救援提供了巨大的

12月 27 日，在珠海市迈豪酒店的停车库里，潜水教练徐桂生(左)与黄耀佳(中)、龙祖尤(右)在回忆救援当天情形。(新华社广东分社记者 吴鲁 摄)

帮助。

联络完潜水员们的芳姐，想到楼下朝阳海鲜市场有抽水机，马不停蹄跑去找他们一起来救人。“没想到平时卖菜少收一块钱都难的这些老板，二话不说就把抽水机抬出来，又搬出装海鲜的大水桶，我们几百人一桶桶接力往外舀水，就想着多抽点水出来，被困者就能早一些出来。”芳姐说。

黄耀佳说，虽然潜水员是救援的主力，但是若没有保安队长的地形指引，以及周围群众的奋力抽水，仅靠潜水员的力量恐怕也难以将受困群众救出，他们为救援争取了宝贵时间。

据记者了解，这群勇敢救人的潜水教练，在结束金海湾车库的救援后，又接到电话求助，赶往了下一个被淹没的车库展开救援，一直奋战到第二天的凌晨。

网友们纷纷为自发前往救援的潜水员们点赞：“见义勇为，学有所用，厉害！”“小哥潜水的样子真帅，救人的模样最帅！”“义无反顾的出发，不畏艰险的潜水，你们最棒！”“我也要学一技之长当志愿者。”

“热心的邻居们‘急智救人’找对人了！”“灾难面前，身边最亲的人还有邻居！”潜水

2017年12月27日，在珠海市万岛潜水俱乐部的泳池边上，潜水教练龙祖尤（前排右）在给潜水教练和学员演示应急救援练习。（新华社广东分社记者　吴鲁　摄）

员们的无私义举和邻里之间的互助之情,让珠海各界群众深受鼓舞,纷纷加入了道路清阻、交通指引、应急救援等志愿服务中,协助政府进行灾后重建。

记者手记

新华社广东分社记者　黄浩苑　丁乐

人心的汇聚最温暖,平凡的力量最强大

进行台风报道的记者,常被同事们称作是"追风者",听起来酷炫,其实不然。"追风者"不仅要直面惨烈的受灾情况,还承担着记录天灾呈现人情的职责,这考验着记者的心理素质与应变能力,更验证着社会本真的良心人性。

台风"天鸽"于8月23日在广东珠海登陆,这是今年中央气象台首个发布红色预警的台风,现实中也造成了极大损失。可是比起肤浅地述苦比惨,平凡人的不凡事更能触及心灵,网络给了我们更快捷的途径来把握这类新闻线索。

最初我们在微博上得知潜水教练自发前往被淹车库救人的消息,深感"平民英雄"传递的正能量富有感染力与号召力。寻访他们的过程,也恰巧还原了一群平凡人携手救助的事情经过。

我们联系到的第一位受访者是被困车主的邻居,他当时在珠海潜水圈里发出了"地下车库被淹,有人被困"的求助信息,并附上了自己的电话。平时冷漠的都市社群中,危机时刻的邻里之情着实难能可贵。

多亏热心的邻居,我们联系到了其中一位潜水教练,他爽快地答应联络其他潜水教练,一同重返现场接受采访。事发当天,他也是这样呼朋唤友,相互确认后毅然赶往事发地。

救人事件的隔天,我们在现场看到地下车库被警戒线封住,入眼处一片狼藉,碎片零件随地散落,天花板水渍依稀可见,汽油气息还未散尽,种种迹象无不显示着当时的危急险情。

见证者是还原事件的重要线索。在等待潜水教练时,我们发现了挽着裤脚、趿着拖鞋的保安队长,他正忙着帮居民接水。刚好他是事情的亲历者,从他口中,我们了解到车主被困的前因后果。台风前后,这位50多岁的大叔一直坚守岗位,为小区住户前后张罗,老实人的尽职尽责不禁令人动容。

潜水教练们是一群帅小伙加上一位老当益壮的"乐总",一群汉子不善言谈,说到救人的"功劳",纷纷往伙伴身上推,谦逊友善的他们让人不自觉地想到一个词——暖男。"说不害怕是假的,但我不下去谁下去?"这些暖男不仅有着柔软的内心,更有着万

夫莫开的勇气与坚韧不拔的意志。听闻现场的危机四伏,我们都不禁为其捏把汗,他们却能冷静有序地开展救援,经受住3个多小时的体力与心理的考验,令人肃然起敬。

更令人意想不到的是,他们救人的步伐并未停止,在这里救出受困者后立马又投身到另一场生死营救中,奋战到第二天凌晨。不是专业救援人员,却竭尽所能发挥所长,不是相知熟人,却义无反顾救他者于危难,他们的无私与善良值得点赞!

买菜回来的芳姐代我们表达了敬意。老人见到接受采访的潜水员,热情地拥抱致谢,盈满泪水地连连称赞。她是求助信息发布者的母亲,事发时还喊上了附近海鲜市场的商贩,一同接力排水帮忙救人。

保安、邻居、商贩,还有潜水员们,这是一群平凡的普通人,他们的无私义举与互帮互助,让人真切感受到了无情灾难中最暖的人心,见识到了平凡力量造就的生命奇迹。

微语录

“心情很沉重,当教练三四年,没有真正经历这么大的灾难和真实的救援,说不害怕是假的,但我不下去谁下去?”——珠海潜水教练黄耀佳

微评论

新浪微博网友说:为潜水教练们点赞,助人为快乐之本,用自己的技能去救人,感觉更是棒上加棒。

新浪微博网友说:见义勇为,学有所用!厉害!

新浪微博网友说:真的好感动,能见度几乎为零,跟大海里的环境不一样,也不是洞穴潜水,可以说救人的潜水员也是冒着生命危险的,太不容易了!

“中国网事·感动2017”

提名者

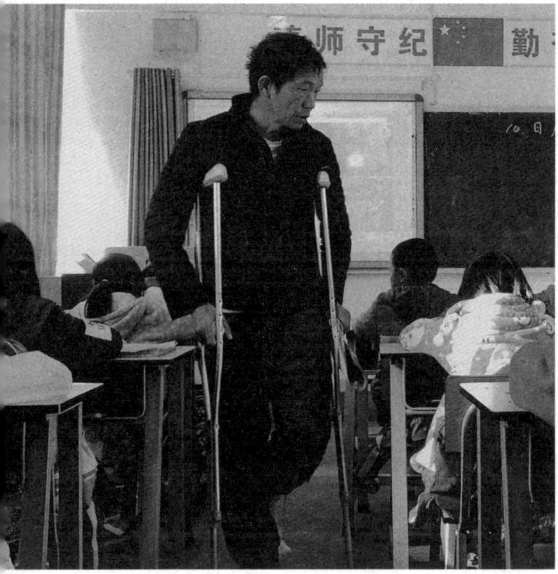

“最美双拐教师”木寿永

木寿永是云南省丽江市玉龙县石鼓镇四兴自强完小的教师，一次意外中他不小心受伤，在足趾几乎断裂的情况下，他放弃住院治疗，却早早地回到学校，坚持拄拐上课。网友称他为“最美双拐教师”，而他却说：“坚守岗位只是尽本分。”

虽然偏远山区师资力量匮乏，但“不能让学生一天没有老师”，这是木寿永拄双拐带病上岗的根本原因。32 年来，木寿永扎根基层，献身教育扶贫，帮助无数贫穷孩子改变命运。他用行动诠释师者本分，让世人看到乡村教师最朴素、纯真的一面。

“坚守岗位只是尽本分”

——“最美双拐教师”的心里话

新华社“中国网事”记者　字强　王安浩维

“不能让学生一天没有老师！”得知自己因拄双拐坚持上课走红网络时，木寿永显得很腼腆。被网友称为“最美双拐教师”的他这样说：“这都是我应该做的。”

他拄双拐坚持上课

木寿永是云南省丽江市玉龙县石鼓镇四兴自强完小的教师。从四兴自强完小的校门口走到教学楼，需要经过约 100 个石阶。平时，木寿永三步并作两步，很快就能走到教室。而这几天，他需要每天一早就从家里出发，早早来到学校，一步一挪，缓慢地走入教室，准时为学生们上课。

“我现在最大的希望就是脚伤赶快好起来。”木寿永说，“都怪自己不小心，割草时伤到脚，耽误了教学工作。”

木寿永一直都是四兴自强完小的骨干教师，平时不仅分别承担了4个班级的语文、科学、音乐、体育课程，还负责学校的会计工作，工作之余还义务为学校锄草、打扫卫生。10月14日，他割草时，不小心被机器割伤，脚趾几乎被割断。

玉龙县人民医院出具的伤情鉴定报告显示：左足第四足趾开放性粉碎性骨折，伸肌腱断裂，创口感染。医生要求木寿永住院治疗，至少需要留院观察两周。

这让木寿永急坏了。“怎么办，孩子们还在学校等着我去上课，我不能丢下他们不管。”木寿永念叨着，要早点回学校。

就在木寿永住院治疗的第二天，学生们对他的关爱和慰问消息纷纷传来，这让木寿永更躺不住了。

“回学校！”木寿永跟家人说。可是，伤口疼痛和亲人坚决的反对，让木寿永不得不稍微安定下来。他想一旦能动弹，就马上回学校。

10月22日，艰难熬过了一周后，木寿永等不下去了。他一瘸一拐，忍着疼痛，走出病房……23日，周一，上课铃响的那一刻，一位拄着拐杖的老师出现在二年级班级的教室门口，挪向讲台。

“啊！是木老师！”“老师回来啦！”“木老师好！”看到老师，同学们激动不已，顿时间，整个教室里响起了热烈的掌声……

“不能让学生一天没有老师”

12月27日，上完一节语文课后，木寿永对记者说：“你看，坚持一下，一节课就过去了。要是躺在家里休养，可就耽误学生学习了。”

对教师职业的认识和对学生的热爱，让木寿永选择坚持。

四兴自强完小共有107名学生和12名教师。“很多老师平时生病，如果不是什么大病重病，都会坚守岗位，坚持给学生上课。”四兴自强完小校长和泽辉介绍，全校共6个班，平均两位老师负责一个班级，如果一个老师不在岗，那就要由另外一个老师来代管。

“每个老师都有自己管理的班级，我不希望增加同事的压力。”木寿永说，只要是为了学生好，一切困难都可以克服。“要是我花十天半个月住院，那就影响了教学进度，耽误了孩子们的学习。我还能坚持，一定要给孩子们上课。”

这几天，为了减少折腾，木寿永每隔两天才回一次家。只要有课程安排，他都会坚持讲课，认真讲好。“虽然腿受伤了，身体不方便，但是我的脑子还没坏，讲课没问题。”他说。

"他会教我们丰富的知识，讲很多道理。我最喜欢他在音乐课上教我们唱民族歌曲。"在六年级学生田萌眼里，木寿永是一位和蔼可亲、很幽默的老师。

"没有作业本了，木老师会给我们买。""生病了，木老师背我去看病。""下雨回不了家，木老师亲自把我送回家。"在孩子们口中，木老师的事情说不完。

而在和泽辉眼中，木寿永是个十分关心爱护学生的好老师，"他经常跟学生们打成一片。"和泽辉说。石鼓镇中心学校校长和材栋说，木寿永爱岗敬业的精神鼓舞了广大教师。

"坚守岗位只是尽本分"

52岁的木寿永当教师已32年，在四兴自强完小一干就是15年。

木寿永出身贫寒，从小就立志要通过教育改变命运。1987年，他从丽江地区师范学校毕业，却放弃留校任教的机会，选择了到基层去。

"只要有需要受教育的孩子，即便那里荒草丛生，我也愿意去。"木寿永如是说。

多年来，木寿永始终扎根在玉龙县的多所乡镇学校，培养了大批优秀人才。木寿永太渴望每一位学生成长、成才了，他说："我要用毕生所学和人生经历让学生明白——学习知识才能摆脱贫困，开创美好未来！"

近日，木寿永拄拐杖坚持上课的照片走红网络。网友纷纷点赞，称他为"最美双拐教师"。

网友"蜀黍宝贝"说："当了一辈子乡村老师，学生就是最大的牵挂。"网友"黑圆圆"说："乡村学校条件艰苦，但还有这样高素质和敬业精神的老师，值得学习！"

村民们口中的木寿永，则是乡里出了名的孝子，他们家被评选为"最美家庭"，他自己也曾获得过镇里"道德模范"称号。得知木老师受伤，村民们很是关切。石鼓镇四兴村委会一组村民和丽祥说："木老师平时为人和善，是大家公认的好老师。这次他脚受伤了，我们希望他早点好起来。"

面对赞扬和祝福，木寿永表现得很淡定。他觉得，坚守岗位为学生上课，只是尽本分而已。

记者手记

新华社"中国网事"记者　字强　王安浩维

是怎样的一位老师在受伤后还会选择拄拐坚持上课？为什么会感动网友？

看到云南省丽江市玉龙县石鼓镇四兴自强完小教师木寿永因拄双拐上课走红网络，记者带着疑问前往丽江采访。

正午时分乘飞机抵达丽江三义机场后，再转乘汽车前往玉龙县石鼓镇，到达四兴自强完小时已是傍晚。

四兴自强完小是一所坐落在金沙江畔、玉龙雪山脚下的美丽小学，古朴典雅的建筑风格让人眼前一亮。在修葺一新的学校院子里，我们见到了等候已久的木寿永。

对于记者的来访，木寿永是不太乐意的。“我拄着双拐上课，没什么大不了的。不论多困难，坚持给学生们上课，是我的本职工作。”可以看得出，木寿永是一个低调朴实的人，他认为自己的举动实在是太普通、太平凡，不值得夸赞和宣扬。

木寿永是一个善良的人。他得知记者奔袭数百公里前来采访，很不容易。“我们就聊聊嘛，我也不至于让你们白跑一趟吧。”对于记者造访，木寿永谈吐间透露出愧疚和谢意。

他家曾经被评选为“最美家庭”，他曾荣获“道德模范”称号，采访证实，木寿永确实是一个宁可让自己吃苦受累，也要努力帮助别人的人。他拄双拐上课仅仅是30多年来兢兢业业教书育人的一个缩影而已。

在采访过程中，不论是一大早木老师艰难地迈上学校大门口的石阶，还是带领同学们打扫操场，抑或是拄拐为同学们上课……每一个细节、每一个动作，木老师都习以为常，他专注地为同学们上课，伤痛并没有影响到他。

由于学校缺乏老师，木寿永担负着语文、科学、音乐、体育等学科教学任务，还兼任学校会计，是四兴自强完小的骨干人才。意外受伤让木寿永后悔不已，如果没有受伤，木寿永在这个冬天还要训练孩子们打篮球、踢足球，参加比赛。

“一个萝卜一个坑”“不能让学生一天没有老师”“我要帮助更多学生走出山村，考取大学，改变命运”……这些朴实的话语充满力量。

春蚕到死丝方尽，蜡炬成灰泪始干。木寿永的故事能感动网友，赢得外界的褒奖，是因为他身上本来就有着令人崇敬的光辉品格。32年扎根基层，奉献青春，倾囊相授，无私奉献，他用实际行动践行了人民教师的担当，“爱岗敬业”这四个字是他精神的写照。

在采访的末尾，有一幕给人留下深刻印象：当木寿永站在操场上看着同学们打扫卫生时，几个同学把木老师围起来，奔跑跳跃。那一刻，同学们欢呼，木老师脸上露出开心的笑。记者内心里感受到的是同学们对木老师的敬爱以及木老师作为乡村教师的荣光。

爱岗敬业精神在这个时代显得尤为重要，木寿永是众多乡村教师的典型代表。我们赞美木寿永，是赞美人性的光辉。在中国，还有更多美丽的乡村教师值得我们关注。

微语录

“只要有需要受教育的孩子,即便那里荒草丛生,我也愿意去。”——“最美双拐教师”木寿永

微评论

新浪微博网友说:在这样一个感人事迹的背后,也反映了乡村教育扶贫的问题。一个学校也许少了一个老师,就会耽误很多学生的课程。通过木寿永,我们看到了乡村教师的敬业和尽责,但也看到了农村教育发展的短板。

微信公众号网友说:感动!教师是太阳底下最光辉的职业,燃烧自己,照亮别人。为拄着双拐上课的乡村教师点赞,这是真正的好老师。

“独臂绣娘”梁忠美

7岁那年，梁忠美在帮助家里榨糖时，不幸失去了左臂。但梁忠美并没有被苦难压倒，出身布依族的她开始和母亲学做刺绣，一学就是十几年，积累了深厚的刺绣功底，在多次残疾人技能大赛中斩获奖项。获奖归来的梁忠美在家乡挂牌成立“梁忠美布依手工刺绣坊”，招聘了更多的布依绣娘，带领她们把绣出的工艺品推向了世界。

化茧成蝶，刺绣是我飞翔的翅膀

新华网公益频道记者　姜程

清晨，山边染出些红晕，偶尔传来两声清脆的鸟鸣。梆梆梆，一阵阵敲打声打破了大山里寨子的宁静。寨子在贵州省黔西南布依族苗族自治州，这里杉木葱茏、重峦叠嶂，却也交通闭塞、经济落后，布依族妇女梁忠美就在这里出生。几年前，她只是寨子里一个普通外出打工的妇女，如今，她凭着精湛的刺绣手艺，将布依族文化带出了大山，带向了世界。

“他们说你一只手能做什么？”

7岁那年，乖巧懂事的梁忠美在帮助家里榨糖时，不幸失去了左臂。闭塞的小村寨，村民们多以种地、打工为生，失去左臂意味着失去养活自己的能力。

随着年龄的增长，同龄的伙伴们为了生计先后外出打工挣钱，而梁忠美因为身体原因，只能留在家里干点力所能及的家务活。“当时在家里也干不了重活，母亲喜欢刺绣，我就一直跟她学绣鞋子、鞋垫，学了10多年。”和刺绣的缘分从母亲那里理所当然地传承下来，却没承想这一绣就是几十年。

1990年，梁忠美与同村的布依族小伙王天前喜结连理。婚后，夫妻俩一并外出打工。丈夫王天前应聘到了一家餐馆当厨师学徒，而梁忠美在应聘一家刺绣厂时却被一口回绝。

“她刚去的时候，好多老板都不敢要她，他们说你一只手能做什么？”王天前回忆道，“后来我爱人就说，你先拿货给我做，如果行你就收我，不行你就不收我。”

与母亲学习刺绣的十几年时间里，梁忠美积累了深厚的刺绣功底。当她给老板绣出了货样后，老板一拍桌子：“你来吧！”

“我就想绣出美的东西，把我们布依族的文化传承下去”

打工的几年里，梁忠美从没放下手里的绣针。2010 年 9 月，梁忠美参加了贵州省第四届残疾人职业技能竞赛，荣获刺绣项目一等奖，同时还获得“贵州省技术能手”的光荣称号。2011 年 4 月，她代表贵州省参加全国第四届残疾人职业技能竞赛，凭借一只活灵活现、翩翩起舞的蝴蝶，荣获第三名。

许多人都是因为梁忠美绣的蝴蝶认识了她，当被问到为何能把蝴蝶绣得这样栩栩如生时，梁忠美讲述了她和蝴蝶的那次“偶遇”：一次，梁忠美在家做刺绣，一只硕大的蝴蝶飞进檐下，居然飞停在她的面前。在布依族的传说里，蝴蝶是神物，是自然的精灵。梁忠美认为这是神灵的恩赐，于是她飞针走线，灵思泉涌，将这只蝴蝶栩栩如生地定格在绣品上。

获奖后，梁忠美回到家乡，在县残联和家人的鼓励下，在老城社区租了个门面，购买了刺绣原料，正式挂牌经营“梁忠美布依手工刺绣坊”。

刺绣坊里，珍藏着梁忠美家族传承的一套珍贵绣品：外婆、妈妈和梁忠美三代人分别绣制和使用过的婴儿背带。历经岁月，背带已经显得有些陈旧，但刺绣图案依然精致。看着这些，梁忠美目光坚定：“我就想绣出美的东西，把我们布依族的文化传承下去。”

“她一只手都能做，我们很佩服她，都来向她学习”

刺绣并无固定章法可循，需要创作者加入自己的“小心思”。为了创新刺绣手法和图案，寨子里的花鸟鱼虫、飞禽走兽，都成了梁忠美细心观察的对象。

现在，梁忠美已经是当地唯一获得认证的黔西南布依刺绣的非遗传承人。她接订单、做培训，还承揽外贸出口的加工业务，把自己绣出的布依服装、墙画、领带等工艺品远销到了美国、英国、日本等许多国家。刺绣坊也从最开始的两三个人发展到现如今的七八个人，左邻右舍的绣娘都来到她的绣坊。

“她一只手都能做，我们很佩服她，都来向她学习。她经常给我们讲，老的、小的都可以来学。像我这 50 多岁的年纪，出去打工也没人要，在这里搞刺绣，一天还有几十块钱的收入。”刺绣坊刚成立,附近白层镇纳笑村的罗远英就过来学习,现在已经成了店里的老师傅,教授新来的学徒。

层叠的梯田边,七八位绣娘围坐在一起边唱边绣。曾经只能在家带孩子、做家务的她们,如今依靠自己的手艺,每个月都有1500元左右的收入。能靠自己的手艺吃饭,是这些布依族绣娘多少年来不敢想的。

虽然失去了一只手臂,但梁忠美为自己和寨子里的绣娘们“绣”出了一双可以展翅飞舞的翅膀,载着她们在蓝天白云下,犹如大自然的精灵一般自由自在地飞翔。

记者手记

新华网 王慧

贵州黔西南,坐落于贵州省西南部,千百年来,勤劳淳朴的布依族人民在这里繁衍生息,守护着他们宁静的家园。

刺绣是布依族妇女的一种手工艺术,在布依族地区普遍盛行,历史悠久。明弘治《贵州图经新志》就有对布依妇女刺绣的描述:“腹下系五彩挑花方幅,如绶。”刺绣可以说是布依族姑娘们特有的“胎教”,从七八岁就已经开始接触,织布、染色、刺绣对她们来说和洗衣做饭一样平常。

梁忠美是千百个绣娘里有点特殊的那个。刺绣是“手”艺活,但梁忠美只有一只手;大多数绣娘只是在家门口做做刺绣,她却把刺绣作品绣到了国外。

刺绣上的蝴蝶栩栩如生,初看时实在难以和独臂残疾人联系在一起。刚开始学刺绣时,梁忠美其实一点儿信心也没有,连针也拿不稳。但她埋头苦绣,在一针一线的沉淀下,技艺有了突飞猛进的提高。2010年9月,在县残联的牵线搭桥下,她参加了贵州省第四届残疾人职业技能竞赛刺绣项目,获得一等奖,同时获得“贵州省技术能手”的光荣称号。2011年4月,她参加了贵州省残疾人职业技术培训,并代表贵州省参加全国第四届残疾人职业技能竞赛,荣获第三名。

手艺有了,梁忠美又开始思考另一个问题。在自己的家乡,许多像她一样的布依族妇女以前在农闲时都会做刺绣,但随着外出打工的人越来越多,做刺绣的人越来越少。自己的技艺是从母亲那里传下来的,母亲的技艺是从外婆那里传下来的,一代代的布依族姑娘把刺绣的技艺传给自己的孩子,梁忠美不想让这种传承断了。

她决定把家乡的刺绣推向市场。获奖归来后,梁忠美投资15万元在贞丰老城社区租了一个30多平方米的门面房,购买了刺绣原料,正式挂牌经营“梁忠美布依手工刺绣坊”,招聘的绣娘都是本地妇女。由于手法灵巧,绣坊绣出的布依服装、墙画、领带等工艺品十分精良,供不应求,还远销美国、英国、日本等国家。刺绣坊也从最开始的两三个人,发展为现在的七八个人。

梁忠美的故事影响了更多的人,大家对布依刺绣有了更大的信心。据纳孔村村委会主任韦修春介绍,近些年,很多外出打工的妇女都先后回到村里进入工坊。以前女性在家做活是基本没有收入的,但进了工坊后,可以靠自己的手艺吃饭,在家里的地位也渐渐提升。

现在,梁忠美继续在她的工坊忙碌着,她还想带着更多的绣娘,绣出更美的蝴蝶,飞向更美好的地方。

微语录

"我就想绣出美的东西,把我们布依族的文化传承下去。"——"独臂绣娘"梁忠美

微评论

网友说:我们的刺绣太美了!感谢布依族的绣娘们,能让世界看到这么美的中国文化。

新浪微博网友说:难以想象这么漂亮的蝴蝶是只有一只手的人绣出来的,背后付出的艰辛一定很多。

“让宣传充满欢笑的民警”李建国

李建国，男，江苏省常州市公安局新北分局推出的安全防范宣传网剧《民警李建国》剧中主人公。在由基层民警、辅警组成的“李建国”团队的精心创作与表演下，该剧一改以往教科书式的传统说教，以轻松幽默的方式，反映基层派出所民警在开展安全防范宣传、接处警等工作中的酸甜苦辣。目前，已推出的6集安全教育题材教育片累计视频点击量已过亿。

接地气入民心　网红民警“李建国”这样炼成

新华网江苏频道记者　钱芳　袁梦来

民警“李建国”火了。

这个由江苏省常州市公安局新北分局推出的安全防范宣传网剧中的主人公，甫一亮相，就凭借超过1000万次的点击量，进入微博热搜词，成为2017年夏天最著名的“警察”。

“继续拍啊，不拍的话我打110了。”一部暑期安全主题的宣传片，从习惯性地被忽视，到如今万千网友热议、中小学生喜爱，这样的转变让人意外而又惊喜。

基层公安策划：扎根生活　服务群众

第一集“防溺水”，第二集“居家安全”，第三集则围绕防性侵展开……“剧集都是围绕我们的辖区实际和社会关注的热点话题策划的。”圩塘派出所所长姚汗新说。

《民警李建国》这部系列短剧主要在圩塘拍摄，以圩塘派出所为背景。据介绍，圩塘辖区长江水段长度17.8千米，大小河流形成高密度水网；辖区企业数百家，流动人口占比近50%。进入暑期，学生的人身安全成为公安机关关注的重点。

"孩子放暑假了,安全教育不能放假。等暑假来了我们再准备,就晚了。"据圩塘派出所教导员俞涛介绍,2017 年 4 月,派出所有了个初步的想法:做群众乐于接受的安防宣传。

宣传页、展板成本不小,效果不好,换掉;安全知识文字太多,群众不愿多看,改良;民警说教太多,年轻人不喜欢,转变……

根据"群众爱看"的原则,最终,网络短剧成为派出所选择的呈现方式。

"过去,为防范溺水,我们尝试过很多宣传方式,如在河边立警示牌,在学校进行宣讲,向家长发送宣传单,但是效果都远远无法与这次的短视频相比。"俞涛说,"这次短视频效果出乎意料,分析原因关键还在于寓教于乐,在于接地气,也符合网络传播的特点。"

家长学生点赞:安全知识"绝对记得"

7 月 24 日 12 时 21 分,圩塘派出所民警李文霞趁着中午休息时间,编辑微博,然后点击发送——被无数网友"催更"的《民警李建国》第二集正式上线。

作为户籍警,李文霞没想到自己有一天会拍网剧、演警花,甚至成为官方微博的运营者。

"我们的系列微视频投入非常有限,演员全是所里的警辅人员及分局休假的民警。道具都是就地取材,派出所平时工作上用得到的。"俞涛说,派出所的经费本身就很有限,小成本的微视频能取得如此好的传播效果已经很开心了。

网络热度为这个暑期安全主题短剧的传播奠定了有力基础。效果究竟如何?目标群体——中小学生和家长最有发言权。

"很幽默、很有趣,贴近我们的生活。""很幽默,这样学习安全知识非常有趣。""我已经决定追剧了。"3 名新北区圩塘中学学生毫不犹豫地表示,对于剧中传播的安全知识,他们"绝对记得"。

常州市滨江中学的一位学生家长张娟在看了这个剧后表示:"现在的孩子对直接灌输的东西很排斥,平常家长教育根本不听。这个剧真的蛮好,不是严肃的说教,又能让孩子学到知识。"

张娟说,自己的孩子还跟同学探讨以后应该拍哪些主题,"像讨论电视剧一样,说着说着还演起来了"。

一系列短剧播下来,《民警李建国》的累计视频点击量已过亿,在笑声中,更多的网民不仅仅是获得了安全宣传知识,还刷新了对新时期基层民警的认识。

以人民为中心 创新宣传方式

憨厚而富有上进心的基层派出所民警李建国、集严肃活泼于一身的教导员、美貌与智慧并存的警花黄淑芬、李建国的搭档“老铁”王钢蛋,4 个由基层民警扮演的角色,真实再现了基层派出所民警在开展安全防范宣传以及日常接出警等工作中的酸甜苦辣。

“有人讨论才会有人关注,这样我们的宣传才能达到最终目的。身为传播者,我们自己要先转型。”常州市公安局新北分局政治处主任蒋丽萍坦言,没有效果的传播,不如不传播。无论是安全教育还是其他宣传,一定要想办法赢得受众的心。“就像做菜,为什么同样的食材做出来口味相差那么大?同理,还是基层民警参与,还是一样的安全教育宣传内容,为什么换了形式,传播效果就这么好?新媒体时代,特别需要强调传播形式的重要性。”

2016 年 7 月,新北分局成立了警察公共关系中心,邀请大批“智客”“创客”加入,《民警李建国》就是该中心组建团队策划的。转变思维,从单向宣传到双向互动,适应新时期“以人民为中心”的新要求,是近年来公安机关引入“警察公共关系”这一现代理念后出现的显著变化。早在两年前,常州警务微视频《“阿汤哥”说唱教防骗》就曾经在网上“火”过一把,常州市警方也因为勇于创新而成为警务宣传界的“明星”。常州市公安局宣传处处长、新闻中心主任吴秋安表示:“公安宣传也要把握时代脉搏,也要遵守新闻传播的规律;警务宣传要讲效能,也要最大限度地减小成本,追求‘小制作、大传播’。一直以来,我们常州各个分局都在做类似的新媒体宣传尝试。未来,我们将继续推出更多更好的作品。”

记者手记

新华网江苏频道记者 钱芳

《民警李建国》今年夏天一经推出,就在网络上迅速走红,这部被网友们誉为“认真地搞笑、负责地宣传”的安全防范网剧成为全国公安机关的议论焦点。新华社、《人民日报》、央视新闻等权威新闻机构纷纷对此予以关注,迄今为止,网络播放次数已经过亿。

这对于一部完全由基层派出所创作的网络剧来说，无疑是令人意外的。但是，在了解了常州新北公安分局的创新宣传工作后，这一现象就成了意料之中的事了。

这部剧的主创团队来自常州市公安局新北分局的“警察公共关系中心”。

2016年7月，为进一步密切警方公共关系，让警务宣传更加深入人心，新北分局成立了警察公共关系中心，以“创新型宣传、实战型宣传、亲民型宣传”为目标，通过“传统+流行”的混搭模式，着力构建“资源共融、内容兼融、宣传互融”的融媒体宣传新格局。“李建国”成为中心成立一年后一项成功的实战化宣传成果。

“过去，我们在传统的宣传教育中，大多采用发资料、喊口号、拉横幅的‘老三篇’方式，群众对此往往视而不见，既入不了眼，更入不了心，等到遇到具体情况后才后悔没有早点学习预防措施。如何创新形式，更好地宣传、教育、引导、服务群众这一课题摆在了我们面前。”作为“李建国”主创团队的一员，公安分局政治处主任蒋丽萍说，当下网络平台迅猛发展，微视频成了最为直观便捷的信息传播途径，这给了团队很大的启发。幽默搞笑的形式能与严肃刻板的防范宣传内容融为一体吗？公安防范宣传剧也能做到让网民端着板凳、捧着西瓜催更新吗？于是，一个大胆的念头产生了，最终创作出了“带教育功能、启示意义的幽默搞笑”系列短片《民警李建国》。

创新宣传手段，归根结底是更好地为人民服务。刘庆、李文霞、许成德和张家伟，这几位剧中主要角色的扮演者在生活中都是来自一线的派出所民警、辅警，虽然没有经过专业训练，却浑身是戏。对于他们来说，有些其实并不需要去刻意表演，因为剧本就来自平日里他们处理的一起起警情、一个个案例。他们深知，打击犯罪固然重要，防患于未然更为必要。每当暑假发生孩子溺水死亡警情，每当一个年幼鲜活的生命远去，每当年幼的孩子遭遇性侵等隐形犯罪，公安民警和家长们一样揪心痛心。民警“李建国”的成功，正是广大干警团队坚持以人民为中心，从人民群众的需求角度出发的创新实践的一个缩影。

微语录

“变的是形式，不变的是我们为人民服务的宗旨。《民警李建国》只是一部网剧，但网住了群众的关注，融洽了干警和群众之间的关系，网剧虽短，但为人民服务道路还很长。我们干警担负着保护公民的人身安全、人身自由和合法财产，保护公共财产，预防、制止和惩治违法犯罪活动职责，积极推出新的便民利民措施，真正把公安工作做到老

百姓的心坎上是我们不懈的追求。”——《民警李建国》主创团队的心声

微评论

新浪微博网友说：这部短片的意义不仅仅在于向青少年宣传暑期安全知识，更是拉近了警民距离，让大众记起警察也是来源于人民群众，有血有肉，同样会逗，是服务人民的新开端，很有借鉴意义。

学生家长说：现在的孩子对直接灌输的东西很排斥，平常家长教育根本不听。这个剧真的蛮好，不是严肃的说教，又能让孩子学到知识。

“大山园丁”宋长城

宋长城，男，现年55岁，贵州铜仁市思南县翁溪镇人。1986年，宋长城以民办教师的身份走进了教育事业。31年来，他一直扎根山区，任教于瓮溪镇偏远的杉树坡教学点。他校长、主任、教师、保育一肩挑，他所在的学校在大山深处的半山腰上，学校虽然只有9个学生，但“麻雀虽小，肝胆俱全”，除了教学，还要考虑学生安全、实施营养午餐……按农村话说：他在学校既要当爹，又要当妈。学校的里里外外都要靠他一个人去打理，人们都称他为“校长妈妈”。

愿天下所有学生都能遇到这样的好老师

中国新闻网记者　周燕玲　周娴　杨云

现年55岁的宋长城在杉树坡小学缺少教师的情况下，于1986年毅然走上了讲台。从那时起，他把奉献山区教育当成自己一生的使命，31年来，他将自己的青春和热血都奉献给了大山里的孩子们。

每天早晨7时，宋长城离家出门，都会特别绕路把分散住在杉树坡村杉树坡组、土朝湾组及富家寨村青杠园组的学生们带到杉树坡村小学。宋老师的学生最多时有70余人，5个年级。

2016年，杉树坡村最后一批小学生全部进入瓮溪镇寄宿制学校就读。村小被思南县教育局改建为山村幼儿园，宋老师的学生也减少到只有9名。这9名学生，父母亲大多在外务工。

瓮溪镇位于思南县南端，距思南县城64公里，是思南县较为偏远的一个乡镇，杉树坡小学位于思南县瓮溪镇东面的杉树坡村，与石阡县接壤，距镇政府所在地大约10公里，距石阡县城70多公里。这里重峦叠嶂，穷乡僻岭，有望不断的陡峭山崖、走不尽的崎岖山路、翻不完的纵横沟壑。

“山高路远、经济贫困,31 年间先后来了好多老师,待了或长或短的时间,又都陆陆续续离开了。”说起山区教育的苦,沉默了半天的宋长城憋出一句话,“别人的根在山外,我们的根在山里,心就定在这里。”

1979年 7 月,宋长城高中毕业后没能考上大学,拜师干上了木工,一干就是 6 年。1986年,杉树坡教学点仅有的三位教师,其中有两位因为工资太低相继主动放下教鞭,为养家糊口另谋出路,留下来的一位教师要担任三个年级的教学工作。外面的教师不愿来,村里一时又找不到能胜任教学的人,这时候,村领导找到正从事木工工作的宋长城,希望他能够挑起教学的任务。

当时,教书那点微薄的工资根本不够养家糊口。但是宋长城想到,家乡穷,家乡苦,就更需要有人来为改变家乡落后的面貌而努力,更需要通过教育来改变山村孩子的未来。他便在家人不支持、朋友不理解的情形下,毅然放下木工,走上讲台。

“清贫一个人总比愚昧一代人、贫穷一个山村强。”宋长城就是这样想的。到 1997 年,已经当了 10 年民办教师的宋长城每个月工资是 83.5 元,而当时他给人干木工一个月能赚 600 元。

当老师 31 年,宋长城不知为多少学生垫付过各种学杂费用。杉树坡村地处高海拔山区,多数家庭生活十分困难,不少学生因交不起学费而面临辍学。

为了保证本村适龄儿童该入学的一个不能少,已入学的一个也不能走,每个学期开学,宋长城都要跋山涉水,挨家挨户动员村民送子女读书,并不厌其烦地讲解让孩子读书的重要性。正是他的执着,村里适龄儿童的入学率达到了 100%。

有人问宋长城:“是什么让你对山区孩子如此无怨无悔地倾情付出呢?”他说:“为了每一个适龄的孩子都能接受学校的教育,为了托起山区明天的太阳。”就是这样,31 年来,宋长城所任教的学生没有一个因家庭贫困而失学。

31 年来,经过宋长城启蒙教育的山村学生有 24 人考上中专学校,81 人考上大专以上院校。在这些学生里,还出现了 1 名硕士、1 名博士。

如今,宋长城所教学生纷纷走出了大山,走上了各自的工作岗位。

他们中有获美国哈佛大学博士学位的宋应文;有取得西南大学研究生学历,现在瓮安重点中学任教的青年骨干教师、学科带头人宋健……还有更多的学子虽然并未走进象牙塔,但在宋老师的悉心呵护下健康地成长,在他的精心指教下开启了智慧的大门。

低年级的学生年龄小,走在山里的小道总让人不放心。每天下午放学,宋老师都要亲自护送学生回家,无论刮风下雨,霜冻下雪,雷打不动。有时因下雨造成山体滑坡,使原本就难走的山路无法通行,每次他都是将学生一个一个抱过危险地段,目送他们安全到家。送完所有学生,自己回到家常常已是夜色笼罩大山了。

从教31年,在学校既要当爹,又要当妈,学校的里里外外都要靠他一个人去打理,人们都称他为"校长妈妈"。

"洗脸、穿衣、做饭、上课、接送上下学,宋老师对学生们的关心无微不至。""我们家能出大学生,都是宋老师给娃娃基础打得好。""宋老师为村里的教育辛苦了几十年。"行走在杉树坡村,田间地头忙碌的乡亲见到宋长城都热情打招呼。一些村民见记者问宋长城的情况,一个个都热心地打开话匣子。

"我曾经是一名留守儿童,如果不是宋老师坚持劝我上学,我不会有今天的成绩。"宋健是西南大学研究生毕业,目前在贵州省瓮安中学担任历史高级老师、校务办副主任,是县级骨干教师。"从事教师这个职业受到宋老师的一些影响,就是想去帮助更多农村的学子通过读书改变命运。从教7年时间,我一直比较关注来自农村的学生,特别是曾经当过留守儿童的学生。"

宋健在当班主任期间,很关注班上的留守儿童,给他们更多关爱,并鼓励他们要通过知识去改变自己的命运和家庭。"我就是一个很好的例子,从一个农村留守儿童一直到研究生毕业,通过知识改变了自己的命运。"

面对学生,宋长城说自己问心无愧;而对家人,他却心存内疚,说自己对他们付出得太少。"女儿自2011年读职校以后,就再也没有送过女儿上学,也未能到学校看过她一次。"说到这里,宋老师的眼泪一下子流出来了。

在看了中新网关于宋长城的相关报道后,他的女儿宋敏在自己的朋友圈转发并评论:"我想说的是,这些孩子比我幸福,他虽然是我爸爸,但我从来都没有过这样的待遇。"

记者电话联系了宋敏,宋敏是一名幼儿教师,在未从事幼儿教师之前,宋敏一直不理解父亲,她不记得父亲像新闻报道里面那样给自己盖过被子、洗过脸,在她的记忆里,爸爸对他的学生比对她好,她上学期间的家长会,爸爸永远都缺席。

宋敏回忆说:"在小学四年级六一儿童节的时候,爸爸没空陪我去买新衣服,就拿钱给我,让我自己去买。我穿上精心挑选的衣服,在学校门口等爸爸一起去镇里的小学过六一儿童节,想象着爸爸会抱着我,夸我漂亮,可是我在学校门口等了很久很久,爸爸匆匆看了我一眼就牵着他的学生走了。"

"当时很伤心,六一儿童节其他学生都有爸爸陪伴,但我没有。现在我做妈妈了,同时还是幼儿园老师,开始理解爸爸这么多年的坚持。"宋敏说,希望像爸爸一样守护孩子们。

"山区教育的最大困难是教师的坚守。"思南县教育局安监站站长黄朝宣告诉记者，“宋长城老师的坚守不仅仅为大山留住了希望，更延续了大山的文明。”

2016年秋季，杉树坡小学被彻底撤并，学生们被转入发展更快、条件更好的三星小学，宋长城的人事档案也被转入了这所小学，可他最终还是选择留了下来。

今年已经55岁的宋长城说，在退休前他无论如何要为这所乡村幼儿园物色一个合适的新园长，也希望杉树坡村的年轻一代能为了村里的未来回到家乡，坚守下去。

高原阳光下，宋长城的大手拉着山里娃的小手，行走在新修的路上。过去这里的孩子们上学只有山路和泥土路，一代代杉树坡村的孩子们就是沿着这些山路和泥土路走到学校，然后又走出大山，而他们的老师宋长城仍然坚守在这里。

记者手记

中国新闻网记者　周燕玲　周娴　杨云

发现，记录；行走，讲述。对于新闻工作者来说，这是常态，亦是日复一日的重复。

对于宋长城的采访，开始也如这般，从思南县委宣传部获悉，觉得这个人在大山里坚持了31年，应该是一个有梦想的人，对这个梦想的好奇，激发了新闻人的行动和发现欲望。于是，我在思南县宣传部门和教育部门负责同志的陪同下驱车前往。

一路走一路颠簸，一路风尘一路思考，这样一种环境里会遇见怎样一个宋长城让人充满期待。

到中新社贵州分社工作以来，接触过不少新闻人物，有扎根山乡不破贫困誓不还的“第一书记”，有拉犁田野耕耘小康希望的“基层干部”，有用爱与坚守阻断代际贫困的“大山园丁”，有妙手仁心解百姓危难的“健康卫士”，有致富不忘泽被乡邻的“带富能手”。每一位都有可以触动心灵的故事。

他们，将伟大渗透在身体力行中，渗透在平凡工作中，坚守有成、实干有成，是矢志脱贫的黔中英才、年份英雄、时代楷模、贵州榜样。

遵循经验，充满期待，在内心描摹着宋长城的形象。

杉树坡村位于武陵山深处，地处贵州省铜仁市思南县瓮溪镇，是县级极贫困村。村小被思南县教育局改建为山村幼儿园，宋长城的学生也减少到只有9名。这9名学生，父母亲大多在外务工。31年来，宋长城的学生最多时有70余人，5个年级。31年来，每天早晨7时，宋长城离家出门，都会专门绕路把分散在杉树坡村杉树坡组、土朝湾组及富家寨村青杠园组的学生一起带到杉树坡村小学。

当这些细节一点点呈现于眼前，一个山区教师的职业道德慢慢沁润心田，感动了我们！

在采访中，宋老师曾经教过的学生说，他是受到宋老师的影响而选择了教师职业，又因自己曾是留守儿童,在教学过程中对农村的留守儿童比较关注。也是从这名学生的口中,了解到宋老师的女儿也在从事幼儿教师工作,并得到联系方式进行了电话采访。

在与宋老师的女儿宋敏打了近30分钟电话后,我听到了很多他女儿对他的“抱怨”,我曾试想如果我是宋敏,孩童时期和学生时期,我想也会跟她一样不理解自己的父亲为什么对学生比对亲生女儿还要好。也正是宋敏学生时期对父亲的“不满”,体现出了宋老师对学生的关爱和坚守大山的伟大。

欣慰的是,当宋敏走上幼儿教师岗位和当了母亲以后,她开始理解了父亲当年的行为,并为能有这样的父亲感到骄傲和自豪。

微语录

“别人的根在山外,我们的根在山里,心就定在这里。”“钱有多用多,有少用少,孩子们总要有人教。”——“大山园丁”宋长城

微评论

网友“兔美好心情”说:每次看到这种新闻,心里总是一阵阵激动,佩服他们的勇气,羡慕他们的执着。多年前,我曾经差点就去西部偏远农村支教,一念之间,没去成,怕艰苦的我战胜了想奉献的我,给他们点赞。

网友“黛汐”说:世界上的人都知道:“母爱是最大”,但是却不知道,还有一种伟大的爱叫作无私!我很敬佩这位老师的行为,这是人性的最大光辉。

网友“我愿用十年等你只为初”说:希望看到这条新闻的人,都可以感受到温暖。也希望更多的人能够来到我的家乡,为我们带来更多外面的世界。待我毕业,我也会回来坚守。

“美丽格桑花”余德春

2004年，余德春担任村委会主任后，组建的家政服务队，让乡里许多贫困妇女摘掉了“贫困帽”，人均增收8500多元。随着家政服务队的逐步稳定，余德春接着承包了县城后山滑坡治理工程劳务项目。为了让乡亲们能在家门口挣钱，余德春还在家乡贫瘠的土地上做文章——试种羊肚菌。2011年，在余德春的带领下，新农村建设项目落地实施，全村92户农户完成“五改三建”，入户路、联户路相继硬化，“三面光”水渠、农村公路护栏陆续建成，村里还发展起了200亩核桃基地。这个美丽的村庄逐渐成为丹巴县综合性旅游接待点。2016年，该村仅旅游产业一项，人均收入近3000元，淳朴实在的村民再次把余德春选为村委会主任。2017年，余德春当选党的十九大代表，出席了党的十九大会议。

“美丽格桑花”余德春

《甘孜日报》记者　涂登林

“现在的政策那么好，只要我们心怀感恩，苦干、实干加巧干，就一定能把向往的生活过成实实在在的好日子！”说这句话的是甘孜州丹巴县的基层藏族村干部余德春。在距离“美人谷”丹巴县城约4公里的水子乡水子一村，只要一提起余德春，村民们无不竖起大拇指：“我们一村好，好就好在有个余主任。”

闯市场——她让乡亲们鼓起“钱袋子”

“水子一村山旮旮，天干雨旱地光光，有儿不去挑担担，有女不去磨背背。”这句顺口溜就是水子一村昔日的真实写照。为了摘掉贫困的帽子，一个农村妇女率先走出家门，走南闯北大胆尝试，逐步走上了发家致富之路。

1998年，带着让全村 89 户乡亲致富的美好愿望和对市场的判断，余德春回到村里组织成立家政服务队。思想观念保守的妇女们却不愿意“抛头露面”，一盆冷水差点浇灭了余德春的满腔雄心。喝着牦牛河水长大的余德春，骨子里有一股子“牛”劲儿。委屈过后，她挨家挨户上门劝说，关系好的就“死磨硬拽”，就这样仅有 3 人的服务队一头“闯进”了县城。

那一年，她们用辛勤的劳动换回了做梦也不敢想的报酬，吸引了越来越多的妇女主动加入，服务队逐步壮大至 39 人，每人年均增收 8500 余元。随着家政服务队的逐步稳定，余德春又将目光盯向基础建设，承包了县城后山滑坡治理工程劳务项目。

组建劳务队时，遇到了阻力，村里的男人普遍不愿意加入劳务队，不但认为挣不了几个钱，还不情愿一个妇女当他们的队长。余德春了解情况后，凭着一张嘴和一双腿，挨家挨户讲道理、搞动员，才将村劳务队艰难成立。这一年，她带领乡亲们在施工现场背水泥、扛沙袋、搬砖块、砌堡坎，成天忙得一身泥，变成名副其实的“女汉子”。年末终于迎来收获，劳务队户均增收 1.78 万元。尝到甜头后，劳务队迅速壮大，他们更加活跃地忙碌在各处施工现场，乡亲们户均年增收额从 1 万多元逐步攀升至 2.8 万元。

村里低矮破旧的房屋逐渐被一座座崭新的白色藏房取代，村寨面貌焕然一新，昔日“穷村”一举成为远近闻名的富裕村寨。面对前来取经的乡邻，余德春用爽朗的笑声掩饰着紧张：“村里大家看到我长大的，哪有那么神奇，也没得啥子经验，就是先做好了让大家心动，然后带起大家跟我行动，老实做‘活路’挣钱奔好日子嘛。”

引项目——她让穷土地长出“金苗子”

为了让乡亲们能在家门口挣钱，解决部分家庭因劳务外出难以照顾家中老人和儿童的问题，凭借多年的闯荡经历和市场经验，余德春决心在家乡贫瘠的土地上做文章——试种羊肚菌。

“我们祖祖辈辈都是种庄稼、种蔬菜，哪有种菌子的哦？”这个想法一提起，便在村里炸开了锅，深受传统农业思想影响的村民难以接受如此大胆的尝试。“到底是亏是赚，不试一试，肯定不知道。”余德春决定当一回探路者，她先行在自家承包地里种植了一亩羊肚菌。

为快速掌握种植知识，菌种下播后，余德春便天天在地里钻研，详细记录温度、湿度、光照……晴天一身汗，雨天一身泥，忍受着常人难以忍受的辛劳。

一年下来，羊肚菌喜获丰收，她也从种植技术的“门外汉”变成“行家里手”。第二年，种植户便扩展到 15 户，余德春自掏腰包带种植户到金堂县实地考察、学习技术，种植户年底户均增收 1 万余元。看着种植羊肚菌如此有“钱”景，村民们再也按捺不住。第三年，该村成立羊肚菌种植合作社，种植户达 50 余户，走上了规模化发展。

“今年我种了 10 多亩，家门口就实现增收 3 万余元。不仅挣了钱，还照顾了家中老小。”种植户扎西激动地说。“下一步，我们准备带一批人到外地学习香菇种植技术，等羊肚菌收获后，马上种植香菇，不仅闲置的土地被充分利用，又是一笔不小的收入。”余德春又为村民们盘算着。

当干部——她让村庄改变“老样子”

自家富带动乡亲富，余德春赢得了村民的信任和拥戴。2004 年，村“两委”换届，一心为村民干实事的余德春当选村委会主任。

上任后，顺着村民意愿，余德春将第一个履职目标锁定为修建河堤堡坎，决心一改村庄坐落牦牛河畔常年遭受洪涝灾害的困境。“作为洪灾频发的村子，村干部的首要职责就是保证人民群众的生命财产安全。”余德春的为民承诺掷地有声。她奔走呼吁，四处争取项目、筹集资金，又发动村民自力更生、投工投劳。不到半年，两条长 2000 余米的河堤堡坎就固若金汤地静卧在河道两岸。“幸好我们的堡坎质量好，不然庄稼和房子可能都遭殃了。”面对今年丹巴县 60 年一遇的特大洪灾，村民宋平贵自豪地说，村里修的河堤堡坎又一次经受住了大自然的严酷考验。

余德春实施的第一个民生工程便让她在村里深得民心。然而，她的目标远不止于此，她要彻底改变村子面貌。

2011 年，甘孜州率先提出“全域旅游”发展理念。头脑灵活的余德春，迅速将本村发展融入州县战略。一方面，依托交通便利、距离县城较近等得天独厚的地理优势，她积极动员村民发展餐饮、休闲娱乐、民居接待等旅游产业，组织村民到本县甲居藏寨和金川县、小金县等乡村旅游发展先行地进行实地考察；另一方面，她早出晚归，一会儿在村里挨家挨户走访搞动员，一会儿跟着乡干部讨论策划，一会儿又急匆匆地赶着车进了县城。

很快，新农村建设项目便落地实施，全村 92 户农户完成“五改三建”，入户路、联户路相继硬化，“三面光”水渠、农村公路护栏陆续建成，村里还发展起了 200 亩核桃基地。一条条整洁平坦的道路、一排排独具特色的藏房、一家家服务周到的民居接待站，将一波又一波的游客从五湖四海吸引到了这个美丽的村庄，这里逐渐成为丹巴县综合性旅游接待点。如今，沿路农户家家经营餐饮和休闲娱乐项目，全村户户具备民居接待能力。2016 年，该村仅旅游产业一项，人均收入近 3000 元，淳朴实在的村民再次把余德春选为村委会主任。

村民们都说，余德春就像一朵美丽的格桑花，绽放了自己的美丽，也留香给了别人,她让全村人民的日子越过越香,越过越美。

记者手记

《甘孜日报》记者　徐登林

“十九大报告,每一句话都说到我们心里了,都是我们想听的。”10 月 28 日下午,甘孜州丹巴县水子乡水子一村,党的十九大代表、丹巴县水子一村村委会主任、水子乡家政服务队队长余德春从北京返乡。一回到村里,她就向村民分享在北京时的照片,为村民宣讲党的十九大精神。

10 月 29 日,她在丹巴县政府召开的学习宣传贯彻党的十九大精神宣讲报告会上专题传达党的十九大精神;10 月 31 日,她在水子一村活动室为水子乡家政服务队 39 名队员宣讲;11 月 2 日,她在水子一村群众大会上为全村在家的 120 余名村民宣讲;11 月 5 日,她向水子一村羊肚菌合作社的 10 多位社员宣讲……

“第二轮土地承包到期后再延长三十年”“健全自治、法治、德治相结合的乡村治理体系”……在水子一村群众大会上,余德春重点宣讲了十九大报告中关于土地承包和乡村治理等内容。“余代表讲得很生动。”水子一村村民李康朝说,“我们弄懂了党的最新政策。”

“十九大报告提出,实施区域协调发展战略,加大力度支持革命老区、民族地区、边疆地区、贫困地区加快发展。我们要不等不靠,发力抓落实。”在向村羊肚菌合作社社员宣讲时,余德春又这样为大家鼓劲。

“给老百姓宣讲之前,我自己必须先消化,弄懂弄透,然后用乡亲们听得懂的语言宣讲。”余德春说,党的十八大以来,党和国家对“三农”工作做出一系列重大部署,近年来,四川深入实施“三大发展战略”,奋力实现“两个跨越”,甘孜州正在实施“六大战略”,让农民更富了,农村更美了,农业更有希望了。

“十九大报告中提到加大力度支持革命老区、民族地区、边疆地区、贫困地区加快发展,我们十分兴奋。”余德春说。

在党的十九大召开期间讨论发言时,只有小学文化程度的她,坚持写发言稿,结合水子一村的变化,讲述了四川藏区 5 年来发生的历史性、根本性变化。

消灭贫困、实现致富是水子一村眼下最紧迫的任务。余德春说,关键要做好两件事:一是发展村里的藏族特色民宿,二是规模发展羊肚菌种植。今年,水子一村计划种植 60 亩羊肚菌,到 2020 年,争取发展到 300 亩的规模,让大部分村民靠种高端菌致富。

微语录

"这次当选党的十九大代表，让我感到十分光荣。我就觉得党中央给了我们农村老百姓，特别是我们藏区老百姓这么多优惠政策，我听了浑身都是劲。我要把这些消息第一时间就带给乡亲，我更有信心带领他们朝着产业旅游这些门路前进了。"——"美丽格桑花"余德春

微评论

网友说：与党同心、与民贴心的优秀共产党员，她是我们的榜样，是来自高原的美丽格桑花。

网友说：20载的努力，让贫困村变旅游村；马不停蹄回藏寨，只为把党的十九大精神传递给甘孜儿女，我们为她点赞！

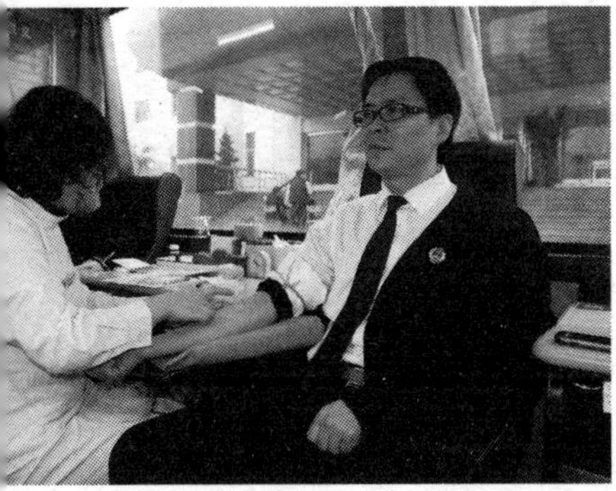

"当代宋慈"刘龙清

刘龙清是漳州市检察院检察技术处正科级检察员、副主任法医师，福建省第十届党代表。他始终牢记全心全意为人民服务的根本宗旨，不断拓展技术部门参与执法办案的广度和深度，推动检察技术在检察业务环节的应用，生动诠释了"立检为公，执法为民"的丰富内涵，被誉为"当代宋慈"。他先后被授予"全国先进工作者""全国岗位学雷锋标兵""全国模范检察官""全国首届守望正义——群众最喜爱的检察官""全国模范检察官""全国检察技术先进个人""全国先进工作者""福建省优秀共产党员""八闽楷模"等十多次省部级以上荣誉称号，荣立个人一等功一次，还入选"中国好人榜"，并成为中国文明网《好人365》第546期封面人物。

"当代宋慈"，火眼金睛护公平

《福建日报》记者　黄如飞　苏益纯

最近，漳州市检察院副主任法医师刘龙清光荣当选"八闽楷模"。20年来，他依法审查、鉴定各类案件16650件，发现并纠正错误鉴定465件，被誉为"当代宋慈"。

刘龙清说："法医的一刀一笔，关系当事人的生杀荣辱，关乎公平正义。我希望对得起活人，对得起死者，更对得起自己。"

"有错必纠是我的本分"

大学毕业后，刘龙清放弃了医生的工作，毅然成为一名法医。但他没想到，接手的第一件案子差点断送了他的职业生涯。

1996年12月，村民张某和黄某因小事发生肢体冲突。根据张某的CT片，被鉴定为颅骨骨折，公安机关以涉嫌故意伤害罪对黄某进行了刑事拘留。而黄某的叔叔却提出质疑，通过信访渠道将申诉书递交到了漳州市检察院。

刘龙清找到张某的入院记录,上面写道:“头后枕部(后脑部位)可见一小血肿。”正是这个记录,让刘龙清感觉案件有些蹊跷。“自己说是后边受伤,而医生第一时间也看到只有一个后边受伤。CT 片显示出来,却变成前面左额骨骨折和血肿。”

后来,张某又分别在案件承办人员的陪同下,去医院做了两次 CT 的复查,并没有发现头颅部位的血肿和骨折。法医在鉴定报告中说:“额头血肿经过两个半月能够完全吸收,额骨骨折因为不十分严重也可完全愈合。”

三张 CT 片中,只有第一张 CT 片是张某自己拍摄后拿到公安机关的。如果张某造假,那他只可能在这张 CT 片上造假。

反复比对之下,刘龙清发现了问题所在。“三张 CT 片的间隙结构不一样,第一张 CT 片可能是个假片。”鉴定结果一出,引起轩然大波。伤者不服、同行质疑,一封实名举报刘龙清“乱改鉴定、徇私舞弊”的信递到了省人大和省检察院。

福建省人民检察院迅速成立了专案组,对事件展开调查。

然而,就在专案组对刘龙清进行调查的近半年时间里,他却做了一个十分出人意料的举动,就是着手对当地所有以 CT 片为证据的案件展开追查。20 世纪 90 年代末,漳州总共才有两三台 CT 机。刘龙清认定,正是因为大家对 CT 检查这项技术的陌生,很可能有人借此造假。

没过多久,刘龙清就有了新的发现,漳州市的一个村民在拍摄 CT 片时,请他人替拍而造成了自己颅骨骨折的假象。查明情况后,刘龙清立即将这一情况向单位做了报告。几乎同时,福建省人民检察院的调查组也发现了问题,张某并没有真的发生颅骨骨折,而是买通值班医生,帮他伪造了一张 CT 片。

随后,刘龙清又发现多起伪造 CT 片案。这引起了漳州市政法委的高度重视,并开展专项打击行动,包括张某在内的多名涉案当事人、医生被追究了刑事责任。此后,CT 片造假的情况在漳州销声匿迹。后来,刘龙清撰写的《4 例伪造 CT 片的法医学分析》,被一些高等院校的法医学教材作为伪伤、诈伤的典型案例,在全国法医界引起警醒。

“否定自我,是为了还当事人公正”

刘龙清的担当,不仅体现在他敢于挑战权威,更在于他勇于否定自我。

在平均每周 20 件左右案件需要审查的工作量下,刘龙清曾被材料蒙蔽,漏掉关键性证据。2012 年 10 月,王甲持锄头殴打王乙头部,导致王乙脑部挫伤,伤情鉴定为轻伤。同年 11 月,此案送到漳州市检察院审查。刘龙清依据送来的审查材料及某医院的病症阐述,做出同意原鉴定轻伤的审查意见。

案件起诉到法院时,被害人提出了重新鉴定要求,坚称自己不可能只是轻伤。案子又回到了刘龙清手里。刘龙清重新逐字逐句研究了材料,一句"当地就诊后转诊"引起了他的疑问:既然有转诊,为什么送审材料只有一家医院的病历?他立刻联系被害人,调取最初接诊的两家医院的病历。病历显示,被害人当时的血压值接近零,并伴有神志不清等休克症状。"被害人系重伤",刘龙清以更加有力的证据重新给出了鉴定意见。

更改鉴定,意味着刘龙清要推翻自己先前的审查意见。"不能因为担心推翻自己的鉴定就不给受害人公正。"刘龙清没有犹豫,郑重地在鉴定意见上签下了自己的名字。

这件事也给刘龙清敲响了警钟:"必须以更加'如履薄冰'的态度来审查每一个案件。"

"有什么困难,尽管找我"

这些年来,刘龙清获得了许多荣誉称号,最让他自豪的是"群众最喜爱的检察官"。他觉得,这是他获得的最高赞誉。"人民检察官应当执法为民,让群众感受到司法温暖。"

"有什么困难,尽管找我",至今,不知有多少当事人听到过刘龙清这句暖心的话。"我既是法医,又是一名检察官,对当事人应该多一些关爱,多一份人文关怀,让他们真正感受到法律的公平和正义的温暖。"他为刑事案件被害人免费鉴定1586件,为群众节省了鉴定费127万多元;他义务承担了法医学最疑难的医疗纠纷解剖鉴定,帮助解剖118件,为群众节省鉴定费用近500万元;他为求助的患者提供医疗咨询并帮助联系专家,治疗疑难杂症6000多人次。

记者手记

《闽南日报》记者　冯思佳

他有一颗温暖的心

采访刘龙清让我第一次深入了解法医,原来有这样一群人,在很多案件背后默默与尸体"对话"。

"活人可能撒谎,但尸体不会。"这是法医界流传较广的一句话。在他人经历生离死别之时,法医需静下心,抽丝剥茧,从中寻找真相。也正因如此,在外人看来,法医有些冰冷。

然而采访中,身为法医的刘龙清却阳光热情,他面容白皙,鼻梁上架着眼镜,总是未语先笑,一副文质彬彬、儒雅敦厚的样子。他待人接物非常细心,对找他寻求帮助的当事人也特别照顾有加,是一名名副其实的"暖男"。

厦漳专线上拒载小偷却被报复的"正义"司机翁伯达来找刘龙清,见了面,刘龙清把翁伯达扶进办公室,倒上热茶,仔细地察看翁伯达的伤口,嘱咐他恢复身体的注意事项。离开时,刘龙清把翁伯达送到门口:"以后有什么困难,你尽管找我。"工作完成后,刘龙清惦记翁伯达的生活,几次与保险公司协商,为翁伯达争取保险赔偿,缓解他的生活困难。

还有一个14岁的小男孩因致人轻伤被定性为故意杀人罪。刘龙清认为小男孩还未成年,如此定性会给他未来的成长带来影响,应以教育、挽救为主。因此,他反复与经办部门沟通,并前往看守所对小男孩进行心理辅导。事后,面对小孩家人的感激,刘龙清说:"这没什么,都是我应该做的。以后有什么困难,尽管来找我。"

"有什么困难,尽管找我",不知有多少当事人听到过刘龙清这句暖心的话。多年来,他秉持着"以服务群众为己任,替群众说话,为群众办事"的信念,以他力所能及的各种方式,帮助那些有需要的人大大小小各种忙。

碰到生活困难,无力支付鉴定费的受害人,他就免费帮忙做鉴定;碰到外来务工的当事人,因无本地户口孩子求学无门时,他就包揽下联系学校的活儿;碰到需要寻医问诊的患者,他就帮助联系医院、联系医生……为此,刘龙清结识了很多农民工朋友,每年大年三十,他的手机总能接到很多这些朋友发来的祝福和感谢的短信。

刘龙清有一颗温暖的心,是这颗心让法医这个看似"冰冷"的职业也能传递出"司法温暖",让看似"严肃"的检察官也能成为老百姓的"贴心人"。我想,每个人都应该有一颗温暖的心,温暖别人的同时,也被别人温暖。这样,无论从事何种职业,身处何种境地,因了这份温暖,一切都不会太糟。

微语录

"为死者言,为生者权,我将永远坚守严防冤假错案的职业底线。""不让无辜者蒙冤,不让犯罪者逍遥法外。只要有依据、有理由,我们肯定要给群众一个真相、一份公正。"——"当代宋慈"刘龙清

微评论

网友说:一刀一笔刻公正,人民检察也温情。

网友说:平凡岗位里不平凡的业绩,饱含汗水,更有温情。

"农民画家"杨晓梅

卅载寒暑,放羊作画。她用一袋麦子换来的颜料,将中国农民画送进阿斯塔纳世博会;也用不曾停歇的画笔,将大地丹青描绘进农家人的心中。她就是农民画家杨晓梅。

今年53岁的杨晓梅,是宁夏石嘴山市平罗县高庄乡幸福村一名地地道道的农民,也是这片土地里"生长"出的农民画家。30年来,从春种夏锄到秋收冬藏,杨晓梅在这片土地上耕耘人生,也将这片土地搬上画纸。"我和画相依为命,农民画已经画进我骨头里了。"杨晓梅说。

泥土佳作"走出去" 大地丹青心中留

新华社"中国网事"记者 艾福梅 王腾 刘飞

金黄的白蜡、湛蓝的天空、银白的盐碱地,宛如大自然的调色盘。杨晓梅像往常一样,铺开画板,提起画笔,坐在羊群边,点染近山远黛,叠嶂重峦。

今年53岁的杨晓梅,是宁夏石嘴山市平罗县高庄乡幸福村一名地地道道的农民,也是这片土地里"生长"出的农民画家。就是这样一位农民的画作,曾经亮相哈萨克斯坦阿斯塔纳世博会,将中国大漆与土地的深情拥抱展示给全世界,获得观者一片惊艳。

"人活着总得做点和吃饭没关系的事"

"来了,快进来。"初见杨晓梅时,她正蹲在院子里掰玉米,黝黑的脸上挂着朴实的笑容,一边掸着裤脚的泥土,一边向记者招手。如果不是院子一角堆放着画板和调色盘,让人很难将那些画作与杨晓梅联系起来。

走进杨晓梅家储藏室改成的小画室,屋子一角的旧式立柜是杨晓梅的宝贝,上百幅画作、三千幅剪纸,都在这个木柜里。

18岁那年,杨晓梅远嫁到平罗县。1986年,会剪纸的杨晓梅参加平罗县书画剪纸比赛,一下子被农民画吸引了。

“我想着我也能画。”幸运的杨晓梅得到了当地农民画前辈王家国指点,算是入了门,剩下的就靠自己钻研。这一“钻”就是30多年,节庆婚俗、四时流转,“想到啥就画啥。”杨晓梅在田间地头把蓝天白云画下来,也把农家人的自在画下来。

谈起杨晓梅的作品,和她相识20年的平罗县文化馆工作人员韩晓莉说:“晓梅的作品是从田野里‘长’出来的,带着泥土的夯实,有自己的艺术语言,我们叫她‘拙’。”

“现在不行了,最多画到晚上12点,年轻那会儿一画就是一夜,不知不觉天就亮了,也不觉得累。”这么多年来,杨晓梅每天早上5点起床放羊、画画,9点回家做饭,10点到下午3点下地干活,晚上的时间留给家人和自己的画笔。

“人家放羊都背鞭子,我放羊背画板。”杨晓梅边说边笑。“那有没有人不理解您?”“有,咋没有?人家问我这图啥呢?我想,人活着总得做点和吃饭没关系的事,我的事就是画画。”

“每次静下心来画画,就仿佛有了精神支柱”

“这张叫《枸杞红》,是我最喜欢的。”杨晓梅坐在柜子前边翻边讲,只见四条金黄的枸杞田如四道照进窗棂的阳光,洒在画纸的对角线上;硕大密集的红枸杞,似熟透的苹果;三名农妇头戴蓝巾、身穿绿衣,手舞足蹈,像庆祝丰收一样。“枸杞田为什么是黄的?”“农民画是随心所欲的,绿花也可以配红叶,黄色在这里更漂亮。”杨晓梅说。

“过去(20世纪90年代)最大的难处是画不起画,买个颜料就是二三十块钱。1996年我做种子生意赔了10万块钱,那时油盐酱醋都得找人借。为了还上赔的钱,我什么都干,曾经一天一车磷肥自己扛,肩上天天磨层皮,最后体重掉到80斤。”杨晓梅哽咽着说。

“白天没时间,我就每天夜里画,搬了一天磷肥,晚上画画手都抖。”杨晓梅说,放不下的画笔成为她前行的力量,“每次静下心来画画,就仿佛有了精神支柱,生活也不那么艰难了。”

丈夫安长孝说:“晓梅一说起画就像个孩子。”

将对土地的深情展示给全世界

平罗县农民画起源于清朝,农民画匠在劳动之余,为庙宇、祠堂作画。如今历经百年,农民画家受到政府文化部门的重视。

2010年,杨晓梅被评为宁夏回族自治区级民间绘画项目非物质文化遗产传承人,还斩获不少国家级奖项。

"去年,我又遇到了'新贵人'。"杨晓梅口中的"新贵人"是福建漆画艺术家江书荣。借着闽宁对口扶贫协作的契机,她被选入"闽宁农民画创作群体漆画技艺实验班",开始接触新的艺术天地。

"我对漆过敏,手上起疙瘩,老是打喷嚏,那40天手套、口罩不敢离身,还要反复抹肥皂水。"杨晓梅说。

江书荣则告诉记者:"晓梅真拼,每天画漆画到凌晨一两点,她的农民画质朴热烈,很适合转换成漆画。"果然,今年杨晓梅的漆画作品《收获》《邦布达归来》亮相哈萨克斯坦阿斯塔纳世博会,将中国大漆与土地的深情拥抱展示给全世界。

如今,杨晓梅不仅成了当地远近皆知的名人,日子也越过越红火。"现在家里有百十来只羊,三十多亩地,还有'7个轮子'(一辆四轮车,一辆三轮车)。"

在杨晓梅的呼吁下,高庄乡成立了乡村艺术培训班,由她教授村民绘画剪纸,进行艺术扶贫。

31年来,从春种夏锄到秋收冬藏,杨晓梅在这片土地上耕耘,也将这片土地搬上画纸。"我和画相依为命,农民画已经画进我骨头里了。"杨晓梅说。

记者手记

新华社"中国网事"记者　王腾

告别杨晓梅时已是傍晚,车窗外暮色四合,山树苍茫,月亮升起在薄雾中,照着古老的黄河,像西北大地上的脐带。原来就是这样一片诗意的土地,在200年里孕育了无数个如杨晓梅一般的农民画家,于田地和画笔间生生不息。

18岁那年,杨晓梅从陕西定边嫁到宁夏平罗。丈夫安长孝腿脚有疾,生活清苦,本性善良勤劳的杨晓梅却没放在心上,白天他们一道干农活,晚上夫唱妇随共同作画。

"画画对于农民来说,有点奢侈。"杨晓梅说。

在最艰难的时候,杨晓梅趁天黑悄悄从家推一车麦子,偷着卖了换颜料。记者问她为什么偷偷地,杨晓梅说:"怕村里人说,都穷成那样,还画画?"那时的杨晓梅贫累交加,瘦弱得像风中的柳条,但在被墨浸透的夜色中,依然有不灭的光和不肯放下的笔。

杨晓梅和农民画的回忆,也有许多泪中带笑的过往。

"我这人心宽,有一次画画太投入,把羊放丢了,跑了整整8里地也没找到,结果发现羊竟自己走回来了,高兴了我半天。"

"还有一次熬夜画画,白天骑车撞电线杆子上了,去医院动手术时,把我给疼笑了,吓了大夫一跳,以为我脑子也撞坏了。"杨晓梅边说边笑得乐不可支。

面前的杨晓梅,就像一株黄土高原上的苇草,平凡、坚韧,有着向上的力量。

如今,成了当地名人的杨晓梅,最在意的还是农民画的传承。“我嫁到平罗35年了,当地农民画家也从原本二十几人缩减到两三人。”由于农民画很难为农民带来收入,又耗费纸张笔墨,许多农民画家都忙于农活,已经很少创作。

“老祖宗留下来的,不敢说发扬光大,但要传下去吧。”杨晓梅说。

为了支持杨晓梅的创作,传承农民画的发展,今年高庄乡专门为杨晓梅修建了新画室。在几十平米见方的画室里,她兴奋地在毛坯房内指指点点:“这儿放画桌,那儿摆椅子,这么大的屋子能装十几个学生。”仿佛粉刷一新的画室已经映在杨晓梅的眸子里。

微语录

“人活着总得做点和吃饭没关系的事,我的事就是画画。”——“农民画家”杨晓梅

微评论

网友说:他们不只是农村的能人,更是多彩农村的建设者,棒棒的。

网友说:从田间泥土“长”出来,把丹青佳作传出去,新时代农民的榜样。

"孤岛医生"余家军

安徽省金寨县麻埠镇齐山村村医余家军,放弃城市生活,18年来以船为家,坚守响洪甸水库上的海岛村民组。他不论白天黑夜、严寒酷暑,风雨无阻地为水库周边和岛上村民送医问诊,被乡亲们亲切地称为"水上120"。他收入微薄,却乐善好施,从不收取问诊费,还经常给贫困户免费送药。他将百姓病症烂熟于心,数次救人于危难,用大爱真情默默守护着乡亲们的健康。

一个人,一条船,坚守孤岛18年

新华社"中国网事"记者 刘美子 水金辰

位于大别山区的安徽省六安市金寨县响洪甸水库,山水相连,河汊纵横。在1400多平方公里的库区深处,有一个被称为"海岛"的孤岛。

海岛的东岛岸边,常年停靠着一个船屋,外面挂着"麻埠镇齐山村海岛卫生站"的牌子。39岁的余家军是船屋的主人,也是齐山村唯一的村医。18年来,余家军无怨无悔地守着这条船,守着这座岛,守护着岛上200多名村民的健康。

留下,只为一句承诺

这里原本是大别山深处的一个秀美山村,20世纪50年代修建响洪甸水库,山村变成了东西两座孤岛,也就是现在的麻埠镇齐山村海岛村民组,岛上的村民出行全靠行船。

海岛村民组共有居民55户200多人。近些年,年轻人大都外出打工,岛上还有100

多名留守老人、妇女和儿童。

“以前没有卫生站的时候,村民看个感冒都要往镇里卫生院跑,来回要走几十里山路,划两三个小时的船,如果遇上急病往往会被耽搁。”在库区长大的余家军感触最深的就是乡亲们看病难。

余家军读初中时,有个乡亲被毒蛇咬伤了,由于村里没医生,大家只能眼睁睁地看着他在送医途中咽气,这件事让他下决心要学医。

卫校毕业前,老父亲被查出癌症。临终前,父亲拉着余家军的手说:“军子,回来吧,这里需要一个医生。”父亲的嘱托像一座山,重重地压在他的心上。

余家军 1999 年从六安卫校毕业后,回到齐山村,和妻子吴起娇把家安到了船上,取名“海岛卫生站”。从此,他坚守孤岛 18 年。

如今,这间卫生站在 2013 年进行了重新装修,约 70 平方米的船屋被隔成了 6 间小房间,其中 4 间被用作接诊室、治疗室、药房、观察室,剩下两间作为卧室和厨房。余家军说:“住习惯了。现在这条件好很多,前几年住水泥船,条件更差,夏天凳子烫得不能坐。”

大船前面泊着的一条小木船,已是陈旧不堪。18 年里,不论是白天黑夜、刮风下雪,余家军划着一条小木船每日来往于东西两岛之间为村民们看病,这条木船也被村民们亲切地称为“水上 120”。

船上没有灯,夜里出门行医,只能用手电筒照亮水路。“2008 年一天夜里出诊,遇到了大雾,水面一片漆黑,打开手电能见度也不足 1 米,船一下撞到山上,我差点掉到水里。”现在回忆起来,余家军还心有余悸。

孤岛深处,他是最贴心的人

在村里,居民都亲切地喊他“军子”。“军子是好医生,这么多年了,对我们尽心尽力,大伙都相信他。”村民詹龙祥说。

孤岛深处,下了船,沿着狭窄的土路往山上走 500 米便是詹龙祥家。詹龙祥的父亲詹广福今年 92 岁,患有高血压 20 多年,余家军 18 年来每周都会上门为他检查身体。近些年,老人的记性越来越差,但一见到余家军,便滔滔不绝:“军子,前几天我丢了 50 块钱。我这腿越来越沉,迈不动了……”

“军子比我这个当儿子的都做得多,老头跟他比跟我亲。”詹广福的儿子詹龙祥说。詹龙祥早些年和妻子在外打工,2007 年的一天,年迈的母亲在家不慎摔倒,头破血流,邻居赶紧给余家军打电话。余家军立刻赶来救治,在老人身边足足照顾了 7 个多小时,直到詹龙祥从外地赶回来。此后 4 年里,余家军每周都会去詹龙祥家给他的父母检查身体,直至詹母去世。

余家军的手机从来都是24小时开机,只要村民有需要,他总是随叫随到,从来不收上门费,只收个药钱,遇到特困户他还免药费。

对于村民的病情,余家军几乎烂熟于心,谁有何种病史,不用病历档案,他随口就能说得出。

"我老伴的病就是被军子发现的,不然人早没了。"村民刘伟青说。2013年,余家军去给岛上妇女翟玉云开降压药,翟玉云偶然间一个拿钱的动作引起了余家军的注意。

"她想从几张钱里拿出一张十块钱给我,就这个简单的动作,她拿了半分钟。"余家军怀疑翟玉云可能还有其他病症,于是立即联系六安市的医院,将其送去检查。最终,翟玉云被确诊为脑胶质瘤,及时得到了手术治疗。

走不出去的海岛,舍不下的情

一个人、一条船,18年来以一颗医者仁心,矢志不渝守护老百姓的安康。

2012年开始,余家军获得过很多荣誉,但这并没有明显改变他的生活条件。如今,他更忙了。今年以来,根据国家《关于推进家庭医生签约服务的指导意见》的要求,金寨县出台家庭医生签约服务工作实施方案。与余家军签约的贫困户共176人,有偿签约55人,他每年都要为签约户提供2到6次上门服务,包括量血压、测血糖、心率、尿液等项目。

"目前,卫生站一年收入在1万元左右,主要是药品零差率补助和公共卫生补助。"余家军说,家里主要经济来源依靠妻子吴起娇种植茶叶,一年在2万元左右,生活并不富裕。

余家军的女儿余冉今年考上了金寨县的青山中学,儿子余显武则在麻埠镇上读小学。为了陪孩子读书,余家军的妻子吴起娇不得已到镇上租房,周末再带着孩子回岛上。

看到岛上其他年轻人陆续迁出小岛,吴起娇笑着说:"不是没有机会出去,但是他放不下岛上的乡亲,舍不下船上的卫生站。"几年前,在扬州做生意的内弟打电话来希望余家军夫妻俩去厂里帮忙,开出一个月5000块钱的工资。知道这个消息后,村民们都跑来挽留余家军,看着乡亲们不舍的眼神,余家军最终选择继续坚守。

"我不能走,实在割舍不下这份情。只要乡亲们没病没灾的,我就知足了。"余家军说。

2009年8月,"海岛卫生站"挂上"金寨县新型农村合作医疗村级门诊定点单位"的牌匾。县里考虑到卫生站的实际困难,免费为他们配备了开展新农合定点所必需的卫生站门诊网络终端设备。从此,村民就能就近进行新农合报销。

余家军在今年提出了《关于加强乡村医生队伍建设和提高待遇的建议》。他说,现在村级公共卫生服务面越来越宽,家庭医生服务签约千家万户,村医的任务越来越重。但是目前村医面临着待遇低、风险大、人才断层等问题,已经到了青黄不接的时候。余家军建议,可通过考试解决乡村医生的身份问题,让村医进入财政编制,给村医解决养老保险和完善的执业风险保障制度,同时提高村医的待遇,确保基层医疗、公共卫生服务不断档。

记者手记

新华社"中国网事"记者 刘美子

对于余家军来说,作为一个医生,不能挽救生命,会心有愧疚。记者问他,为了当初一句留下的承诺,守岛18年,值吗?余家军面朝水库,重重地应了一声:"值。"记者问,你才40岁不到,以后呢,还继续守着这吗?余家军的回答还是一个字:"守。"

在齐山村海岛村民组,余家军是老百姓最亲的人。他给病人看病从来不收上门费,只收个药钱,久而久之,村民每次请余家军看病,都送点家里的土产,几棵白菜、两个萝卜。采茶时节,乡亲们会主动上余家军家来帮忙。

在92岁的詹广福家,记者看见的不是医生和病患之间的交流,感受到的是家人般的温情。"腿抬不动了,门槛跨不过去""我丢了50块钱,不知道谁拿走的,放在那里就没有了"……老人抓着余家军的手,没有条理地说着近况,似乎有些委屈。余家军一遍又一遍安慰着老人,给老人开药,"记得一天只能吃一片,记住了啊……你重复一遍给我听……千万不能多吃……"余家军反复叮嘱着老人,出门时还念叨着"等下还是要打电话跟他儿子说一下"。

也许余家军自己都没有意识到,他早已离不开这片生他养他,让他甘于清苦、奉献全部青春去守护的孤岛和他至亲的"家人"。

余家军至今还没有在镇上买房子,他的家就是响洪甸水库上的一条水泥船,用钢板材料隔出的六间房,甚至没有一件像样的家具。看到其他乡亲盖起的新房子、人家孩子穿的新衣服,妻子吴起娇会默默擦泪。

为了陪读,吴起娇带着两个孩子在镇上租房。"别人家的孩子上幼儿园有小伙伴玩,两个孩子小时候只有在船上自己玩。女儿小时候看爸爸天天在外面忙,问我:'爸爸是不是不喜欢我?'我听了真是难受。"吴起娇回忆道。

18年来,余家军不是没有机会走出这个小岛。现在,全村50岁以下的人都外出打工了。亲戚朋友也有人劝余家军别干这又累又赚不到钱的活了,趁年轻多挣钱,让老婆孩子过得宽裕一些。说实话,余家军不是没有动摇过。

得知余家军可能要离开村子,村民们着急了,三天两头给余家军打电话,隔三岔五到船上卫生院打个转。想到乡亲们生病时无奈而期盼的眼神,想到他父亲临终时的交代,余家军实在割舍不下。"他不走,我就不走,如果不守在这,他会不安一辈子的。"妻子吴起娇说。

无力回天,不能挽回生命,让他愧疚;不能更好照顾家庭,让他愧疚;村民们的爱戴和挽留,也让他愧疚。"我没办法,妻子现在理解我,希望孩子们长大后也会理解我。"余家军说。

"健康所系,性命相托,忠于人民,恪守医德",余家军,这个朴实的大别山之子,用18年的坚守和赤子之心,践行着成为一名医者时的庄严誓言,铸就了一尊感动全国的最美乡村医生职业"雕像"。

微语录

"只要岛上的村民需要我,我会一直坚守在这里。乡亲们没病没灾的,我就知足了。"——"孤岛医生"余家军说。

微评论

新华社客户端网友说:尽管自己日子艰苦,仍然坚守在贫瘠的小岛,医者典范。

新浪微博网友说:一个大山的儿子,用肩负的使命感和责任感,为中国乡村医生塑像,让人敬佩。

“重走英雄儿女路”梅茂生

梅茂生老人养育了一对英雄儿女。儿子梅开春与4名抢劫澳门恒生银行后潜逃珠海的歹徒殊死搏斗，牺牲时年仅18岁；身患癌症的女儿梅开蕾在与病魔抗争7年后，不幸倒在了边防检查岗位上，那年她只有37岁。事迹一经报道，感动了无数网民。广大网民纷纷发表感言，要向英雄的父母学习和致敬。有网友评论：一对年迈的老人，舍小家为大家，为国家培养了“脊梁”。

一封穿越时空的“家书”

央广网记者 官文清 郑澍 孙宇 杜静

从江西省九江市彭泽县到广东省珠海市茂盛围边防一线的1100多公里，承载着一对老人对烈士儿子的无尽思念；从女儿13岁立志当兵“接过哥哥的枪”到安葬至哥哥墓边，深藏着白发人两度送黑发人的伤痛。

25年前，儿子梅开春与4名持枪抢劫澳门恒生银行后潜逃珠海的歹徒殊死搏斗，直至用鲜血染红边防线，牺牲时年仅18岁。去年5月，身患癌症的女儿梅开蕾在与病魔抗争7年后，不幸倒在了她珍爱的边防检查岗位上，那年她只有37岁。

如今，年近七旬的父母已走出悲伤，只希望实现一个心愿：“在建军90周年这个伟大日子里，趁我们还能走得动，再到儿女生前站岗执勤的地方看一看……”

7月29日，退休老教师梅茂生带着一封手写的“家书”，与老伴冯静枝一路舟车劳顿，来到儿子生前服役的广东省公安边防总队五支队。冯静枝多年来一直有晕车的“老毛病”，坐车超过半小时就会眩晕，但准备好晕车药、晕车贴的她说：“再难受，也一定要来。”

30日上午10点，梅茂生搀扶着有些颤抖的老伴，来到以儿子荣誉称号命名的“守边英雄模范哨"前。他们抚摸着儿子生前站过的哨岗,轻声呼唤着儿子的乳名:"开春,爸妈来了……"一瞬间老泪纵横。

梅茂生说他上一次来这里,还是 18 年前,那时他在这里祭奠儿子后,代表儿子光荣地前往人民大会堂,接受党和国家领导人的接见。两位老人没有想到,儿子生前的同班战友、目前在珠海拱北公安分局工作的民警时伟甲也来到了岗哨前。三人见面紧紧相拥,欲语泪先流。

"25 年前的那个夜晚,当部队赶来保护现场的时候,远远看到梅开春一个人躺在那里,双手紧紧地搂着自己的八一式自动步枪。

"直到后来公安机关抓获歹徒,歹徒说敬重梅开春是一位英雄,是一条好汉,把当晚发生的事情全部供述,他的死才真相大白。

"歹徒打劫了 130 万港币,拿出 10 万港币想收买梅开春,求放他们一条生路,但梅开春不为所动,坚决要履行自己的职责。

"一名年轻的战士,当时只有 18 岁,就这样为了边防的安宁,献出了自己宝贵的生命……"回忆起战友梅开春,时伟甲几度哽咽。

除了时伟甲,在现场守候英雄父母的还有来自五支队的 100 名官兵。"英雄牺牲了,但英雄的父母并不孤单,我们都是他们的好儿女。"该支队一大队二中队指导员朱浩宇说。

这 100 名官兵中,有一个以英雄名字命名的集体:"梅开春班"。这个 10 人建制的班,如今已走过 25 个春秋,战士们换了一茬又一茬,英雄的精神也传了一代又一代。

"从 75 后到现在的 95 后,这个班里的战士们最熟悉的名字就是梅开春,'梅开春'这三个字已经成为激励一代代官兵戍边卫国的精神力量。"五支队政委颜勇说。

"儿女服役时,我们曾教导他们来部队一定要听从命令、服从指挥,在部队要体现人生的价值。他们做到了,我相信你们也能做到,而且会做得更好!"读完来队前手写的一封"家书",梅茂生向官兵们深深地鞠了一个躬。

随后,他和五支队政委颜勇一起把"梅开春班"这面旗帜授予了机动大队机动三中队三班。"我的双手接过这面旗帜,我感觉,这不仅是一种荣誉,更是一份使命,我将带领我们'梅开春班'将梅开春的红色精神继续传承下去。"90 后班长唐一坚定地说。

授旗仪式过后,100 名官兵将 100 朵菊花逐一轻轻地摆放在梅开春生前巡逻执勤的边防一线,庄严地道一声:"英雄,不朽!"

两位老人相依相伴,走在儿子生前巡逻的珠澳边防一线上,不时驻足回望。这时,一列全副武装的巡逻战士齐步走来——"立正!向英雄的父母,敬礼……"

老人朝着队伍久久地挥手,他们知道:这,就是"梅开春班",一个在儿子精神照耀下，忠诚戍守边关的尖刀班。

五支队政委颜勇介绍，生于1974年的梅开春，原为广东省公安边防总队五支队机动中队战士，1991年12月入伍，1992年10月17日凌晨在珠海拱北边防一线巡逻执勤时，与4名在澳门抢劫银行后潜回内地的持枪歹徒英勇搏斗，壮烈牺牲。杀害梅开春后，歹徒欲栽赃陷害，将2万元港币装进其军裤，直到6天后主犯落网供述罪行，梅开春的死才真相大白。1993年1月5日，公安部授予梅开春"守边英雄"荣誉称号，并授予二级英模称号。广东省人民政府、国家民政部先后批准追认梅开春为革命烈士。

记者手记

央广网记者 官文清

刚见到梅茂生时，这名个子并不高大、肤色黝黑的淳朴老人，在与边防战士和我们的交谈中，透露着基层老百姓身上的谦逊、朴实以及不可思议的冷静。直到来到了儿子生前曾站过岗、以儿子守边事迹荣誉称号命名的"守边英雄模范岗哨"前，酝酿了一上午思绪的梅茂生老人，不禁老泪纵横，口中不停叨念着儿子的名字，一遍遍抚摸着孩子站岗放哨的地方，恨不得把一景一色映入眼帘，记在心中。在此刻，我才感受到了这名老人身上所爆发出的对子女浓厚的思念之情，才深刻体会到了当初白发人两度送别黑发人的悲怆。

虽然一对子女都牺牲在了边防岗位上，但梅茂生表示，自己对于当初接连亲手把子女送到边防部队的举动一点也不感到后悔。两个孩子为了国家边防事业做出了牺牲和奉献，为如今珠澳一带和平安稳、群众安居乐业贡献了点滴力量，自己也感到欣慰。"孩子们小时候特别向往成为一名军人，既然他们喜欢并选择了这条道路，他们自己不后悔，那么我们就全力以赴地支持他们。而且，国家的强大离不开军队的强大，军队强大了，人民才能幸福生活。"

更让他欣慰的是，虽然一双子女已经离世，但两位老人却收获了一大群边防战士"子女"。逢年过节，总会有边防战士给他们捎来问候和礼物，边防部队干部和战士也经常嘘寒问暖，给予两位老人无微不至的关怀。虽然不是子女，但他们又胜似子女。

采访过程中，梅茂生老人有个举动让我久久不能忘怀，他颤抖着双手从怀里掏出记录着儿子荣誉的一份份证明，入伍证、信件、各项荣誉证明、军功章等等，林林总总应有尽有。这些物品虽保存得干干净净，但肉眼可见的边缘四角，被长久的摩挲磨出了一道道岁月的痕迹。梅茂生老伴私下悄悄告诉我，当梅茂生想念子女的时候，总会忍不住拿出这些过往子女光荣的历史，一遍遍细看，久久抚摸着，仿佛彼时那一对自己亲手送到边防岗位上的子女又回到了眼前，正在给老人家讲述着自己曾经的故事。

微语录

"儿女服役时,我们曾教导他们来部队一定要听从命令、服从指挥,在部队要体现人生的价值。他们做到了,我相信你们也能做到,而且会做得更好!"——"重走英雄儿女路"梅茂生

微评论

新浪微博网友说:老兵不朽!

网友"神经才喜欢你 _47915"说:他们父母真的很了不起,很坚强,致敬!

“如山父爱”何永弟

在巴山深处，有一对相依为命的父子，79岁的老爸何永弟，二十一年如一日照料着下半身瘫痪的43岁儿子何学义。1996年2月，在河北一铁矿打工的何学义遭遇塌方事故，造成下半身瘫痪。2004年，何永弟的老伴因意外事故去世。从此，何永弟一边干着农活，一边担负起照料瘫痪儿子的全部责任。老爸何永弟说：“政府对我们父子已全心全意，该享受的政策都有了。可人活着，不能做懒汉，更不能全靠政府。”这对父子没有让命运的不幸变成悲哀，用坚韧和乐观书写出父爱如山。

老爸的皱纹里刻满对儿子的爱

陕西省委网信办记者　陶明

巴山深处，一对父子相依为命。在陕西省安康市汉滨区流水镇河心村，年近八旬的老父何永弟用伛偻身躯为瘫痪的儿子撑起一个家，二十一年如一日，照顾儿子。

父亲说：“不要怕，你还有我。”

儿子说：“如果有下辈子，我要当父亲，像他爱我那样爱他。”

1996年2月，何学义在河北一铁矿打工时，遭遇了塌方事故，一块近百斤的大石砸在腰上。这个正值壮年的“顶梁柱”从此再也无法站起来。

“那时感觉真是天塌了。”回忆起最困难的几年，何学义数度红了眼眶，当时折磨他的不仅是身体的疼痛，更是对家人的愧疚。高昂的治疗费用让这个本就“勒紧裤腰带过日子”的家庭雪上加霜，负债累累。短短两个月内，何学义瘦了40斤，甚至想要放弃生命。

出事后，何永弟没说过一句怨天尤人的话，只是更加卖力地养牛、喂猪、种地，竭尽所能地照顾家里，一有空还安慰、鼓励卧病在床的儿子："不要怕，你还有我""好好治疗，总会有好转""家里离不开你，只要你活着，我就有寄托"……父亲鼓励的话语，支撑着何学义度过每个绝望的日子。如今，回想起这些话，何学义的眼神温柔而坚定。

2004年，何永弟的老伴因意外事故去世。从此，他扛起了家里的全部重担，在外种地、养鸡、喂猪，回家为儿子洗衣、做饭、清洗身子。可即便在这个时候，何永弟家也没撂荒过一分土地。"再苦再累也不能等、不能靠，生活要靠自己改善。"这是何永弟身体力行传达给儿子的信念。

在父亲的感染下，身体稍有好转，何学义便坐着轮椅做些力所能及的家务活。每天清晨5点多，父子二人醒来，父亲喂鸡，儿子扫地。简单吃过早饭，何永弟下地务农，何学义继续将屋子里里外外打扫干净。让家中保持干净整洁，是何学义为父亲分担家务的方式。

中午时分，一个灶台，一块案板，父亲添柴，儿子切菜，父子二人相互配合做出一顿热腾腾的饭菜。何学义说，人们常说小康家庭吃的是四菜一汤，我们人少，饭菜减半，两菜一汤就挺好。

2016年，全村脱贫攻坚开始后，何永弟率先报名，养了100只鸡和3头猪，纯收入5000多元。2017年，何永弟在承包的5亩多山坡地上种了荞麦、红薯和玉米，养了35只鸡和1头猪。前不久，荞麦收获，上百斤的荞麦粒装了满满三大蒲篮。何永弟说："政府对我们父子已全心全意，该享受的政策都有了，可人活着不能做懒汉，更不能全靠政府。"

收荞麦那天，周围的亲戚朋友来帮忙。国家电网陕西电力(安康流水)共产党员服务队来给何永弟家整理电线、重装电表。每当有人来帮忙，何永弟总会拿出家里的鸡蛋，做好饭菜感谢他们。"我们拥有的不多，但待人的礼节不能丢。"他说。

"岁月压弯了父亲的腰，磨难却没有带走父子脸上的笑容。这份坚强，满满都是正能量，有父亲，有爱，就有家，就能幸福。"何永弟、何学义父子对生命的坚守、对生活的坚韧感动了无数网友。

"父爱如山！这样的情，也许只有父母才能做到。生命中有再多的艰难，都难不过心灵上的苦，只有心里不觉得苦了，生活才能有足够的希望让自己坚持下去。感谢何家父子！"网友"失重的感觉"留言道："是的，生活中希望一直都在，就看你够不够坚强！"

记者手记

陕西省委网信办记者　**陶明**

巴山深处，一对父子相依为命，老爸何永弟79岁，儿子何学义43岁。

1996年2月，何学义在河北一铁矿打工时，遭遇了塌方事故，一块近百斤的大石砸在腰上，这个正值壮年的“顶梁柱”从此再也无法站起来。

高昂的治疗费用让这个本就“勒紧裤腰带过日子”的家庭雪上加霜。面对累累负债，只能卧床的何学义常常感到沮丧，甚至想要放弃生存希望。

2004年，何永弟的老伴因意外事故去世，从此，本应安享晚年的何永弟用伛偻的身躯为瘫痪的儿子何学义撑起一个家。即使在最困难的时候，何永弟家也没有撂荒过一分土地。在外种地、养鸡、喂猪，回家为儿子洗衣、做饭、清洗身子，都由他一个人完成。“再苦再累也不能等、不能靠，生活要靠自己改善。”这是何永弟身体力行传达给儿子的信念。

在父亲的感染下，身体稍有好转，何学义便坐着轮椅做些力所能及的家务活。一个灶台、一块案板，父亲添柴，儿子切菜，父子二人相互配合做出一顿热腾腾的饭菜。何学义说，人们常说小康家庭吃的是四菜一汤，我们人少，饭菜减半，每天两菜一汤就挺好。何家厨房放着何永弟做的6罐腌菜，除了地里的新鲜蔬菜，腌菜也是他们日常饮食的一部分。

何永弟日常都穿着草鞋，下地干活时，家里的小狗总是陪着他。当父亲外出干农活，何学义便在家里打扫卫生，为父亲分担家务。

以前何学义进出都需要何永弟背，现在身体好转，每天可以从何永弟为他专门打造的床上，自己坐上轮椅自由进出。

2016年，全村脱贫攻坚开始后，何永弟率先报名，养了100只鸡和3头猪，纯收入5000多元。2017年，何永弟在承包的5亩多山坡地上种了荞麦、红薯和玉米，养了35只鸡和1头猪。前不久，荞麦收获，收荞麦那天，周围的亲戚朋友来帮忙。每当有人来帮忙，何永弟总会做好饭菜感谢他们。“我们拥有的不多，但待人的礼节不能丢。”他说。

微语录

“不要怕，你还有我。”——“如山父爱”何永弟

微评论

新华社微信公众号网友“草地游侠”说：大山深处，一对父子，一样的笑脸。凡尘下面，年华相对，角色颠倒。一个不敢老去，一个不敢伤怀。都是源于在意，都是源于血脉。如有来生，希望一切重新再来。祝福！

新华社客户端网友说：感天动地的中国父子情，父亲的爱是无私的，如同大山，背

负着瘫痪在床的儿子坚强地走向新的人生。这篇纪实图片报道充满着满满的正能量，没有一点怨天尤人，有的是不向困难和病魔低头。面对遇到如此天大困难都不屈服的人，我们还有什么理由不能正确对待前进道路上的拦路虎呢？

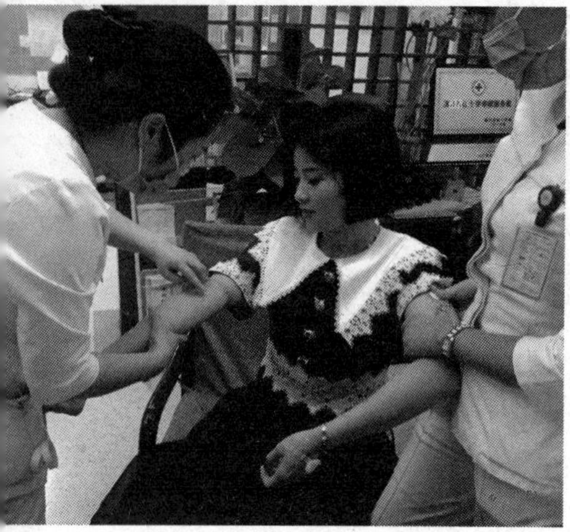

“最美女孩”许艾菲

杭州28岁女生许艾菲在网络上以风趣的口吻详细记录了捐献造血干细胞的过程，带动网友登记成为捐献志愿者，引发网络关注，被网友称为“最美小姐姐”。

许艾菲18岁开始献血，28岁捐献造血干细胞。她说，能够救人一命，很有满足感。“捐献日记”发出后，被近5万网友转发，超过13万网友为她点赞。

造血干细胞移植是挽救白血病、淋巴瘤等恶性血液病患者的首选治疗方法，但库容量还远远满足不了需求。许艾菲说，趁着大家还感兴趣，多讲一些关于造血干细胞捐献的情况，大家看见她活蹦乱跳的，就打消顾虑了，这样一来，她的捐献就有了更多意义。

杭州女生造血干细胞“捐献日记”走红网络 网友称赞“人美心善”

新华社“中国网事”记者　朱涵

“捐献造血干细胞这种一般人不会有，而且是一辈子只有一次的经历，我要好好做一个总结。”杭州28岁女生许艾菲近日在网络上以风趣的口吻详细记录了自己捐献造血干细胞的过程，带动网友登记成为捐献志愿者，引发网络关注，10多万网友为她点赞，称她为“最美小姐姐”。

轻松诙谐的“捐献日记”火了

9月12日，许艾菲在浙江省中医院的病床上躺了5小时20分钟，经历9次循环采集，捐出了198毫升的造血干细胞。当天下午，这一大袋的造血干细胞带着她最宝贵的心意，搭乘杭州飞往天津的航班，最终输送进天津15岁白血病少年的体内。

随造血干细胞送到少年手中的,还有一封言辞真挚的亲笔信。“相信这些干细胞能救到你,带你走向未来更加值得探索的人生。”许艾菲在信中,将素未谋面的少年称为“最亲爱的弟”。

随后,许艾菲将捐献的全过程详细地记录下来,并发布在自己的微博上。从许艾菲的微博记录中不难看出,捐献期间虽有辛苦艰难,但都被她轻松乐观的心态化解。

“四天八针,两个手臂感觉要成马蜂窝,习惯后就是‘不打不舒服斯基’。”“从第二天打针开始,我就开启暴走暴玩暴吃暴喝节奏,每天除了打针基本抓不到人……也难怪人家都说捐完后容易变胖,在我看来应该是太放飞自我了。”

许艾菲还详细地描述了每一个步骤中她的感受:“推钙是一个很神奇的感觉,大概10 秒之后,喉咙、身体会一瞬间发热,就像喝了一口白酒一样。”“最艰难的不是打针和血被抽走,而是躺着不能翻身、不能抬手臂,连鼻子、嘴巴痒痒了,都要让别人帮忙……”

许艾菲没想到的是,这个发出当天只有寥寥数人回复的帖子,在随后的几天中莫名其妙地火了。“捐献日记”发出后,被近 5 万网友转发,超过 13 万网友为她点赞。网友“落水”说,感谢姑娘的慷慨仗义,挽救了一个濒临绝望的家庭。网友“碎碎念”说,看完后热泪盈眶,希望世界上多一些这样善良的人。

18 岁开始献血,28 岁捐献造血干细胞

许艾菲出生于 1989 年,在一个月前刚刚度过了 28 岁生日。此前,她义务献血近 10 年,累计献血量达到 3200 毫升。“18 岁的成人礼就是献血,也算为社会做了点贡献。”许艾菲说。

许艾菲在 2009 年一次献血时了解到,捐献成分血能够挽救濒危生命,于是她留了两管血样,成为中国造血干细胞捐献者资料库(中华骨髓库)的一名捐献志愿者。

许艾菲表示,在今年 5 月得知配型成功时,除了同情受捐者,更多的是焦急,“恨不得直接去医院挽起袖子”。由于“双盲”政策,她对受捐者所知不多,脑海里只有一个在病房里苦苦等待造血干细胞移植的瘦弱男孩的模糊形象。为了能多捐一点造血干细胞,体重只有 100 斤的她立即开始增重,骑车锻炼身体。

“从没害怕扎针推钙的疼痛,有几天却因为担心万一不能顺利完成,耽误受捐者的治疗而失眠了。”许艾菲说,配型成功概率只有十万分之一,能够救人一命,她觉得很有满足感。

许艾菲在捐赠前曾在网络上搜索相关信息, 但详细记录捐献流程的报道并不多,她发现很多人都有相同的疑问,因此希望自己的“捐献日记”能够告诉潜在志愿者们,

捐献造血干细胞没那么可怕。

希望"走红"能激发善意、汇聚大爱

在许艾菲的微博评论中,不少网友晒出了自己捐献造血干细胞的证书,写下了自己的捐献经历和感受。更多的网友备受感动之余,纷纷询问如何才能成为造血干细胞捐献志愿者,询问更为细致的捐献细节。

"捐献日记"正在唤起网友的善意和爱心。记者从中国造血干细胞捐献者资料库浙江分库了解到,近几天咨询电话成了"热线",咨询人数达到平时的近10倍,登记入库的志愿者人数也在持续上升。不少人表示,正是看到许艾菲的"捐献日记"之后才下定了决心。

"走红"的这几天,许艾菲本该在家静养,但她却选择继续忙碌,接受媒体采访,接听亲朋好友的咨询电话,时不时还要上网回复网友咨询。她还多次提醒网友,捐献者千万不能临捐反悔,因为确定捐献进入流程之后,患者就做了清髓进入无菌仓,如果等不到捐献者的造血干细胞,那就是硬生生掐灭了患者生的希望。

"造血干细胞移植是挽救白血病、淋巴瘤等恶性血液病患者的首选治疗方法,但库容量还远远满足不了需求。趁着大家还感兴趣,多讲一些关于造血干细胞捐献的情况,大家看见我活蹦乱跳的,就打消顾虑了。"许艾菲说,这样一来,她的捐献就有了更多意义。

记者手记

新华社"中国网事"记者　朱涵

"走红"是更大的善意回应善意

感人的故事有很多种,有的让你深深敬佩、自叹不如,有的让你心有戚戚、感慨万分,还有的常被称为"凡人善举",它在所有人的心中都埋下一颗小小的火种。许艾菲的故事就是这样的"凡人善举"。

在许艾菲之前,我曾采访过杭州造血干细胞捐献者群体,正值青壮年的他们来自各行各业,教育背景、成长环境和性格都各不相同。是什么让他们做出了同样选择?在捐献者们的眼睛里,我看到的是同样的真诚和善良。

这一点,也是许艾菲身上最打动人的一点。

2017年9月,我在她的微博上仔细阅读了她发布的"捐献日记",作为施救者的她,却说感到幸运、觉得感恩,觉得能够救人一命也是受到上天眷顾。"捐献日记"写得很专业,堪称是一则详细的捐献指南,又很轻松幽默,她的俏皮话经常会逗得人扑哧一笑。

在我联系上许艾菲的时候,她的生活已经因为这一则"捐献日记"发生了很大变化。她变得非常忙,上报纸、做连线、进演播厅、进电台,有时连电话采访也要预约排期。她也因为长相清秀、面容姣好,赢得不少关注。难免有人质疑说,这么漂亮的小姑娘,是不是想红?

许艾菲自己从来不回避这个问题,因为她一贯直率坦诚。她说,这些变化,几辈子做梦都不曾想到,但真正发生时,她却也乐在其中,因为走红"真的挺好的","至少我知道现在想要入库的朋友们的热情高涨到让人有些吃惊"。

许艾菲说,她本来只是救了一个孩子,而现在鼓起勇气入库的朋友,未来能够挽救更多患者的生命,她由衷地替患者们高兴。她说,接下去只要身体允许,依然会保持献血的习惯,宣传和公益活动需要她,她也一定会站出来,因为她想要有更多的朋友一起前行。

走红对她而言,是"几辈子做梦都不曾想到",对于旁观者和受到感召的志愿者而言,却又是一种必然。这就是真诚回应真诚,善意回应善意。来自一颗善良的心发出的呼唤,一定会在一次次的传递中得到壮大。

微语录

"我真心希望通过自己的亲身经历,呼吁更多人关注造血干细胞捐献,帮助更多需要帮助的人。"——"最美女孩"许艾菲

微评论

网友"冷若如霜"说:真的很感动你这么善良勇敢的付出,人美心也美,愿以后的你都让世界爱着!

网友"看看漫步半生的轨迹"说:真的替那些患者的家人好好谢谢你,我爸爸也得了白血病,在医院照顾他的两年里,我看到了太多的绝望。我知道这只是开始,但也是最重要的一部分,因为你的善心才有了希望。我也加入了中华骨髓库,如果哪天需要我,我一定会捐!

“治沙土专家”娄志平

来自江南水乡的娄志平，第一次见到西北戈壁时，便萌生了治沙的念头。2005 年至今，他走遍乌兰布和、腾格里、巴丹吉林、塔克拉玛干等沙漠，摸清了沙漠的脾气，发明了一系列治沙土办法，被称为“治沙土专家”。2017 年，娄志平将治沙土办法带到《联合国防治荒漠化公约》第 13 次缔约方大会，与各国沙漠治理专家交流经验。如今，古稀之年的娄志平完成了固沙方法的研究，又站在了沙漠生态恢复的新起点上，要为黄沙变绿海的梦想继续奋斗。

“治沙土专家”娄志平：黄沙百战穿身过，不固流沙终不还

新华社“中国网事”记者　魏婧宇

72 岁的娄志平一生都在和绿色打交道。60 岁前绿色是工作，从事园林绿化工作的他，希望染绿城市的每一个角落；60 岁后绿色是梦想，他来到大漠治沙，发明新型沙障，提出治沙新理论，希望通过自己的努力变黄沙为绿海。

将绿化工作从城市搬到沙漠

在山清水秀的浙江生活了 58 年的娄志平，第一次见到沙漠就被吓呆了。2003 年，他怀着看大草原的愿望来到内蒙古，却在磴口县见识了肆虐的风沙。

“风沙一起，就像一堵沙墙，转眼房子就被埋没，十多米高的梨树都能被压倒。”10 多年后再回忆起在磴口初见沙尘暴的情景，娄志平连连用“可怕”来形容。从那时起，干了一辈子园林工作的娄志平萌生了将绿化工作从城市搬到沙漠的念头。

2005 年，正式退休的娄志平来到磴口，开始向黄沙“宣战”。他每天带着 1 公斤酸奶

和2个馒头进入沙漠，太阳落山后才出来。在沙海泡了几个月，他渐渐摸清了沙漠的脾气。“沙漠中的沙子好像长着腿，风一来跑得飞快，种下的树苗转眼就不见了，所以治沙的第一步是用沙障固沙。”

寻找合适的沙障成为娄志平治沙过程中的第一块“硬骨头”。他观察过常用的草方格、水泥方格沙障，固沙效果好，但是成本高，也尝试着自己设置直立型沙障，抗风效果却不理想。通过不断调整沙障的角度和材质，娄志平发现将两片网笼片相互依靠摆成“八”字形，既可以拦截流沙，又不容易被风掀翻，“八字形网笼沙障”就此诞生。内蒙古科技厅对他发明的沙障给出“在工程固沙方面达到国内领先水平”的评价。

结合在治沙一线的长期观察，娄志平又提出“沙障与沙漠地貌顶部相结合”的治沙方法，在流动沙丘顶端设置沙障，把流动沙丘从向前流动变为向上堆高，逐渐形成一道“阻沙长城”。在磴口的乌兰布和沙漠和宁夏沙坡头，娄志平的固沙理论转化为实践，相继取得成功。

将固沙术从一片沙漠推向整个荒漠区

新固沙方法的成功给了娄志平很大自信，2010年，他开始在甘肃民勤和青海推广固沙新方法。

在民勤，沙障埋进沙丘没多久就被大风掀翻。这一从未出现过的状况令娄志平十分困惑。很快，青海治沙站也传来坏消息：“‘八’字形沙障根本固不住沙，大风一吹就跑了。”

在内蒙古和宁夏都管用的治沙方法，到了甘肃和青海就失灵了，是方法错了吗？娄志平趴在沙丘上1厘米1厘米地检查沙障，发现错的不是方法，而是沙障未能因地制宜。“每个沙漠的情况都不一样，民勤和青海的沙漠风大但是沙少，大风很容易将沙障底端的沙子吹跑，埋深变浅的沙障很快就被吹翻了。”

娄志平开始试验在不同风沙条件下都能保持稳定的沙障。但是沙漠环境瞬息万变，适于试验的风力环境可遇不可求。2010年夏天，在沙漠边缘等了十几天后，他想到了在中科院兰州分院为“八”字形网笼沙障做的风洞检测。“能不能在家中用风洞实验室模拟沙漠环境呢？”

娄志平从民勤挖了200公斤沙子运回嵊州老家，在房间里架起大鼓风机，用沙子铺成5米长的沙带，模拟出沙漠环境，对改进的沙障进行抗风能力检测。

风洞检测一做就是3年，2013年8月，娄志平终于心满意足地关上了日日轰鸣的鼓风机，他设计出了在不同风力环境中都能保持稳定的“悬袋网沙障”。3个月后，新沙障在临策铁路沿线的流沙区第一次投入使用，固沙效果良好。随后又在民勤和青海的治沙站投入使用,风再大沙障也没有被吹倒。

将固沙“土办法”带上国际大舞台

埋头钻研的娄志平,终于找到了有效的固沙方法,但发现治沙同行对新方法并不了解。在沙漠中工作了10年的娄志平给自己置办了套新西装,开始积极参加各类防治荒漠化的会议,介绍推广自己的新方法。

2016年,娄志平受中国治沙暨沙业学会的邀请参加“世界防治荒漠化日全球纪念活动”。第一次参加国际大会的娄志平抓住一切时间和同行交流,“恨不得多长几张嘴,能同时和好几个人交流。”

今年8月,得知《联合国防治荒漠化公约》第13次缔约方大会即将召开,娄志平赶紧报名参加,将自己的固沙方法写成材料,还请人翻译成英文。“去年参会是我一张嘴介绍,今年我带了400份中英文材料,让它们帮我一起介绍。”

此次缔约方大会两周的会期内安排了几十场会议,娄志平将这些活动分为“需要参加的”“可以去发中文资料的”和“可以去发英文资料的”三种,每日按着计划表穿梭在会场内。他经常在一个会议开始前,将介绍自己固沙方法的资料摆在参会代表的桌上,再奔往下一个会场,戴上同声传译器,学习国外的治沙经验。

一位上海同行看到娄志平的资料后想找他详聊,却不知他长什么样,内蒙古林科院的专家们告诉他:“就去会场外找那个没头发的瘦老头,别看长得土,却是个‘土专家’。”来到会场外,只见娄志平坐在台阶上,端着一碟点心正向同行介绍经验。为了有更多时间交流,他经常吃几块点心就是一顿饭。

不参会的时候,娄志平喜欢到“中国荒漠化防治成就展”看看,这里集中了众多沙产业企业。“固住了沙,下一步开始种植沙生植物,来学习学习沙区能发展哪些沙产业。”

古稀之年的娄志平完成了固沙方法的研究,又站在了沙漠生态恢复的新起点上,要为黄沙变绿海的梦想继续奋斗。

记者手记

新华社“中国网事”记者 魏婧宇

记者第一次见到娄志平,是在《联合国防治荒漠化公约》第13次缔约方大会的科技治沙边会上。会议间隙,只见一位清瘦的老者在每一位参会代表的桌上放了一份资料。他先通过代表的座签判断是国内专家还是国外专家,然后对应地放上中文或英文资料。

记者好奇地走近这位老者,发现他发放的资料中介绍了一种新型固沙方法。资料图文并茂,有文字叙述、公式推理,也有许多在沙漠中实验的照片。一看便知制作资料的是经验丰富的治沙专家,而这位专家正是发放材料的老者——娄志平。

在第二天的另一场边会中,记者再次偶遇娄志平。这一次,他坐在会场外的楼梯上,手里举着一盘吃到一半的点心,正在和人聊天,旁边还有几个年轻人等着和他拍照。原来这位治沙专家还是个颇有名气的"治沙明星"。

围在娄志平身边的年轻人告诉记者,娄志平是他们的偶像,这位78岁的老人有着年轻人一般的冲劲和创造力,在治沙过程中想出了很多妙点子,虽然不是专业出身,却靠自己的钻研成了"土专家"。

连续两次偶遇娄志平,每次他都在孜孜不倦地介绍自己的治沙方法,究竟是怎样的动力支撑着他这样做,他的身上又有怎样的治沙故事呢?这一切勾起了记者想与这位"治沙土专家"详聊的好奇心。

出生在水墨江南的娄志平,却将退休后的时光全部奉献给了西北戈壁。这一选择看上去让人很不能理解,但深入了解娄志平后发现,一切的选择都不突兀,因为他心中始终有一个绿色的梦。

在浙江嵊州长大的娄志平,在绿意盎然的大自然中成长。长大后他成为一名园林工作者,每天的工作就是扮绿城市。这样一位眼里、心里全是绿色的人,看到黄沙遍野的戈壁,看到被沙尘暴吹翻的房屋,便产生了变黄沙为绿海的念头。

投身防沙固沙工作12年,娄志平的足迹踏遍乌兰布和、腾格里、巴丹吉林、塔克拉玛干等沙漠,他改造着沙漠,也被沙漠改造着。历经风沙的磨砺,他的皱纹更深了,话更少了,内心却也更坚定了。

讷言敏行的娄志平,只有在分享自己的治沙经验时才会滔滔不绝,其他时候都如磐石般静静聆听、细细思考,也许他正在不声不息地琢磨着新的治沙方法。

古铜色的脸盘、粗糙的双手,吹了十几年大西北的朔风,一点都看不出来娄志平是江南人。当问起他打算什么时候退休、什么时候回江南老家养老时,娄志平坚定地说:"治沙工作我是永远都不会退休的。"

微语录

"退休前,我为城市播种绿色;退休后,我要为沙漠播种绿色。我虽然现在已经78岁了,但是治沙工作我是永远都不会退休的。"——"治沙土专家"娄志平

微评论

网友说：从一个人为了治沙的不息探索，看到了一个地域的治沙历程。娄志平身上既有人物的传奇性，又有实用的参考价值。

网友说：娄志平在本该颐养天年的年龄，又从零开始奋斗，奋斗的领域还是苦上加苦、难上加难的防沙治沙工程，他是真正的勇者。

“孝老爱亲”李鸿民

李鸿民，24 岁，海南省三亚市吉阳镇大茅村人。在他还未出生时，二姨就因患重病丧失劳动能力；2 岁时，母亲患病倒下，父亲提出离婚，母子俩被迫回到农村投靠外婆家；14 岁时，外公瘫痪；18 岁时，外婆去世；2016 年，小姨也患上重病。面对家中不幸，李鸿民对家人不离不弃，无微不至，孝老爱亲，用日复一日的坚持诠释着 90 后青年的担当。

三亚 90 后小伙孝老爱亲　独自照顾 4 位重病亲人

新华网海南频道记者　张瑜

秋后的早晨，天刚蒙蒙亮，90 后小伙李鸿民已在厨房开始了自己的一天，淘米、下锅、生火、添柴……动作利落，十分熟练。

很快，厨间灶头弥漫起地瓜粥的香味。

李鸿民的家坐落于三亚市郊的一个小村子，不靠山，也不靠海。家中有 2 亩水田和几分菜地，由于仅有一个人耕种，还撂荒了一些。

李鸿民是村里远近闻名的大孝子。在他还未出生时，二姨就因患重病丧失劳动能力；2 岁时，他的母亲患病倒下，父亲提出离婚，母子俩被迫回到农村投靠外婆家；14 岁时，外公瘫痪；18 岁时，外婆去世；2016 年，小姨也患上重病。

“曾经，他们是我的后盾；如今，我要成为他们的脊梁。”面对家中 4 位罹患重病的亲人，24 岁的三亚小伙李鸿民没有迟疑，没有逃避，毅然放弃向往已久的城市生活，用年轻的肩膀扛起了家庭重担，承担起照顾亲人的职责，身体力行诠释孝老爱亲。

心存感恩　对家人不离不弃

今年 24 岁的李鸿民身材挺拔、外表俊朗，看上去和同龄的 90 后小伙没什么区别。

但他所承担的生活却一点也不轻松:照顾家中4名病人的日常起居;种着家里的水田、菜地,保障全家人的口粮。

“二姨现在住院治疗,母亲能够独自吃饭,可是小姨的情绪不稳定,有时会摔碗打人,外公瘫痪在床,生活不能自理。”李鸿民是家中唯一的劳动力。

虽然生活苦累,但想起小时候在这里度过的幸福童年,李鸿民还是觉得现在的生活是值得的。

年幼时,父母离异,是外公外婆一家人的照顾,给了他无忧无虑的童年。“物质生活虽然不好,但家里人对我却很疼爱。”回忆起童年,李鸿民说,他依然记得小姨辛苦种菜,卖菜回来后给他买新衣、买纸笔的场景。即使家里经济最困难的时候,小姨也依然将好吃的送给他生病的母亲和二姨,并坚持让他继续读书。

也就是自那时起,李鸿民的心中种下了感恩的种子:好好读书,找份好工作,让家人过上好日子。

命运总是在接二连三地与人“开玩笑”。自李鸿民懂事以来,小姨也患上了与母亲同样的疾病,就连一向能干而又刚毅的外公也在2007年罹患重病致下肢瘫痪。家庭变故,让李鸿民迅速成长起来。

在三亚技校就读时,只要不上课,李鸿民就会回家照顾亲人。2011年,李鸿民的外婆也病倒了,又给了这个家庭沉重的一击,也让刚刚进入三亚一家酒店工作的李鸿民不得不辞去工作,回家照顾重病的家人。然而不幸的是,外婆在这一年永远地离开了他。

沉重的一击,让这个刚满18岁的孩子一下子扛起了家庭的重担。“外婆离开时嘱咐我,一定不要放弃这个家。”李鸿民噙着泪说,“曾经,他们是我的后盾;如今,我要成为他们的脊梁。”

稚嫩双肩 却为亲人撑起一片天

在李鸿民的家中,有一间刚投入使用不久的20多平方米的平房,让这个捉襟见肘的家略显生机,“这是政府出资为我们建的,因为外公年迈又瘫痪,就让他住上了新房。”

每天查看家中几名病人的情况是李鸿民必须要做的事情。“生病的人,体质本来就弱,特别是外公,现在隔三岔五就要打吊瓶。”李鸿民说,虽然有低保,但应付日常生活开销后,很快就用完了,最让他揪心的是面对家里几个病人的头疼脑热。

熬一熬,能过去的痛苦都不算痛苦,最让李鸿民煎熬的是外人的另眼相看。“因为家里生病的人多,村里免不了有人说三道四。”李鸿民说,在他最痛苦的时候,他会偷偷跑到外婆的坟前,大哭一场。

三亚市民政局在了解到李鸿民家的实际困难后,已经出面帮他结清了二姨住院以来的10多万元欠款。今年8月,三亚市吉阳区了解到李鸿民的难处之后,为他谋划发展庭院经济,院落里种植槟榔树,树下也养殖起了爱心企业送来的鸡苗。“现在还有几万元的欠款,是为外公、妈妈治病时欠下的。”李鸿民说,对于借款给他的村民和朋友,他都一一记在了心里,他会铭记这份恩情,用自己更多的辛苦尽快来还钱。

对于生活,李鸿民不是没有希望。“现在病情最轻的是小姨,虽然会经常情绪失控,但情绪好时,也会帮着做一些家务。”李鸿民说,上个月,他带小姨看病时听说,如果近两年能坚持让小姨看病,小姨很可能会康复,“如果小姨康复,就可以帮着我照顾家里了。”在李鸿民看来,家人逐渐康复并好转,是他最大的安慰!

现在李鸿民最想做的事就是攒钱为小姨治病。为此,他对自己的生活更加“苛刻”了:在地头插秧不小心把脚割破,鲜血直流,却不舍得就医;为了家中的4名病人吃得稍好一些,自己总是留在最后吃剩下的一点稀饭;外婆去世后,自己再没有买过一件新衣服。

曾经羡慕城市生活,立志毕业后在城市里工作、赚钱、养活家人,如今却不得已放弃自己的誓言,坚守在生病的家人身边,用依然稚嫩的肩膀扛起照顾整个家庭的重担。李鸿民说,他一点儿也不后悔。“外婆的离开,让我心存遗憾,我不想让‘子欲养而亲不待’再次发生,我会守在他们身边,守住这个家,让他们不孤单。”

记者手记

新华网海南频道记者　张瑜

淘米、下锅、生火、添柴……一个24岁的男孩做起这些事干脆利落;为外公倾倒粪便,清洗便盆,他一天至少重复4次;照顾家中4名重病亲人,像照顾4个孩子一样,不吃饭得哄,不洗澡得求。记者在海南三亚吉阳镇大茅村看到李鸿民,看到他的生活处境,着实被触动了!

高挑健壮的李鸿民站在人群里,属于较为出众的那一个,但长期的营养不良和省吃俭用,让这个正值青壮年的小伙脸色蜡黄,且常带有一丝倦意。

“我最大的心愿是家里亲人都好好的。”

是的,对于李鸿民来说,每天起床,查看到家中患病亲人一个个安好,是他最大的安慰。其次,最能安抚他的,便是让家中的4名病人过得舒适,能够安享生活。

小姨的病情最轻,大夫说如果坚持治疗,很可能会治愈。李鸿民目前最想做的,是攒钱治愈他小姨的病。

除了小姨，家中年龄最大的外公已经80岁高龄，下半身瘫痪在床，不能动弹；妈妈、二姨也都身患重病，需要照顾。面对这样的家庭情况，李鸿民没有半点怨言，在磨砺中渐渐成为家人的脊梁。“他们抚养我长大，我要一直陪伴他们到老。”李鸿民是这样说的，也是这样做的。

政府了解到他家的实际困难后，出面帮他结清了二姨住院以来的10多万元欠款。今年8月，三亚市吉阳区了解到他的难处之后，为他谋划发展庭院经济，院落里种植了很多槟榔树，树下也养殖了爱心企业送来的鸡苗。对于帮助过他的好心人，他打心眼里尊敬和铭记。

“一个24岁的小伙子，能如此坚守，换作是我，不一定能做到。”与记者同行的一名男子说。

李鸿民也有自己的梦想，他告诉记者，他曾经非常羡慕城市生活，刚毕业时，他曾在三亚一家酒店工作，本想通过自己赚的工资给家人治病，但面对家人的需求，他不得不放弃自己的梦想。“家人在，我在！我不想‘子欲养而亲不待’！”

一个时代有一个时代的印记，三亚90后小伙，为自己生活的时代，烙下了当代青年孝老爱亲的责任担当和传统美德的印记。

微语录

“我最大的心愿是家里亲人都好好的。”“他们抚养我长大，我要一直陪伴他们到老。”“家人在，我在！我不想‘子欲养而亲不待’！”——“孝老爱亲”李鸿民

微评论

网友说：当代90后是有自己的担当的，孝老爱亲的李鸿民是我们90后代表之一。我们现在活跃在社会的各行各业，有的已成为行业佼佼者，有的在用自己的实际行动诠释着中华儿女一代代沿袭下来的传统美德。

网友说：一个稚嫩的肩膀，照顾起家中的4名长辈，难能可贵的是，愿意为这一份承诺奉献上自己的青春，愿社会给他多一点关爱。

"老爷爷报告团"骆宗明

骆宗明,唐山市滦县滦城街道办事处关工委主任。骆宗明从2004年开始参与关心下一代工作,工作之余,他时常思考一个问题:"如何才能让下一代牢记过去,传承传统?"自此,他走上了一条在孩子们心中播撒"传统树种"的思想园丁之路。自2007年至今,"老爷爷报告团"已进校宣讲100多场,架起了一座老幼间精神传承的桥梁。此外,骆宗明还与几位老同志合力筹建了一座民俗博物馆,为的是给孩子们留下看得见、摸得着的"故乡情结"。

不忘初心　余热生辉

——骆宗明的"中国梦"

新华网河北频道记者　吴翠霞

在唐山滦县滦州镇,有一个特殊的团体——"老爷爷报告团"。

他们平均年龄78岁,衣着朴素,和蔼可亲,看上去像邻家爷爷,肚子里却有三天三夜都说不完的故事。

10年来,他们的宣讲团深入学校开讲百场,讲述烽火连天的难忘岁月,传播中华民族的传统文化;他们四处奔波搜集民俗古物,只为了给孩子们留住"不可触摸"的乡愁;他们省吃俭用热心助贫,大批孩子在他们的努力下返回课堂,继续圆梦……

"老爷爷报告团"红遍了滦县,更走出了唐山。在他们的带领下,滦州镇关心下一代工作开展得红红火火,先后多次获得省、市、县的表彰。而这些成绩的取得,都离不开一位老同志的努力,他就是滦州镇关工委主任、"老爷爷报告团"的领头人——骆宗明。

人退休 心不休

“材料都太好了，不宣讲出去太可惜了。”提起宣讲团的成立，骆宗明感叹说。

骆宗明年轻时从事教育工作15年，在学校任过少先队大队辅导员、共青团支部书记，积极致力于青少年健康成长的教育工作。后来任滦州镇党委书记时期，他曾在本乡中学宣讲抗日英雄李恩良的故事，并为其树碑立传。

退休后，关心下一代的工作并未从他的生活中退出。2006年，骆宗明与另一位老同志利用3个多月的时间，行程1100公里，走遍全镇91个村，采访了451名75岁以上的老人，召开座谈会120余次，把全镇抗日战争时期的人员伤亡及财产损失等情况进行调查汇总，挖掘了不少隐藏在民间、鲜为人知的历史资料。

在十几万字的调查材料中，他们经过整理，编辑出8个专题，形成了独具特色的本土教材。为了让这些材料不被湮没，骆宗明和其他4名老人一拍即合，组成了宣讲团，从2007年起，他们开始进驻学校，将这些历史讲给孩子们听。

为了增加新的教育内容，挖掘出本土爱乡、爱国的素材，做学生愿意听、易接受又真实的宣讲，骆宗明和其他老同志们经常反复研究这些材料，每一段故事、每一个细节他们都认真对待，细致解说，用最通俗的语言、最有感染力的方式传达给孩子们。

一位听过骆宗明宣讲的中学生这样评价“老爷爷报告团”：“骆爷爷的宣讲材料，是四处奔波搜集来的，是用嘴讲出来的，更是用关爱我们的一份真心写的，这个我们能感受到。”

宣讲暖了人心，更沁入人心

骆宗明还特别注重宣讲前和学校的沟通对接。在报告团计划在沈官营小学开讲时，骆宗明和他的两位老伙伴提前来到此小学。“我们想听听学生、家长、学校老师对宣讲团的意见和建议，以便改进工作。”骆宗明说，“这也是我们宣讲前力争做到的准备。”以精益求精的态度对待每一次宣讲，以责无旁贷的信念贯穿着每一次活动，头发花白的他们眼神热忱而自信，态度认真而笃定，无法不让人肃然起敬。

那天下午，在沈官营小学操场上，“老爷爷报告团”开讲。故事真实且感人，老爷爷们话语亲切，语重心长。台上讲得动情，台下听得认真。很多孩子还带着笔和本，记下听到的故事，并妥善珍藏。

一段段故事在老爷爷们的讲述下，场景宛如真实再现，讲到抗日战场上的腥风血雨，孩子们紧张得睁大了眼睛；讲到中华传统美德的老家风、老规矩，孩子们频频点头表示认同；讲到了父母辈的难忘童年，孩子们羡慕不已，露出笑容……

沈官营小学的一名学生表示：“听了宣讲之后，我体会到了父母的辛苦。爸爸妈妈是世界上最爱我的人,我必须得回报他们。我要努力学习,做好自己,更要珍惜现在这么幸福的生活!"很多家长则表示,自家孩子听了宣讲后,懂事了很多,最直接的表现就是开始帮父母做力所能及的事,在性格和学习态度上都有了很大的进步。

对于"老爷爷报告团"来说,言传身教,正确引导孩子人生观、价值观的形成,就是最大的初心。秉承此心,宣讲必然暖了人心,更沁入人心。

不走的"老爷爷报告团"

10年来,一步一个脚印,风雨不停歇。骆宗明带领"老爷爷报告团"连续对滦州镇14个学校的中小学生、100多个教学班的师生进行革命传统教育、法制教育、孝亲敬老教育、思想品德教育和感恩教育。

印象最深刻的一次宣讲,骆宗明谈起来仍感慨颇深。那是在甄庄小学的操场上,全校小学生在骆宗明的讲述中追忆那段峥嵘岁月。当天天气不好,宣讲接近尾声,风沙已起,打在人脸上生疼。可孩子们热情高涨,呼喊着请骆宗明再多讲一段故事。一个小男孩脸上挂着泪花,在大风中都站不稳,仍然喊着:"爷爷,再说说那个抗日英雄吧!他后来怎么样了?"那一刻,骆宗明被深深触动。孩子们对于那段岁月并没有忘记,爱国的情怀就像一颗种子,早已在他们心中扎根发芽。

"老爷爷报告团"的成员深知,宣讲并不是简单说教,必须接地气,符合学校对于孩子们培养教育主线的需要。同时,骆宗明在宣讲中也逐步感到,孩子们的思想紧跟时代大潮在变,老同志的宣讲内容也应随形势发展而逐年变化。因此,每年他都根据国家大事、国际国内形势和当地县委、县政府的活动来确定宣讲主题。

"我们每次都把宣讲的内容用摄像机录下来,然后制作成光盘,送给学校。"骆宗明说,这么做,不仅是为了让学校留档,也方便学校继续进行相关教育,"因此,有人叫我们不走的'老爷爷报告团'。"

每次宣讲结束后,报告团成员还要进行复看并讨论,改进宣讲方式。10年来,"老爷爷报告团"已进校宣讲100多场,受教育人数4万多人,骆宗明保存下来的进校宣讲光盘也已有100多张。

办民俗展馆,留住乡愁

骆宗明有着深深的乡愁情结,他深知,留住青山绿水,必须记住乡愁。什么是乡愁?乡愁就一定是一种思绪吗?如何才是真正地记住乡愁?2014年,在一次调查走访过程中,他看到了村里的老磨盘,忽然意识到这不就是"可触摸的乡愁"吗?"我要让孩子们记住乡愁,留住乡愁!"骆宗明当时就决定要建一座民俗博物馆。马不停蹄,他和关工委的老同志们商量后,向镇党委提出了建议,并得到了大力支持。

骆宗明从来就是个执行力很强的人,有计划,必落实。从 2015 年 6 月开始,骆宗明带领老同志们开始下乡入村,搜集 20 世纪 70 年代以前的民俗古物。村民们听说他们要建民俗博物馆,纷纷将自己家里压箱底的老物件捐献出来。到当年 9 月底,他们共收集物品 3980 余件,大小分类 560 余种,包括各个时期的钱币、证书等,都是有本土特色的物品,可谓收获颇丰。

好消息接踵而至,滦州镇党委在花果庄村为他们提供了一个 400 多平方米的大厅和一个小院。展品有了,地方也有了,骆宗明和老同志们兴奋之余,不顾连日辛苦,马上开始布展。他们精挑细选,分组分类,在室内室外布置出了大小 25 个展区,展馆算是初具了规模。

2015 年 9 月 13 日,民俗博物馆正式开馆,也迎来了一位老人——全国文联副主席刘兰芳。在省市县领导的陪同下,刘兰芳参观了整个博物馆,并对老同志们的无私奉献给予了赞扬。听着刘主席暖心的话语,骆宗明偷偷抹去了欣慰的眼泪。他每次向青少年介绍展品的时候,都会说:"这不仅是我们老一辈人的乡愁,也是你们年轻一代的乡愁,希望你们不仅要记住,也要把它留住。"

2015 年年底,滦县关工委正式将民俗博物馆列为青少年传统教育基地。在大家眼中,这无疑是骆宗明的另一件"伟绩"。

每当有人问他退休以后为何还要四处奔波,他总是感慨地说:"退休以后的 17 年,我由花甲之年变成了真正的耄耋老人。虽然时光流逝,可这 17 年也让我感到自豪。余热还能生辉,人老了还能为党和国家做些贡献,为孩子们做点事,这就是我的中国梦。"

由于十几年如一日地无私奉献、倾情付出,骆宗明先后荣获"十佳优秀共产党员""十佳校外辅导员""十佳老年志愿者"等称号,连续多年被评为县级优秀共产党员。2013 年,骆宗明被评为全省关心下一代的先进个人。2014 年,他被中共中央组织部授予"全国离退休干部先进个人"。

丹心不辞桑榆晚,余热生辉霞满天。骆宗明,这样一位普通的老人,用实际行动传递着正能量,诠释着属于他的中国梦。他高尚的情怀,赋予耄耋之年的生命如旭日东升,灿烂温暖。

记者手记

新华网河北频道记者　吴翠霞

耄耋老人的"正能量"

在我表明采访用意后,骆宗明连连道谢:"谢谢你们推荐我。我自认为没做什么事情,得到你们的认可,我很开心。以后还请多推荐一些别人,我这个真不算什么。"现年78岁的他,言语谦和,态度和蔼。

骆宗明曾是河北省滦县滦州镇主要领导,退休后,他学习的脚步却从未停止。他自己订了4份报纸,坚持每天听新闻、看时事,思想与时俱进,他剪辑和记录的笔记现已装订72册。

骆宗明还组建了滦州镇老干部协会、老年体协、老干部合唱团等,带领老干部们打门球,抖空竹,跳广场舞。为了弘扬滦河文化,骆宗明成立了文峰文化艺术团,每年组织文艺演出,在各村进行义务巡演。2015年,滦州镇老年体协被评为国家级示范基地。

10年来,骆宗明义务抓滦州镇的老干部工作,没拿过一分钱报酬,体育运动、法律咨询、帮扶救助……他负责的事务涉及大大小小各个方面,千头万绪,他却始终尽职尽责、不辞辛劳。

"活着一天,就要尽到一个党员的责任。"骆宗明说。他用实际行动传递着共产党员的正能量,更把救助贫困孩子、关心下一代教育工作当成了头等大事。

2004年,他刚任滦州镇关工委主任,听说本县油榨镇中学有一名叫王文的学生家庭困难,面临辍学,了解情况后,他联系12位老同志捐款2000余元对该学生进行了帮扶。汶川地震后,他带头捐款500元,最后筹款1万多元,化作爱心汇向远方。在那一年,他又上交特殊党费5000余元。2014年,骆宗明进行多方协调,促进了滦州镇爱心助学基金会的成立。

3年来,爱心助学基金会共捐助帮扶资金8.65万元,有63名贫困学生接受了捐助,得以安心完成学业。

如今,"老爷爷报告团"的5位成员已经去世了2位。谈起以后的宣讲工作,骆宗明表示:"孩子们想听,我们就一直讲,直到讲不动为止。这份正能量,我们要尽最大努力,传递下去。"

微语录

"我们老同志也有中国梦,我们的中国梦就是不忘初心,继续前行。继承革命传统,

彰显文化自信,把我们一辈子的经验传给孩子们,把余热奉献给社会。”——“老爷爷报告团”骆宗明

微评论

网民“小小丸子头”说:这不仅是老一辈人的乡愁,也是我们年轻一代的乡愁,感谢骆宗明老人的民俗博物馆,为我们留住了乡愁。

网民“蓝天”说:老而不敢忘忧国,言传身教为筑梦!替孩子们感谢“老爷爷报告团”,致敬!

“献血15年的‘熊猫血’夫妇”方东锋、朱利

在雷锋城抚顺市高尔山下，有个不起眼的社区，社区里的一户普通人家去年被评选为“全国文明家庭”，男主人方东锋甚至还在人民大会堂里接受了表彰。这个普通家庭里，有着一对平凡而高尚的伉俪——方东锋、朱利夫妇，他们的血型都是罕见的RH阴性血——又被称为“熊猫血”。15年来，这对“熊猫血”夫妇累计无偿献血超过1万毫升，可以为两个成年人全身换血，积攒了25本献血证，他们的夫妻小爱和人间大爱，都蕴藏在这25本献血证里。

写在25本献血证里的爱——“熊猫血”夫妇的15年献血路

新华社“中国网事”记者　张傲璿　于力　涂祥达

辽宁省抚顺市区的高尔山下，有个不起眼的社区，去年底，社区里爆出了一条新闻，一户普通人家成了“全国文明家庭”，男主人方东锋甚至还在人民大会堂里接受了表彰。

这个普通家庭里，有着一对平凡而高尚的伉俪——方东锋、朱利夫妇，他们的血型都是罕见的RH阴性血。15年来，25本献血证，累计献血超过1万毫升，可以为两个成年人全身换血，而他们的夫妻小爱和人间大爱，也都蕴藏在这25本献血证里。

“我们领结婚证之前，一起去献了一次血”

RH阴性血型是一种罕见血型，在我国汉族普通人群中，拥有RH阴性血的比例仅为3/1000，所以又被称为“熊猫血型”。在医学上，RH阴性血型的人群不可以接受阳性血型输血，所以当拥有这一血型的人出现需要大量输血的突发性危机时，血液资源就尤显珍贵。

方东锋最初开始献血时，还是吉林某部队里的单身小伙儿。在部队里，他也是个热心肠，坚持义务献血七八年，但是那个时候的他并不知道自己是“熊猫血型”。“那时候验血只验普通的A、B、O、AB血型,很少检验是不是RH阴性血型。”方东锋说。

和爱人朱利相恋于长春后,方东锋动员她也加入献血者的队伍,“我献血完全是在他的鼓励之下,因为他,我才克服了对献血的恐惧感,并逐渐成为自己的生活习惯。”朱利说。

慢慢地,献血仿佛已经成为他们特别的人生仪式。2002年10月8日,这对恋人走进了婚姻殿堂,登记结婚当天,小两口特意去献了血,用这种方式作为结婚的特别纪念。回家时兜里不仅有结婚证,还多了两本献血证。

2003年,方东锋陪妻子逛街,看到百货大楼门口有辆采血车,两人不约而同地走了过去。验血后,医生的一句话让两人惊呆了:夫妻俩都是稀有血型,朱利的血型是RH阴性B型,方东锋的血型是RH阴性AB型,更是“熊猫血”中的“熊猫血”!

“也许这就是缘分,两口子都是稀有血型,这概率有多低?”方东锋说,“心里更多了一份责任感,我俩身上流淌的是稀有血液,关键时刻可以帮助别人挽救生命!”2003年7月,方东锋动员朱利一起加入了稀有血型无偿献血志愿者队伍,并成为造血干细胞捐献者。为了在沈阳血站也能留下自己的“熊猫血”,夫妻俩还专程从抚顺赶到沈阳献了一次血,并且留下联系电话。这些年,他们的手机号码都没换过,就是怕别人着急要血时找不到他俩。

献血成了这个家庭的一种生活方式

2007年,两人爱情的结晶诞生了。前不久验血得知,今年读小学四年级的儿子也是“熊猫血”,和爸爸一样,是RH阴性AB血型。“我儿子爱踢足球,现在是辽宁省一支知名少年足球队的后卫呢!”方东锋笑着说,“我们是真正的‘熊猫血’家庭。”

2016年,妻子朱利又生下女儿。“刚生下女儿那会儿,我的体重一度增加到130斤。”朱利笑了笑。但很快,她开始严格控制饮食,只用了3个月,朱利就整整瘦了30斤!

“减肥并不是单纯为了美。”朱利说,献血对献血人的身体指标有着严格的要求,血糖、血脂不能高,血压不能高,转氨酶等一系列指标都要正常,不然血液就会被“拒收”。为了能及时回到献血者的队伍,朱利才下了减肥的决心。

殊不知,这个家庭严格自律的生活方式,已经延续了很多年。这种坚持,还要从当年的一件事儿说起。

2007年,朱利接到沈阳打来的用血电话,一名重症患者需要RH阴性B型血,她急匆匆赶到沈阳,结果检验时不合格,没能献成。“因为那段时间生病,身体不好,验血没合格,当时心里特别难受。”朱利说。

这件事情对夫妻俩触动很大。两人一合计,制订了日常饮食和健身计划。“从那以后,我就很少喝酒了,以前最爱吃的肉汤泡饭,也很久没吃过了。”方东锋笑着说。

为了能随时为危急患者献血,方东锋、朱利夫妇坚持锻炼,坚持清淡饮食。已接近 40 岁的夫妻俩,现在都还保持着很好的身材。

“献血已经成了我们这个家庭的生活方式。”方东锋说,由于血站一般储备的 RH 阴性血资源很少,大多时候是有需要就随时联系他们,为了让自己随时处在最好的状态,夫妻俩这么一坚持,就是好多年。

因为献血,他们被评为“全国文明家庭”

“小方是个热心肠的人。”方东锋所在单位——抚顺市妇联的杨晓琳主席说,“自打知道方东锋献血的事迹之后,我们对他就有了很多‘特殊照顾’。”

有一次杨晓琳去清原县调研,方东锋开车到半路时突然接到求助电话,“杨主席听到了立刻叫我停车,下车后对我说:‘你快开车去吧,我们怎么去自己能解决。’”方东锋驾车返回抚顺,到血站献了 400 毫升血。方东锋说,单位领导、同事的理解和支持让自己非常感动。

2016 年 9 月,方东锋家庭被抚顺市妇联推荐候选“全国首届文明家庭”。经过层层选拔和推荐,2016 年 12 月 12 日,方东锋家庭和其他 299 个家庭一起,在北京人民大会堂受到表彰,并受到领导同志的接见。

“能被表彰我心情无比激动,这是对我们两口子十几年坚持的最好奖励!”方东锋说,“我来自雷锋的第二故乡抚顺,雷锋精神已经深深渗进我们的骨子里。我们会继续献血,继续帮助需要的人,这是我这个‘熊猫血’家庭永远的承诺!”

“这是爸爸和妈妈在沈阳献血时的献血证,这是我和你妈妈刚认识时的第一个献血证……”在摊开满桌的 25 本献血证前,方东锋搂着儿子,给他讲每一本献血证背后的故事,“你以后也要像爸爸妈妈一样,做一个热心帮助别人的人。”方东锋嘱咐儿子。

如今,这对幸福的夫妇对义务献血有了更大的热忱,“自己一个人献 10 次血,不如大家一起献一次血。”妻子朱利联系其他“熊猫血”献血者,建起了一个微信群,大家在群里互通有无,“一方有难,八方支援”,并在群里传授一些“熊猫血”妈妈妊娠方面的知识。而方东锋对自己的要求则更严格了,“我是受过表彰的人,要用更大的热情投入工作中,更加热心地帮助有需要的人。”方东锋说。

“献血、乐于助人、与人为乐,已经成了我们家的家风,”方东锋说,“这个家风要作为传家宝,世世代代传承下去。”

记者手记

新华社“中国网事”记者 张倓琫 于力 徐祥达

雷锋城里的大爱夫妇——记方东锋、朱利

抚顺，在这座雷锋城里，能遇见方东锋、朱利夫妇这样的“熊猫血”雷锋，让我们无比欣慰和感动。

方东锋、朱利夫妇都是罕见的RH阴性血——又被称为“熊猫血”。“熊猫血”很珍贵，“熊猫血型”的人群不能接受阳性血型人群献血，所以，当“熊猫血”人群出现需要大量输血的突发性危机时，血液资源就尤显珍贵。

这对夫妇在逛街献血时无意中知道，夫妻俩居然都是“熊猫血”，但夫妻俩并没有“藏私”，反而有了更高的使命感和责任感，他们两人决定携手一生献出爱心，把自己当成移动的“熊猫血库”，随时随地把血液献给需要的人。

当我们得知这对夫妻15年来，累计无偿献血超过1万毫升，可以为两个成年人全身换血，15年积攒了25本献血证时，我们真的被震惊了，看似平凡的夫妻真的能做出如此不平凡的壮举！

方东锋、朱利夫妇把献血证摊开在家里的茶几上时，表情是很淡然的，他们并不以此为意。“我和爱人时不时地拿出来看一下，主要是为了教育同样是熊猫血的儿子，让他知道，爸爸妈妈是什么样的人，教育他长大后也要乐于助人、乐于奉献。”

据方东锋所在单位抚顺市妇联的同事介绍，过去他们一直不知道方东锋、朱利夫妇坚持献血那么多年，直到有一次，作为单位司机的方东锋出车时突然接到电话，让他为某个需要接受输血的“熊猫血”患者献血，领导让他赶紧去，不要耽误救人，才知道这对平凡的夫妻坚持献血那么多年！

平凡的人如何在人生中成就不平凡的事迹，我想，在我们采访方东锋、朱利夫妇，看到他们为了献血，坚持十五年如一日的自律饮食、严格要求自己的生活习惯时，我们已经知道了答案。献血已经成了这对夫妻俩的生活方式，方东锋过去最爱吃肉汤泡饭，爱吃红烧肉，为了献血，现在已经很少吃了。朱利生二胎后一度增重到了130斤，为了尽快回到献血者的队伍，3个月时间暴减30斤。

“生活中的小方是个乐呵呵的人。”抚顺市妇联主席杨晓琳说，“同事们笑称他为妇联里唯一的男同胞，但他从不在意，跟我们说，他很乐意为女同胞们服务。”

妇联的同志告诉记者，方东锋是她见过的第一个能把家庭关系处理得这么融洽的丈夫，夫妻和睦，家庭和谐，而且这对夫妻能够坚持同一种理想、同一种追求，这实在是太难得了。

现在这对幸福的夫妇对义务献血有了更大的热忱,"自己一个人献10次血,不如大家一起献一次血。"妻子朱利联系其他"熊猫血"献血者,建起了一个微信群,大家在群里互通有无,"一方有难、八方支援"。而方东锋对自己的要求则更严格了,"我是受过表彰的人,要用更大的热情投入工作中,更加热心地帮助有需要的人。"方东锋说。

爱情是什么,也许1000个人有1000种解释。在方东锋、朱利夫妇身上,我们仿佛看到了爱情的本质——那就是携手共进的高尚追求和相濡以沫的平凡生活的结合,这种爱情,可以写就夫妻间的小爱,也可以写就人间的大爱!

微语录

"献血、乐于助人、与人为乐,已经成了我们家的家风,这个家风要作为传家宝,世世代代传承下去。"——"献血15年的'熊猫血'夫妇"方东锋、朱利

微评论

网友"门牙笑崩了":这对夫妇的爱心,比熊猫更珍贵!

网友"闭嘴居士":正能量!最美丽的人就是拥有大爱的人、无私的人!

“法警妈妈”郝利娜

1991年出生的郝利娜，毕业于山西农业大学信息学院，出于对警察职业的热爱和对法庭的敬仰，她选择了山西省晋中市中级人民法院，成了一名聘用制司法警察。在一件特大集资诈骗案的庭审现场，被告人李某把自己4个月大的女儿带入了法院审判区，母亲在庭内受审伏法，婴儿在庭外饥饿哭闹。正在值勤的郝利娜刚刚做了妈妈，还在哺乳期，她毫不犹豫接过孩子，用自己的乳汁安抚婴儿平静入睡。

90后“最美法警妈妈”：用温情诠释司法大爱

新华社“中国网事”记者　王劲玉

法庭内，作为一名母亲的被告人李某正在接受法院的审判；法庭休息区，刚刚当了母亲的法警郝利娜为了安抚被告人4个月大的孩子，献出了自己的乳汁和母爱，充当起“临时妈妈”。

近日，山西省晋中市中级人民法院“法警郝利娜为被告人婴儿哺乳”一事受到网友好评，郝利娜被称为“最美法警妈妈”。有网友认为，她“执法如山”背后的温情诠释着司法大爱。

90后法警获赞“最美法警妈妈”

近日有媒体报道，晋中市中级人民法院在审理一起特大刑事案件时，主要被告人的孩子在休息区哭闹不止，而此时正值庭审的关键阶段，被告无法为婴儿哺乳，值班法警郝利娜主动提出为婴儿哺乳，安抚婴儿。

这一看似平常的举动，让在场的孩子爸爸深受感动，而孩子的母亲——被告人李某更是感动不已。最后宣判前，看到“法警妈妈”给女儿喂奶的照片，李某掩面哭泣，连声忏悔。

事情发生后，网友纷纷为年轻的女法警点赞。有网友为郝利娜的善良而感动。不少网友则觉得这是中国司法的进步，是法与情的最好结合，“法外有情，善良是法庭外的一道美丽风景线。”

也有网友认为，在看似冰冷的司法队伍中，其实饱含热情。有网友说：“法律无情，警队有爱，一个善良的举动是对当代司法警察职业最好的诠释，国家公务员更应该是百姓的贴心人。”

为被告人的孩子哺乳诠释司法大爱

郝利娜是一名90后法警。2014年，她进入晋中市中级人民法院工作。在9月23日的一次审判中，一名婴儿在休息区大声啼哭。而此时，审判法庭内，正在审理晋中市龙泉生态牧林庄园和魏某等34名被告人集资诈骗、非法吸收公众存款、掩饰隐瞒犯罪所得一案，孩子的母亲正在法庭上接受法律的审判。

据介绍，这起案件受害者超过3000人，且大都是老人。这是一起审理时间跨度长达两年、社会影响十分恶劣的特大刑事犯罪案件，完整的庭审过程不能被打断。

“如此重大的案件如果没有重大原因不可能中止，况且又处于质证阶段，我们应该保障被告人的基本人权，但显然让被告人出来哺乳是不现实的。”晋中市中级人民法院研究室主任卢琳山说。

在庭审当天，为保障被告人的权利，法院允许处于哺乳期的被告李某带着婴儿到法院。从早上7点到9点多，婴儿进入饥饿期，在经过喂水、安抚等措施无果后，喂奶是唯一的办法。

等不来乳汁，4个月大的婴儿啼哭不止。法警郝利娜刚好做了妈妈，正处在哺乳期。这位年轻美丽的警花，毫不犹豫地接过孩子，找了个僻静之所，掀衣喂奶。含着甘甜的乳汁，孩子睡着了，依偎在她的怀抱里。

“每个有条件的警察都会这样做，”郝利娜说，“我也刚当了妈妈，站在被告人的角度，能切身体会到作为一个母亲的焦急。”

“执法如山”不忘淳朴初心

法警是案件审理过程中安全的保障，看似冰冷、机械的工作也能让人感到温暖。

在这次审判过程中，郝利娜执行的是登记、安检任务。“执法如山”是纪律，但执法之外的温情也必不可少。“我的本职工作容不下私情，一切都需要按章程办，但在本职工作之外，我是一个普通人，一个普通的母亲。”郝利娜说。

在同事的眼中，郝利娜善良、质朴。“我们审理的是一起刑事案件，如果仔细思考，郝利娜的这个举动有可能给自身带来危害，但显然她没有想这么多，因为她有一颗淳朴的心。”卢琳山说。

文明执法、司法为民,平凡普通的小事也能绽放光辉,郝利娜的举动感动了很多网友。

据介绍,晋中市中级人民法院持续推动党建引领审判执行工作,推出“假如我是当事人”活动。“当执法者用被告人的思想来思考,那么案件的审理将更加人性化,更有利于解决问题。”卢琳山说。

记者手记

新华社“中国网事”记者 王劲玉

一个小小的举动,却温暖了整个网络。法警为婴儿哺乳,乍一听有点儿怪,仔细一查还有照片,是不是有作秀的成分?深入采访后才发现,这个举动需要的是内心潜藏一片大爱,一颗一心为公的心。

初见郝利娜时,感觉她是一个青涩的小姑娘,不善言谈,多数时候沉默寡言,只有在回答问题时才会整理思路,慢吞吞地说话,聊到熟识时,才能感受到她内心的想法。

勇气,这是我在采访之初从未想到会给郝利娜的标签,但在采访完之后才发现,在她小小的身躯之下有着莫大的勇气。

在事发当天审理的是一起刑事案件,作为一名合格的法警,刑事案件在郝利娜的心中分量有多重可想而知,而刑事案件中可能存在多大的危险没有人会知道。

“在我们审判过的案件中,涉毒、涉药等情况层出不穷,谁也不知道哪个犯罪嫌疑人有什么隐私,有的犯罪嫌疑人看着挺温和,结果一查发现是艾滋病携带者,这是以前发生过的真实案例,而郝利娜对这种情况也是了解的。但在那种境遇下她没有考虑就为孩子喂奶,外行人不知道,我们内部人可是捏了一把汗啊。”这是晋中市中级人民法院研究室主任卢琳山说的,或许也是每个法警会在当时考虑的事。

我从未想过这么一个举动的背后会有这么多的曲折,但在从警人员看来,他们会这么想,而且也必须这么想,而在想过之后还能义无反顾地去做。我想对于一个90后女孩来说,这需要莫大的勇气。

善良,这是在郝利娜身上像标签一样的品质,也是众多的网络评价中最多的赞扬。在采访过程中我多次问到郝利娜的生活、学习经历,以及工作后大家对她的评价,得到最多的回答无疑也是善良。

也许只有真的心存善良,在这种与生俱来的品质的推动下,人才会想到不顾自身而帮助别人。

微语录

“我只是做了一件小小的事情,相信别人碰到了也会这么做的。”——“法警妈妈”郝利娜

微评论

网友说:送来了司法的温情,传递着人间的大爱,感动了当事人,温暖了老百姓。

网友说:警界楷模,是对法警职业最好的诠释。

“水中勇士”贾宪武

贾宪武，“津城百姓英雄”，从学生时代起多次在他人危急时刻见义勇为。高中二年级时，他就在冰窟窿里救起两名落水儿童，被授予见义勇为先进个人。2016年休假探亲期间勇救落水女童，被天津市见义勇为协会认定为见义勇为行为并进行了表彰。

天津小伙儿贾宪武在哈尔滨旅游时救了落水女童

北方网编辑 侯静

一名天津游客在哈尔滨游玩时，救起一名落水女童，受到不少人的赞美，现场还有人要与英雄合影留念，而这已经不是他第一次救人了。昨日，记者通过当地媒体《新晚报》联系上了施救的好人贾宪武。

外地游玩遇人落水

记者在采访中了解到，贾宪武今年33岁，在天津市蓟州区一家电厂工作。贾先生告诉记者，他的母亲在哈尔滨工作，最近他正好休假，所以带着家人到哈尔滨看望母亲，顺便游玩。8月4日9时许，他正和家人在哈尔滨防洪纪念塔附近的松花江边游玩，当时有很多人都在江边的亲水平台上，旁边一位游客告诉他，好像有人落水了。他随即看了过去，在距离他所处的位置十几米远的江面上漂浮着一只鞋。贾宪武暗道一声不好，立即冲过去打算救人。

毫不犹豫入水施救

跑近之后发现，是一个身穿白色连衣裙的小女孩掉进了江里。由于松花江的水流很急，如果再不及时营救，恐怕女孩会被越冲越远。贾宪武来不及多想，一个猛子扎入水中游了过去，游到女孩跟前，他立即托住女孩的身子，最终将其带到岸边。上岸后，只见女孩的面色煞白，幸亏贾宪武懂得一些急救常识，他立即将女孩的身子翻过来让其面部朝下,他则将腿垫在女孩的腹部。过了一会儿,女孩吐出来很多水,并开始咳嗽,面色也逐渐恢复了。

仔细一问才知道,原来这个小女孩是和江边的另外两个女孩一起来的,她们的年龄都不大,落水的这个女孩是其中年龄最小的,只有六七岁。当时鞋子掉入了江中,她想去捡鞋,才发生了这样的险情。

伤痕累累全不在意

再看贾宪武,他下水之前都忘记了手机还在自己的口袋里,此时再拿出来一看,手机已经彻底报废。除此之外,他的左脚有一道很深的口子,在不断地流血,右脚的一片脚趾甲也劈断了。不过,他并不在意这些,因为又救了一个人,他感到很高兴。之所以说"又",是因为他以前就有过类似的经历,早在上高中的时候,他就曾经从冰窟窿中救过人。

记者手记

新华网 刘薇

好人就在身边——那个阳光质朴善良的大男孩贾宪武

随着由天津市公安局、天津市见义勇为协会与今晚报社联合推出的第十四届"津城百姓英雄"评选活动的完美落幕,"津城百姓英雄"贾宪武的事迹也由此传开。我特别欣赏这个平凡而伟大的小伙子,是他让我知道好人也可以很普通,是他让我看到平凡人的不平凡事迹。是的,好人就是他这样,好人就默默地生活在我们身边。

善良勇敢的贾宪武

这次哈尔滨江中被救出的那个孩子无疑是个幸运的女孩,滔滔不绝的江水,川流不息、深不可测,对于年幼失足落水的孩童是危险、是害怕、是恐慌,甚至是绝望,对于救人者何尝又不是同等的感受呢?滑入江中,江水湍流不息,淹没了孩子的头,岸上只能看到一双若隐若现的小手,无论哪个字眼看着都是那么地紧迫和危难。若不是善良和勇气,谁又能面对滔滔江水不顾自我安危,是他的勇敢拯救了这个女孩珍贵的生命,是他的善良给予了女孩家庭莫大的幸福。

乐于助人的贾宪武

采访中无意间了解到,贾宪武在学生时代就经常做些力所能及的事情去帮助同学,大到给家庭困难的同学捐物,小到利用空余时间给成绩不好的同学补课,高中三年坚持带领班级同学去当地福利院陪孩子做游戏,拥抱孩子,为他们读书,给他们送温暖。贾宪武毕业工作后更加热心于公益活动,加入当地爱心组织,为贫困山区的孩子和家庭送温暖,常年关注"感恩中国"网站,多次一对一地帮助特困家庭。这份品质没有因为年岁的增长而消退,反而在有更多时间金钱和能力的同时,做了更多更大的爱心公益。

心地善良的贾宪武

以雾凇驰名中国的北方江城吉林市是贾宪武的故乡。从小生活在江边的他,碰到过各种各样发生在江边的"意外",有恋爱失败轻生的女孩,有中考失利抑郁想不开的学生,还有醉酒后误落江中的醉汉。贾宪武经常去江边"溜达",他说这样一旦碰到意外就能及时相救,不会让意外发生。能帮忙就尽力去帮助,有好多时候人们就是一时糊涂,真要为此丢了性命该是有多可惜。他说话之间满眼的真诚,着实让人感动。可当我问到他是否想过自我安危的时候,这个质朴的大男孩深思了一会儿告诉我,好像还真没想过。救人的时候来不及想,事后就忘了,压根不会想。

做了这么多年的采访工作,碰到过各种好人好事,每每感动之余内心深处都会产生敬佩之情。意外不可避免,挽救意外的人却不是时时出现,当他人面临生命危险的时候,伸出援助之手不当看客,是一种勇气,更是一种品质。

让我们向身边贾宪武一样的好人们学习致敬,学习他们临危不惧的勇气,致敬那份难能可贵的品质。让我们为维护社会大家庭的和平稳定贡献力量,让我们将助人为乐的精神人人接力、代代相传。

微语录

"哥们,帮我看一下儿子,我去救人。""这点小伤不算啥,孩子没事儿,一切都值了。"——"水中勇士"贾宪武

微评论

网友说:救起一个孩子,挽救一个家庭。

网友说:和谐社会正能量,赞一个。

"照顾软骨病弃儿 30 年"钟瑞金

今年 72 岁的钟瑞金是江西会昌县小密乡莲塘村的农民,钟家古是他户口本里的孙子。30 年前,刚出生的钟家古被发现患有软骨病遭到家人遗弃,钟瑞金收留了他。多年来,为了照顾钟家古,钟瑞金从来不敢离家超过两个钟头,即使下地干活,也要掐准时间回家料理孩子的起居和饮食。有村民曾劝钟瑞金把孩子送到福利院,但钟瑞金放心不下。一说到家古,钟瑞金脸上的笑容就收不住,他希望自己老得再慢一些,能再照顾家古长一些时间。

"有生之年,顾他周全"

——江西一古稀老人不离不弃照顾病患弃儿 30 年

新华社江西分社记者　袁慧晶

又到一年重阳节。对于江西赣州会昌县小密乡莲塘村的钟瑞金老人来说,他只希望时间能过得再慢一些,让他能照顾"孙子"更久一些。

钟瑞金今年 72 岁,已经四世同堂,钟家古是他户口本上的孙子,今年 30 岁。村里人都知道,家古出生的那一年因为患有软骨病被家人遗弃了,是钟瑞金好心收养了他,至今已 30 载。

村里人还说,他们虽不是亲祖孙,却胜似亲祖孙。

捡来的"万金公"

莲塘村的村民都喊钟家古叫"万金公",这和钟家古的身世有关。

20 世纪 80 年代,村里有不错的钨矿资源,许多村民都指望着捡矿砂来发家致富。家古的生父是邻村人,为捡矿砂来到莲塘村,但由于自身能力问题,没赚到钱,又没脸回去，只能在莲塘村里流浪。

钟瑞金当时是个捡矿砂的小包工头，看见家古的生父在大冬天还穿着单薄，就收留他在家里住。再后来，好事做到底的钟瑞金还拿出大部分积蓄帮其找了媳妇，这才生下了家古，一家三口人都借住在钟瑞金家里。

可没多久，大家就发现家古反应迟钝，不会主动吃东西，带去县里、邻近县市多个医院检查后，被告知孩子得了软骨病。

软骨病在当时对农村人来说，是一种治愈希望渺茫的疾病。后来的一天，家古的生父带着妻子悄悄离开了，留下了家古在钟家。钟瑞金就这样开始照顾起家古，弹指间竟是 30 年。

有村民说钟瑞金傻，一万块钱换来个拖累，“万金公”的外号也因此传开。流言传到钟瑞金耳中，却换来他的呵呵一笑。钟瑞金说：“钱就是用来花的。我觉得自己做了一件对的事情。”

有苦有甜的祖孙情

决定收留家古后，钟瑞金带他去北京看了病，也得到了“治不好”的诊断。但乐观的钟瑞金总觉得，也许会有奇迹呢？

在农村，要想照顾好一个软骨病人并不容易。家古没有自理能力，吃喝拉撒都要人伺候。钟瑞金从来不敢离家太久，即使去干活，也要掐准时间回家为家古把屎把尿。

给家古喂饭是件辛苦活。因为生病，家古的头会不停地摆动，需要钟瑞金一手扶头，一手喂饭。据说小时候，家古连咀嚼吞咽都困难，钟瑞金只能嚼烂食物后，嘴对嘴地塞进家古嘴里。

家古的四肢严重畸形，面部表情也很扭曲，眼睛难以长时间地睁开。村里有的人因家古这副模样而感到害怕，可钟瑞金却打从心底里喜欢家古。

钟瑞金常对人说家古“脑子灵活”，也向记者举起了例子——

“那种老的黑白电视机，没教他，他自己就能打开看了。”

“他感冒了，睡觉的时候会在身上乱摸，是想让我给他做按摩。我就会帮他捏捏四肢。”

……

一说到家古，钟瑞金脸上的笑容就收不住。

30 年的守护

2016 年 8 月，钟瑞金的家庭被评为“最美家庭之敬老爱幼家庭”。村里人都说，这块牌子实至名归。

村民钟永伟搬来钟瑞金家对面12年了,去串门的时候也会逗家古玩。"我看不懂家古想表达什么,但感觉他能听懂我们说话,家古的心思只有老钟懂。有时候看祖孙俩互动,真有一家人的感觉。"钟永伟说,这样照顾一个和自己不相干的病儿,他从心底佩服钟瑞金。

这些年,包括村干部在内的不少人都劝过钟瑞金,说:"又不是你生的,放福利院里去,国家会养。"可听说福利院没有护工全天候看护,"照顾不好家古的",钟瑞金拒绝了,说还是自己亲自带着家古放心。

其实,家古6岁那年曾回到生父家中住过一段时间,但没有得到很好的照顾。心疼的钟瑞金又把他接了回来。也就是那个时候,钟瑞金明白了,不管有没有血缘关系,他已经把家古当亲人了。

从那时起,钟瑞金默默在心里许下承诺——有生之年,顾他周全。

老人的期盼

钟瑞金的儿子钟海洲告诉记者,为了让家古的活动空间更大,父亲找到村里最好的木匠为家古量身定制了木轮车。白天,家古被抱上木轮车后,用他的双脚配合能够在平地上移动。

"家古起床睡觉、大小解的时候,都要人从车上抱上抱下。木轮车大概有半米高,抱也是有技巧的,否则抱不起来不说还会弄伤家古。"钟海洲在给父亲搭把手的时候,被传授了一手"抱人绝活",也越发地感觉到父亲对家古的照顾周到。

成年后的家古体型虽然偏瘦,但也有近90斤。钟海洲不在家时,对已到古稀之年的钟瑞金来说,抱家古已经没那么容易了。看着老人有些吃力的身影,记者忍不住问他:"累不累?"

"抱孙子有什么累的。"

"是什么让你决定收留家古的?"

"来到身边就是缘分,总不能不管吧。"

"日子艰难的时候,没想过送走他?"

"好就吃好一点,差就吃坏一点,有我一口就有他一口。"钟瑞金答得干脆,末了顿了顿又说,"就怕腿脚不利落。"而他那一头花白的板寸头,仿佛也在印证着他的话。

村里的民政干部告诉记者,钟瑞金百年之后,政府会照顾好家古的。如今,家古已经享受了低保金,还有残疾人的两项补贴。

记者手记

新华社江西分社记者　袁慧晶

他一直在笑

见到钟家古的第一面,我的内心是排斥的。

因为家古的面部表情很扭曲,眼睛难以长时间地睁开,四肢严重畸形,摆着奇怪的姿势。

就像村里其他人看到家古的第一面一样,我不自觉地有些害怕。

但没想到,连普通话都不会说的钟瑞金,说到家古就满脸堆笑,那种笑不是演技,而是发自内心的。连一同去的摄影记者都感慨道:开始还以为要摆拍,谁知道这么自然!

我意识到,眼前的这个老人真的把这个重度软骨病病人视作自己的孙子,而不仅仅是户口本上的意义。

"那种老的黑白电视机,没教他,他自己就能打开看了。"

"他感冒了,睡觉的时候会在身上乱摸,是想让我给他做按摩。我就会帮他捏捏四肢。"

说起家古,钟瑞金的话匣子就停不住。

我一边让宣传部的干部做着同声翻译,一边在本子上飞速地记录着。

在采访中,我了解到,家古是因为软骨病被遗弃的,而被遗弃前,家古和他的亲生父母都住在钟瑞金家中。

家古6岁那年曾回到生父家中住过一段时间,但有人看见大冬天,家古的生父用河水给家古洗身子,心疼的钟瑞金又把他接了回来。

大概是那个时候,钟瑞金明白了,不管有没有血缘关系,他已经把家古当亲人了。

本着记者的质疑精神,一个疑问在我心里升起:他为什么收养家古?是不是自己家中没有男丁?

但在院子里的嬉闹玩耍的几个幼童打消了我的疑虑,他们是钟瑞金的重孙和重孙女。这位老人已经四世同堂,在收养家古的时候,儿子都11岁了。

钟瑞金的儿子钟海洲告诉我,为了让家古的活动空间更大,父亲找到村里最好的木匠为家古量身定制了木轮车。白天,家古被抱上木轮车后,用他的双脚配合能够在平地上移动。

钟海洲也会帮忙照顾家古,但他也坦承,父亲百年之后,他做不到像父亲一样。

和分社签发人汇报选题的时候,他们提出:国家有福利院,为什么没有收留家古?

在签发人的提示下，我通过采访寻找到了答案。家古被遗弃时是30年前，那时国家的福利制度还不健全，一个患有软骨病的新生儿若无人收养，死亡率极高。

而福利制度健全后，钟瑞金和家古已经有了感情。县里面的福利院没有护工，只是管一日三餐，钟瑞金放心不下家古去福利院，所以一直没有送去。

而这也更凸显了这段没有血缘关系的祖孙情，让钟瑞金的形象变得更加立体起来。

发稿时，摄影同事把图片取名为《爷爷的微笑》。像我一样，他对钟瑞金的笑容也印象深刻。

而让我印象深刻的还有钟瑞金的担忧。钟瑞金在心底承诺"有生之年，顾他周全"，但留给他的时间已经不多了。

微语录

"好就吃好一点儿，差就吃坏一点儿，有我一口就有他一口。"——"照顾软骨病弃儿30年"钟瑞金

微评论

网友说：特别的爱给特别的你，为瑞金爷爷点赞！

网友说：爷爷的皱纹仿佛也在诉说着一种淳朴和善良。

“为家乡做点事的乡贤”方敬

方敬,男,汉族,1931年1月出生,中共党员,华东师范大学退休教授。退休后回到家乡,定居在连云港市赣榆区宋庄镇任庄村,致力于当地教育发展。他设立“景清奖学基金”,倾尽200余万元积蓄资助260名寒门学子步入高等院校;义务开设书法培训班,营造乡村文化氛围;注重改善乡村陋习,以身作则垂范乡里,二十六年如一日;用嘉言懿行淳化乡风,用大爱情怀感动一座城。

乡贤方敬:以身为烛,点燃渔村教育星星火

新华网江苏频道记者 韩笑

在连云港市赣榆区宋庄镇任庄村,有一座只有三间小平房的矮小书院——景清书苑。在书院不大的房间中,堆满了各类报刊书籍;墙上没有任何装饰,而是贴着一张张书法作品。书院的主人叫方敬。86岁的方敬老人,在上海学习、工作了大半辈子,从1978年起,每年都要回到家乡任庄村,拿出自己的工资,资助当地贫困学生读书。1991年退休后,他更是毅然回到家乡,投身当地教育事业,用尽了毕生积蓄和全部心血。

知恩图报 反哺桑梓

“景清书苑”得名于方敬的恩师胡景清。1948年,方敬考入了上海华东模范中学。由于家境贫困,每天的午饭只能以水充饥。胡景清老师拉着方敬去“小小天”吃饭,这一吃就是整个高中三年。“每天能吃一碗白米饭,那就是神仙过的日子。”方敬说。胡景清老师的善举影响了方敬的一生,他下定决心要像恩师一样,帮助自己的学生,为教育事业的发展贡献力量。

1978年,方敬返乡,见到了赣榆县宋庄乡任庄村的贫困,从此立志为家乡青少年的教育尽力。20世纪90年代的赣榆农村,人们还没有意识到教育的重要性。“上学干什

么？费钱、费精神"是村民的普遍看法。在当时，上学甚至大学的费用往往会倾尽一个普通农村家庭的积蓄。"哪个国家重视教育，哪个国家就有前途。"深知此道的方敬为了鼓励孩子们上学读书，负担起了那些家境困难的学生们全部的生活费。

"如果不是方老师，我早就放弃读书放弃高考，赚钱养家去了。"即使20年过去，祁海燕还依旧记得第一次见到方敬时的情景。"我们从未谋过面，他却把一沓钱塞到我手上，嘱咐我要继续读书。他走后我躲起来悄悄数了数，整整1万块。"父亲去世，母亲独自拉扯三个孩子，贫困这根稻草重重地压在祁海燕身上。她简直不敢相信，一位素未谋面的老人竟愿意资助她上学，自尊而敏感的心灵被突如其来的善良感动。"我这一辈子都会感激方老师！"

同样心怀感激的，还有宋庄镇的祁洪省。祁洪省家中有3个孩子，别人家每个月给孩子1000块钱的生活费，到他这里，3个孩子也只能凑够1000。"我没本事，但是我几个娃优秀。大丫头上大学的时候，方老一年给1万，4年给4万，3个孩子一共给了10多万。"

农村教育事业薄弱，除了向个别穷困家庭的学生提供资助外，1993年，方敬在宋庄中学捐出3万元设立以自己恩师名字命名的"景清奖学基金"，向成绩优异的学子提供奖励。26年来，他倾尽积蓄，资助总额超过200万元，260多位学子因此受惠。1998至2015年的17年间，仅任庄村这个1400余口人的小渔村就出了140余位大学生，并有博士2名、硕士4名。

早在2003年，方敬就和徐州医学院签订了协议，在他百年之后，捐出自己的遗体用以科学研究。2010年，方敬多年的积蓄只剩下10万元。他本来打算将这些钱用作以后养老，却遇到了两个特别优秀的贫困学生，又用掉5万元。2012年，方敬被查出患了癌症，他的家人把他接回上海治疗，劝他留下休养，他却不肯久居。5年多的时间，老人住院10多次，每次身体稍微恢复一些，就回到他牵挂的景清书苑。"上海也有贫困生，但上海的贫困和这里的贫困是两码事。"方敬说，"在这边我的生活成本低，就能资助更多的学生。"

撇捺方寸，字如其人

方敬老人不仅倾囊助学，更是身体力行，亲自授课，以身为尺，教学生读书写字，更教学生如何做人。

现在已经耄耋之年的方敬老人，还在坚持读书练字，始终保持着对新鲜知识的学习吸收。说到未来的发展趋势、大数据、物联网……方敬老人渊博的学识让他始终走在时代的前沿。

“一笔一绳,以字立人。”方敬提倡要热爱书法,时刻保持谦虚内敛、不骄不躁,修身养性才能写好字,而一手好字更能给人以启迪和滋养。他二十六年如一日为乡村教师、妇孺儿童免费开设书法培训班,教过的学生上至六七十岁的老人,下至刚上幼儿园的小孩,有身家丰厚的商人,也有贫困却乐观的农民。如今的宋庄镇成了文化小镇、艺术小镇,从这里走出全国书协会员 12 人。

跟着方敬学了两年书法的任文悦,今年也以初一年级第一名的成绩获得了“景清奖学基金”。她说,方敬爷爷不止教她练字,更是以自己为例,强调学习不是照本宣科,而是要利用正确的学习方法来拓展学习的深度。更重要的是,在日常习字中,方敬将人生道理蕴含其中。“爷爷在教我们写字的时候,强调一撇一捺最重要,只要撇、捺写好了,这个字就有了精气神。”

一撇一捺,正是个“人”字形。字如其人,方敬老人以拳拳之心,将这“撇”和“捺”都写得铿锵有力。

大爱倾城,惠泽一方

走在赣榆街头,随便问一位路人:“你知道方敬吗?”得到的回答大半是:“知道,是一个助学的老人家。”如果恰好这位还是方敬的乡邻,那他必定能指明去往景清书苑的路。助学扶困、垂范乡里成了方敬最鲜明的印记。

任庄村村支部原书记相恒柱介绍说,在 20 世纪 90 年代,“读书不如赚钱”的观念影响着村民,任庄村一直没有自己的大学生。自从方敬定居任庄村,不厌其烦地向村民介绍教育的重要性,再加之对优秀学子的资助,村民从不理解到慢慢重视教育。20 余年间,村里就走出了百余名大学生。学成归来的学生也跟着方敬学,争着为困苦群体雪中送炭,在各个岗位上继续传递着方敬的奉献精神。

方敬还一直致力于改善陋习,引导乡风文明。相恒柱说,方敬刚到任庄村的前几年,在他办公室一坐就是好几个小时,除了讲教育,就是讲环境。大家都要“抓生产”,方敬却提出要“抓环境”,时任村书记的相恒柱虽然一开始并不理解,但拗不过方敬,还是安排了专人负责村内卫生。最初的几年,每天清晨,村头路口、大街小巷,方敬总是第一个出门打扫卫生。遇到村内有人家中卫生环境欠佳,方敬则会上门帮人打扫。被打扫的村民不好意思,便养成了每天自己打扫卫生的习惯。方敬就像一根标杆,改变着村民落后的卫生习惯。

除此之外,方敬还和村委会的党员一起制定了《党员治安保护条例》,采取党员分户巡查的方式,保障了任庄村良好的治安秩序。但凡遇到村内有打骂老人等不良行为,方敬就会上门不厌其烦地劝说。方敬的言传身教让任庄村及周围村庄甚至宋庄镇的居民从一开始的不理解甚至嘲笑,逐渐转变为钦佩,再转变为以方敬为榜样,乡村风貌开始移风易俗。宋庄镇这个不起眼的小乡镇成了远近出名的省级文明镇。

一个方敬,影响一座城。方敬的精神就像是火种在赣榆大地蔓延。17 位中国好人、3位江苏省道德模范、28 位江苏好人、1 个全国优秀志愿服务组织,形成了文明赣榆的"群星现象"。如今的赣榆,村村发布乡贤榜,乡镇在最好的地方设立乡贤广场、乡贤园,区里成立乡贤会,乡贤文化已经成为赣榆一张闪耀的新名片。

记者手记

新华网江苏频道记者　韩笑

初见方敬,老人行动不便,却依然借助着助步器艰难地站起来。我们让他赶快坐下,老人说,不行,你们是客人,你们不坐,我不能坐。这一细节,在一开始就留在了记者心中。

老人的家就在小学旁边,据老人的学生介绍,老人坚持要求住在学校附近。屋内设施十分简陋,两张桌子,一张床,一个斗柜,泛黄斑驳的墙面,简单的基本生活用品,余下的,全部是方敬老人的各类书籍和字画。老人独居在景清书苑 20 年间,和家人的联络大都通过电话。方敬说,他资助学生的事,从没和家里人提起过,直到关于他的相关报道出来了,家人才知道他的举动。"我老伴工资和我差不多,儿子工资也都不低,我不用给他们花钱。"方敬认为,对家人"锦上添花"始终及不上对贫困学生"雪中送炭"。

这些年间,老人一直默默奉献,当地政府曾经考虑过将老人的事迹作为典型上报,遭到了他的拒绝。他说:"近几年,我被你们'挖矿'挖出来了。"考虑到老人的身体状况,我们也尽量缩短了采访时间。在整个采访过程中,方敬老人始终挺直腰板,字正腔圆地回答我们的每一个问题。采访远远超过了预计的时间,老人依然精神矍铄,未露半分疲惫之态。在后来和老人学生的交谈中,才得知方敬老人自上月从北京归来后,身体状况始终欠佳。在去北京将近 5 小时的高铁行程中,老人怕自己行动不便给他人添麻烦,忍着一路没敢喝水,就这样一路忍着到了北京。

我们一直想尝试对老人资助过的学生做个统计,或是能通过老人联系到其中一二。可是老人资助过的学生,从来不记名字、不记金额。老人说:"记名字、记钱干什么?还要等人还吗?"方敬从不会与他资助过的学生主动联系,他说,我只联系我的老师,同时向记者展示了写给恩师的信。当我们问起,是否希望自己帮助过的学生也能再帮助他人时,这位老人摇摇头:"帮助他,是我应尽的责任。至于他能不能帮助别人,是他的事。"

和方敬老人交流的过程中,最让记者为之触动的是,方敬老人始终没有放松对于学习的要求。他说:“老天爷赏饭吃,让我在这把年纪,手不抖,眼神好,还能读书写字。”老人对于社会发展的认知、渊博的知识面,让记者自愧不如。村里的干部说,四五年前,老人就和他们强调过大数据的重要性。一位耄耋之年的老人,每天最多的时间都用来读书、学习,不断提升自己。方敬老人不仅仅教育学生,更用自己的实际行动,真正做到了为人师表。

微语录

“我图啥?图一个中国人应尽的责任,图一个共产党员应当遵守的行为。你是个中国共产党党员,就要像个党员的样子。”——“为家乡做点事的乡贤”方敬

微评论

网友“一飞哥”说:因为方敬,我们才深刻懂得尊长敬贤的重要意义;因为方敬,我们才深刻懂得崇文兴教的宝贵价值;因为方敬,我们才深刻懂得“家有一老如有一宝”的独特内涵;因为方敬,我们才深刻懂得“善欲人知并非真善”的高尚情操。方敬老人的故事,感动了渔村百姓,感动了宋庄群众,感动了赣榆乡梓,感动了港城人民,感动了华夏儿女!

微博网友说:传道授业解惑的老师,对学生有着重要的影响,有时候这种影响,能够延续一生。我们的身边有很多肩负着育人的责任,将自己毕生的心血奉献给教育事业的老师。感恩老师言传身教的善意,也希望大众给这个不易的职业更多理解、尊重。

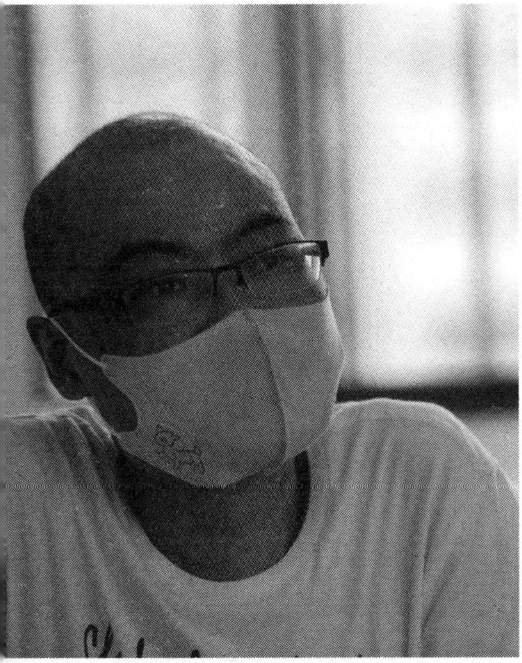

"家书感动万千人"李真

"无母不成家，为了这个家您得保重好自己。"来自湖南农家、考上研究生不久后被查出患白血病的李真通过《见字如面》写给母亲一封家书，在微信朋友圈"刷屏"，让万千网友为之感动。

今年28岁的李真来自一个本不宽裕的湖南农家。2014年，刚拿到研究生录取通知书3天，李真被确诊为急性髓性白血病。2014年年底，李真移植了大哥提供的骨髓，手术成功了，目前白血病没有复发，但排异反应强烈。身高176厘米、爱好篮球的李真，腿部甚至比很多成年人的胳膊还要细。由于抗排异和抗真菌治疗的矛盾关系，病情预后不乐观。

对李真来说，写信是他一直想完成的一个心愿，想对关心帮助他的大家说声谢谢，想对妈妈写下平时说不出来的话。

"情之厚如斯"

——白血病青年一封家书让万千网友泪奔

新华社北京分社记者　林苗苗

近日，与白血病抗争多年的青年李真的一封家书，在朋友圈广泛传播，让无数网友为之感动。日前，记者来到李真所在的燕郊某医院，见到了信中的这对母子，也见证了信中文字凝练的苦难与真情。

"对不起，妈妈，我生病了"

李真坐在病床上，这位身高176厘米、爱好篮球的青年，由于病痛的折磨，身体非常瘦弱,腿部比大多数成年人的胳膊还要细,皮肤也由于排异反应,产生了不均匀的色素沉着。

由于肺部真菌感染,尽管他很热情地开口说话,但声音少了底气,偶尔发出剧烈的连续咳嗽。他身材瘦小的母亲一直陪在旁边,脸上有掩不住的憔悴,但就像医生说的,她对人总是和善地笑脸相迎。

李真的信最先是投给了《见字如面》节目组,被选中后于近日播出,并很快在微信朋友圈“刷屏”,让万千网友泪奔。写信时,他的母亲并不知情。

在信的开头,李真说:“对不起,妈妈,我生病了,还是白血病。都说越努力越幸福,我也以为考上大学、上了研究生,就能让您离幸福更近些。可事实证明,我的努力给这个家带来的,只有磨难和绝望。”

李真来自一个本不宽裕的湖南农家,是家里最小的儿子和唯一的大学生。2014 年,湖南城市学院毕业的李真考上了华南农业大学的研究生。然而命运无情,刚拿到研究生录取通知书 3 天,李真被确诊为急性髓性白血病。

2014 年年底,李真移植了大哥提供的骨髓,手术成功了,目前白血病没有复发。但是,李真不幸因排异反应强烈,眼睛、口腔、皮肤、肠道和肺部都患上了慢性移植物抗宿主病。由于抗排异药物对免疫系统的抑制作用,发生了闭塞性细支气管炎和肺部真菌感染。特别是今年以来,排异反应带来的问题让李真日渐虚弱。

“情之厚如斯”

在为李真治病的 3 年间,他的家人全力投入。他在信中这样写母亲:“生病的这 3 年,您把我照顾得一丝不苟,为此所吃的苦、所受的委屈,早已超出了常人所能承受的极限。每天从医院到出租房,至少行走六趟却从不喊累,每天擦洗消毒东西,恨不能抠掉一层。”

如李真所写,“情之厚如斯,百世不足还”。但是,“尽管你们竭尽全力,我还是徘徊在生死边缘。尤其是最近半年里,几次病危抢救,每一次我都觉得好累,累到不想坚持,只想解脱”。

在腾讯基金会、中华社会救助基金会等组织的帮助下,爱心人士的善款给李真的治疗带来了巨大帮助。在李真承受病痛折磨的同时,家里的负债难免日益沉重。母亲舒雪连告诉记者,加上李真生病前家里的负债,已累计欠下亲朋好友 100 多万元。

李真想过放弃。对李真来说,为了家人,想放弃,却又不能放弃。“那次昏迷我真的有种从未有过的舒适,可是突然间的意识又告诉我,这份舒适很可能换来的,是你们永恒的痛。”

母亲对他也是一样,互相为对方着想,最放不下的也是彼此。“在我病重,在我们走投无路、绝望至极的时候,您只是握着我的手,浑身颤抖不止,泣不成声,却依旧不忍开口说出‘带我回家’这几个字,只是委婉地问我‘有没有想见的人’。”

舒雪连告诉记者,李真写这封信时是一直瞒着她的,但这不是李真对她唯一的隐瞒。她不大识字,医院文件多是李真来签,去年 11 月,李真曾背着她偷偷签下病危通知书,准备放弃治疗。“我们看着他真的很难熬,却什么也做不了。但我们舍不得放弃。”说到这里,舒雪连眼圈红了,声音哽咽。

文如其人,见字如面

对李真来说,写信是他一直想完成的一个心愿,想对关心帮助他的大家说声谢谢,想对妈妈写下平时说不出来的话,想不留下遗憾。李真的文字体现着懂事、节制,亦如其人。

在大学期间,李真经常勤工俭学,以致他生病后让母亲感到“很自责,觉得他可能是累的”。女友向华和李真是大学同学,相似的家庭背景和经历让他们走得更近。

“大学时我发现他和我一样下午课后就去做家教, 周末节假日去发传单、卖电话卡,做完家教再写作业、做学生会的工作。”向华告诉记者,两人首次考研失利,落榜后共同边打工边复习,终于双双考中。李真最初身体不舒服时没敢告诉家人,是向华陪在他左右。

而现在,在广东工作的向华还要把主要精力投入工作中。她说:“我想做一条‘有梦想的咸鱼’,有能力在面临生死的时候不会因为金钱做出无奈的选择。社会真的帮了我们很多,说不定自己有一天有能力回报一下。”

向华说:“我们都是学理工科的,不算‘文艺青年’。很多东西是因为经历过了那些煎熬、绝望、无可奈何,才知道如何去表达。也许别人看这封信会觉得写得很好、很优美,完成前我也曾帮着查错别字。但现在我不敢细看这封信了,因为每个字里都蕴含着某个时段的感受,触碰到内心的回忆。”

1989 年出生的李真,微信头像是一个捂着胸吐血的表情包小人,图上写着“帅着活下去”几个字。这张图在传递乐观的同时,也让人不禁心疼。

燕达陆道培医院副主任医师刘德琰说,由于真菌感染造成肺部空洞,他确实会咯血。“李真在治疗中非常能忍耐。从医院来说,在医疗原则范围内能节省的尽量为他节省,治疗方案在保证效果的同时尽量控制治疗费用。”

刘德琰说,对李真的病情来说,由于抗排异和抗真菌的矛盾关系,远期来看预后很不乐观。如果不进行更激进的治疗,很容易重新加重。

“回去就等于是放弃了。曾经两次都想放弃，但真的是舍不得，每次都想实在熬不住了再说吧。”舒雪连在走出病房后说，“我不能倒，我倒了他怎么办，我坚持他才会坚持。”

“无母不成家，为了这个家您得保重好自己。”李真写道。

记者手记

新华社北京分社记者 **林苗苗**

《见字如面》节目第二季播出了李真《告母家书》，李真的这封家书有着优美锤炼的文采，更有震撼人心、令人肃然起敬的情怀，体现出他乐天知命的超然态度。在生死边缘徘徊过的经历，让李真的文字同时传递出超脱与不舍，让人感受到他对母亲、对每一位帮助过他的人深怀感恩，又恐无以为报的心情。

李真的家书在微信朋友圈“刷屏”后不久，我才了解到李真就住在北京旁边的燕达陆道培医院。征得医院的同意后，在一个多风的秋日，几近中午，我见到了李真和他的母亲舒雪连女士。

尽管此前通过网络上的信息，对李真的身体状况有一定预期，但我仍在见到他时感到有些意外。因为骨髓移植后发生排异反应等原因，他的身躯瘦弱，特别是肺部的感染，让他说话较为费力，声音有些空洞。因为抵抗力弱，为避免感染，他和会见者都要戴着口罩。

但硕大的口罩和宽松的“病号服”，完全无法掩盖李真豁达积极的情绪以及待人的热忱有礼。对于这样一位有才更有爱的青年，我很想和他多聊聊，但又实在不忍心让他多说话，就尽量多与他的母亲聊。但每每遇到母亲说不准的事情，李真都会热情地从旁补充。他的母亲文化程度虽不高，但非常明理和善，与很多中国妇女一样，有着坚强隐忍的一面。

求医的生活往往意味着单调而煎熬，病痛可以消耗躯体和精神的健康，但对于李真并非完全如此。他的手机朋友圈里有图文结合的“近况报告”，有很多对支持帮助过他的朋友的感恩，对媒体报道的感谢以及为其他处于困境中的病人的求援，让人感觉到他积极的精神时刻焕发着勃勃生机。

在医院与李真和他母亲谈过之后，为了更立体丰满地了解他，更好地讲述他的动人故事，我在李真的介绍下联系到了他在广东工作的女友向华。

向华的大方与直率超出我的预料，对于是否愿意对外被称为李真的女友，她非常坦然地说没有问题，感情已胜似亲人。她坚强勇敢，也有细腻的一面。在电话交谈中，向华告诉我，她是最早读到李真家书的人，并帮他仔细修改，包括其中的错别字。

面对外界对家书展现出的才华横溢与动人真情的称赞，向华的回答让我感动，作为同样从平凡农家一路走出的大学生，并在患病后不离不弃，共抗命运，向华和李真都有着超乎他们年龄的成熟，令人敬佩，也令人心疼。

向华说，他俩都是学理工科的，不算"文艺青年"。很多东西是因为经历过了那些煎熬、绝望、无可奈何，才知道如何去表达。也许别人看这封信会觉得写得很好、很优美，但她已不敢细看这封信了，因为每个字里都蕴含着某个时段的感受，触碰到内心的回忆。

这次采访，与李真和他周围亲人的结识，亲身感受到他们在与不幸命运抗争中展现出的朴实品质和情感，是我作为记者的幸运。在对李真众多的采访报道中，我的报道只是其中微不足道的一篇，特别是与李真所写的家书相比，更是如此。如果有幸能让更多人对他们的故事多一些了解，看到李真绝美文字背后的人性光辉和感人故事之中复杂的美好，我作为一名平凡的记录者就更是无憾。

微语录

"情之厚如斯，百世不足还。""无母不成家，为了这个家您得保重好自己。"——"家书感动万千人"李真

微评论

新华社客户端网友"无奈的人是我"说：虽然我是个年轻爸爸，但为人父母，读完这样的信止不住渐渐模糊了双眼。大爱感人啊。

新华社客户端网友"决然转身"说：才华横溢的大学生，加油！希望出现奇迹。

“演绎生死恋的好丈夫”李福明

李福明,男,汉族,1952年9月生,中共党员,呼和浩特铁路局集宁车辆段退休工人。2017年7月25日,被推荐为“德耀中华”第六届全国道德模范(孝老爱亲模范)候选人。2017年11月,荣获第六届全国道德模范提名奖。

李福明妻子患上“渐冻症”,父亲两次脑溢血。他对两位亲人始终不离不弃、精心照顾,用执着与责任创造了医学知识难以解释的奇迹,书写了一段不平凡的人间大爱。

好人李福明,为妻子创造生命奇迹

内蒙古铁道报社记者 曹雪

李福明,1952年9月20日出生于河北省任丘市,从小在内蒙古自治区包头市长大,1970年12月在二连浩特边防二团服役,1978年由乌盟军分区边防二团保送至石家庄陆军步兵学校学习,返回边防二团后成为作训参谋,任连长。1982年转业至集宁车辆段所属的集体企业任车间主任。1990年调至保卫股任主任干事直至2013年退休。

2015年,李福明在自治区文明办举办的“我推荐、我评议身边好人”活动中,光荣入选“内蒙古好人榜”;2015年,李福明、陈喜英家庭被自治区妇联和自治区文明办联合授予“草原儿女赞”最美家庭标兵户;2016年,李福明被乌兰察布市精神文明建设委员会评为第五届全市道德模范;2016年,李福明、陈喜英家庭被中华全国妇女联合会评为第十届全国“五好文明家庭”荣誉称号。

每个人都期待奇迹的发生。李福明也不例外,但他期待的奇迹却是从死神的手中夺回亲人。在医生都放弃的时候,他不放弃。一次两次还不够,他要紧紧抓住爱人、亲人的衣襟,只要自己尚存一丝气息就绝不放手,他在创造着奇迹,并努力让这个奇迹延续下去。

烂漫花开多芬芳

1979年，27岁的李福明成了边防二团军分区里的大龄男青年，整天就知道舞枪弄棒，土堆里打滚，领一堆新兵蛋子，生产搞得好，生活一团糟。军区的领导看在眼里，急在心上，几经联系给李福明介绍了比他小1岁，在集宁市民政局工作的陈喜英。

11月，李福明在招兵间隙终于与陈喜英第一次见了面。那个时候，她穿蓝色的西装，明眸浅笑，稳重大方；他多年不变一身军装，头也没敢抬，只会嘿嘿地笑，简直傻到家。可就是这个没敢多看两眼的女孩子，从那一刻就轻易偷走了李福明的心。

见面不久，李福明立刻回到了部队，但是两颗青涩又悸动的心再也没有分开。1980年7月1日，党的生日成了他们的结婚纪念日。在满都拉边防哨所，除了七八十名官兵，还有不少公社牧民共同见证了他们的婚礼。那个时候，陈喜英虽然没有身着婚纱，但两人幸福满满，李福明清楚地记得，那弯弯的、动人的眼睛里闪着幸福的光。

婚后，两人虽聚少离多，却倍加珍惜。在哨所里，李福明教陈喜英学习骑马，还到牧民的蒙古包里喝奶茶，或者在草原上散步、看落日。

1981年8月17日，女儿李淑军出生了，李福明因为战备需要，孩子出生第3天才赶到医院。一进门，他抱起女儿一连亲了几口，再看着妻子委屈的泪眼，心里揪得生疼。待了3天，又得返回部队，那时他只得一狠心——“你的委屈将来我一定还”。

那时争吵那时忙

生活不是一本童话故事。婚后生活不过是柴米油盐，今天咸了明天又觉得淡，太多的琐事让那双曾浪漫着、期待着的眼睛渐渐暗淡下来。

转业的时候考虑到父母及兄弟姐妹都在包头，且自己对包头的风土人情十分眷恋，李福明想把家正式安在包头，“保卫国家和人民是我的使命，那时我打算去包头公安局当一名警察。”

然而，过日子可不是一个人的事儿。陈喜英的性格虽比较内向，但在事业上很有上进心，是个有主意的女人。她在父母家的9个孩子里排行老三，家务事都是陈喜英做主。这次，她连丈夫的主一起做了。

在两个人几经商议没有达成一致的情况下，陈喜英颇费周章地找人、跑关系，硬是把部队已经安排好去包头公安局上班的李福明留在了集宁。木已成舟的那天，李福明沉默了，心里这个结也算是结结实实地系上了。

沉默与争吵成为一个固定的循环，连小小的女儿也不堪折磨。算了，解不开的结就任它系得结实，一剪子剪开算了。为了大家都轻松，李福明提出了离婚，收到的却是妻子长达13页的“指控书”，洋洋洒洒、引经据典，核心要义就是“虽然你百般不如我所希冀，但是我本着包容的心态，坚决不会同意离婚的。”李福明看了更是气得死去活来。

可能过日子就是这样，公说公有理，婆说婆有理，过来过去有理没理没啥用，总要有一个让步的，这次又是李福明。

一次次地被做主，让李福明原本小小的心结上又多了些委屈、承载了些无奈。直到有一天傍晚，陈喜英突然收起以往的强硬，轻轻地对李福明说：“老公，我可能要生一场大病。”李福明怔怔地说不出话，再看陈喜英的眼睛时，她的眼里全是外面已经黑透了的天。

情深之处解心结

那些天，陈喜英总是感到重心不稳，没缘由地摔倒了2次，让她觉得自己不再是曾经那个“女王”了，莫名的无力感侵袭着她。

2004年，北京协和医院、解放军301医院和北京大学第三医院都确诊陈喜英为渐冻症。这是运动神经元疾病的一种恶性病，正如它的名字一样，得病的人像被冰雪冻住一样，会慢慢丧失全部行动能力，今天是腿，明天是手臂，后天到了手指，连控制眼球转动的微小肌肉也不例外。最终等待他们的是全身逐渐瘫痪，吞咽功能丧失，呼吸衰竭。

确诊的那天，陈喜英走在北京王府井街边，想起她曾领着孩子到这里逛商场时，就在眼前这个石墩上玩耍过，再也控制不住自己的情绪，痛哭起来，直至声嘶力竭。最后，她说：“从前我有很多不对的地方，现在说什么都晚了，以后我也许不能在你身边了，我把孩子交给你，你要好好照顾她。”看着陈喜英头发凌乱、浑身颤抖地坐在地上，李福明心上最柔软的地方突然像被刀子捅了一下，任凭血汩汩地往外流，似乎曾经那个打了死结的心事也被这一刀捅得支离破碎。

“在军校时，首长常常教育我们，在战场上战友就是你的兄弟，如果你的战友在战场上受伤，你要把战友从战火中救出来，哪怕牺牲自己也绝不能放弃。夫妻更是如此，陈喜英为我生儿育女，我绝不能抛弃她，更不能离她而去。”李福明看着那双绝望的眼睛，下定决心。

为了让陈喜英活下去，李福明到处求医、求药。中医看了，看西医，就连偏方也不放弃地去找寻。他经常半夜去排队挂号，一次次被拒绝后再冲回诊室跪求医生再想想办法。经历了北京住院治疗4次、上海治疗1次、乌兰察布市中心医院治疗4次，陈喜英的病情都不见好转。2008年以后，陈喜英生活不能自理，全身僵硬，吞咽、呼吸困难。

那个时候，身体的痛苦和精神上的折磨让陈喜英曾一度放弃了活下去的信念，李福明在一次给她喂饭时，她不再张口了，而是用尽力气咬着牙。他抚摸着妻子的头说：“女儿不能没有妈妈，为了女儿吃一口吧。”陈喜英勉强张开了嘴。他又说：“外孙最爱她的姥姥，为了外孙吃一口吧。”陈喜英再次张开了嘴。他又说：“我爱你，就像老鼠爱大米，为了我，再吃最后一口吧……”陈喜英困难地吞咽着，眼睛里溢满泪水。

从那个时候起，每天早上5点，李福明就开始了“专职护工”的生活，为妻子擦拭身体、更换衣物，准备一天的5次营养粥。接下来就是打针、输液、吸痰、喂饭、拍背、按摩、进行肢体训练。他常常彻夜不眠，观察着妻子的状态，妻子的痰越到晚上越多，他一天要为妻子吸痰20多次，夜间更甚。他总是及时收拾妻子的排泄物，不停地为妻子翻身，不舍得让她有丝毫不舒服。久而久之，白天和黑夜在李福明的世界里已经渐渐融合在了一起。

13年，为陈喜英治病花了100多万元。在用药求医方面，李福明总是坚持用最好的，自己却戒烟戒酒，没和朋友、战友到饭馆吃过一顿饭。前几年，在陈喜英还能进食固体食物时，什么好吃、什么有营养买什么，李福明从不怕花钱，只是不肯往自己嘴里放一点。他经常到集宁北站批发市场买一元一堆的菜，回来拣着吃。那个时候，陈喜英非常喜欢吃鱼，李福明经常早早去市场买活鱼回来，把好的部位给妻子吃，自己把鱼籽、鱼泡、鱼肠等内脏胡乱炖一炖，连鱼鳞都要留下来熬成冻，和着米饭吃。有一次，李福明请来小区门诊大夫给陈喜英输液，总共6元的药，却要了80元治疗费。为了省钱，更为了方便照顾妻子，他开始在自己的手上练习扎针输液，经常扎得到处都是血。之后，他就上手当起了“大夫”。

李福明说：“虽已年过六旬，但妻子的病让我再次成长。一路走来，虽有过吵有过闹，但面临生离死别的时候才明白，只要妻子活着，孩子回家能喊一声妈，心里也暖和，也高兴。只要妻子活着，我老李就有一个完整的家，心里才踏实，才安心。”

彩云易散琉璃脆

即便是这样，这个故事还没有讲完。

2014年7月23日，由于感冒引起病情恶化，陈喜英住进了乌兰察布市中心医院ICU重症病房。李福明每天早晨5点起来把营养餐打成糊放在保温桶里，7点不到就到ICU门口等着开门。有时ICU抢救人不让进，他就站在门口，远远地盯着妻子的病床。拍背吸痰，擦洗身子，喂过早饭和午饭后，又要立刻回家给她准备晚饭，每天晚上11点左右才回家。

多年以来，李福明和陈喜英都是用眼睛交流，如果李福明说对了或陈喜英同意的时候，她就把眼睛合上，不同意，她就不合眼。这些年来，家里的大小事都与这双眼来商量，李福明世界里的阴晴圆缺都由这双眼来决定。住在重症病房的日子里，陈喜英的眼睛没有离开过李福明的身影。女儿看了问：“怎么妈妈一直看着你，你却不理她。”李福明说："你妈妈在心疼我，我一看她，她的眼睛又会充满泪水。"

在重症病房，李福明总会给老伴做思想工作，他说："你要安心养病，别怕花钱，只要你活着，再大的困难我都能克服。我要让你活下去，不管多痛苦也不要放弃，一定要坚持到医学发展到能治好你的病的那天。"

陈喜英的治疗费一天5000多元，花光了所有借款，也没有起色，李福明只能把陈喜英接回家。陈喜英在ICU一直用全自动控制仪输多巴胺控制低血压，回家就没这个条件了，李福明只能紧盯着液体快慢、血压高低来调整多巴胺计量，2个多月，他寸步不离，眼睛不敢眨一下。家里帮忙的亲戚都看着心疼，总是劝李福明睡一会儿，说得多了，李福明发起了脾气，嗓门拔得高，热泪也一起迸了出来："你们懂什么，睡什么睡，我睡着了，醒了人就没了。"

有一次，眼见着陈喜英的血压低了下去，可是由于过多地输入抗生素让她的血管变得脆了，针扎进去就串针，请来的几个大夫都抱歉地离去。没办法，李福明拿起了针，一连扎了90多针都扎不进去。家里的几个亲戚慌了神，有的哭，有的来回踱步，女儿干脆坐在地上起不来。陈喜英的表妹心疼地说："姐夫，别扎了，都把大姐扎成筛子了。"李福明也哭了："你心疼，我比你更心疼！你看低压都快没了，再找不到血管她就没命了！"后来连消毒都不顾，李福明绷着一股子劲儿，见血管就扎，最后终于从大腿内侧的血管扎了进去，血压升起来了，救回了陈喜英的命。

那时候，他从床边滑落在地上，眼里流着泪，身上流着汗，心里流着血……

我心赤诚难停转

对于一颗赤诚的心来说，生命是最美丽的给予，值得为此付出所有。没有片刻迟疑，没有多少思量，哪怕需要付出的是自己的生命。

2014年6月，86岁的老父亲在浴池摔倒造成脑出血，在ICU重症病房昏迷了11天。大夫说没希望了，但李福明一直没放弃，经过1个多月的精心护理，老父亲奇迹般活下来了。11月6日，父亲第二次脑出血，出血量130多毫升，由乌兰察布市中心医院直接转到内蒙古医学院附属医院ICU重症病房，经过2个月的抢救仍没有什么明显起色。李福明最终决定把父亲带回家中，从书店买回医疗书籍，学习父亲病情的治疗方法，加上氧气瓶、戴上呼吸机、打利尿药、输青霉素等等全部自己动手。经过2年多的精心护理，老父亲如今完全脱离了生命危险，能扶着墙走动，并用语言交流了。

2000年的夏天，李福明回家探亲途经白洋淀时，发现在水中拼命求救的李磊，他毫不犹豫地跳入水中。已经严重呛水的李磊感到有一只手拉住了自己，他立刻像抓住了救命稻草般拼命拽住李福明的胳膊，进而拉住他的头发，用尽最后力气把李福明压入水中，自己才得以露出水面喘口气。李磊是个壮壮实实的大个子，身高有1.8米多，他骑在李福明的脖子上，李福明根本没有任何换气的机会。这个时候，李福明却没有为了自己的生命安全而挣脱，硬生生地半走半游，凭着一口气走了20多米，把李磊成功救上岸。这个时候，他已经涨红了脸，不停地咳嗽，喝了一肚子水。为什么不放弃？他说："没时间想，就一个念头，往岸边走，再远，也要走到尽头。"

不久前，女儿在北京为陈喜英咨询病情时遇到了一位同样来自集宁的渐冻症患者。她的名字叫王芝，是个无依无靠的农村流浪人。李福明得知情况后，主动提供了3000元的药品，并准备为她提供住处，把老伴备用的呼吸机、制氧机、吸痰机、按摩椅、气垫、药品等价值6万元的护理设备分享给王芝，尽最大能力延续她的生命。

在多年的护理中，李福明摸索出了许多经验，突破了许多难关，他希望通过成立关爱老年身体健康和渐冻症病人护理平台，把自己的护理经验奉献给社会，用自己的微薄之力支持更多需要帮助的人，带动更多的人投入关爱渐冻症病人的公益事业中。

记者手记

内蒙古铁道报社记者　曹雪

采访李福明前我事先了解了他的事迹，随着了解逐渐深入，我开始变得脆弱起来，甚至几次都热泪盈眶。抹抹眼泪，在感动的背后，更让我体会到了人的脆弱，尤其是我们无力改变命运的时候。

踏进李福明的家门前，我先按照自己的想象做了心理准备。一位老人照顾另一位老人这么多年，家里可以乱一些，阳光可以少一缕，甚至人也可以萎靡一点，好让我的眼泪应时应景一些。

然而，李福明的家里干净明亮、井井有条。李福明虽然头发花白，但是目光笃定，精神矍铄，言语之中既没有抱怨，也没有哀伤，仿佛这些一般人接受不了的事情在他的眼里也算平常。陈喜英躺在一张按摩气垫床上，盖着一张淡粉色的毛巾被，散发着淡淡的清香。就连窗台边的一盆蟹爪兰也开得正旺，一个个小蟹脚上开着粉红的花。陈喜英的肌理充满光泽，静静躺在那里，像是睡着了，安详得很。李福明顺手掖了一下陈喜英的被角，咧嘴一笑。

在采访的过程中，李福明时不时看看陈喜英，过去把按摩床的角度调一调，情深处，也会用手揩一把还没掉下来的泪珠。

李福明的家中除了维持生活和照顾妻子的基本物品外，还摆放着许多石头。大大小小，红的绿的花的，我不懂这石头有什么好。李福明说："石头虽然没有那么美，但是坚硬无比，不会变，也不会坏。"我竟一时语塞。这时，一块白色的石头引起我的注意，像是一只卧着的小白兔，但是没有耳朵，腿也缺了一块。李福明说："这是我最喜欢的石头。陈喜英属兔，你看这个小白兔耳朵坏了，腿也断了，正像我的老伴，是一只受伤的小白兔。这是陈喜英在重症病房急救期间，我在路边看到的，那时他们都说陈喜英回不了家了，我不信。我把这只小白兔带回家，陈喜英真的和我一起回家了。"

此刻，久忍的泪水终于没能忍住。

愿，陈喜英真的是那只小白兔，虽然受了伤，但永远陪在爱她的人身边。

微语录

"在军校时，首长常常教育我们，在战场上战友就是你的兄弟，如果你的战友在战场上受伤，你要把战友从战火中救出来，哪怕是牺牲自己也绝不能放弃。夫妻更是，陈喜英为我生儿育女，我绝不能抛弃她，更不能离她而去。"——"演绎生死恋的好丈夫"李福明

微评论

网友"玉笛李建华"说：李福明孝老爱亲的动人事迹不是偶然的，而有其必然性，这是他受到党和人民军队的教育，受到良好家庭教育，传承中华美德的体现。"国无德不兴，人无德不立"，精神的力量是无穷的，道德的力量也是无穷的，他的感人事迹就是一种道德力量。

网友"赵永强"说：李大哥，看一遍您的事迹，就会被感动一次，为您年轻时有一颗报效祖国的忠诚之心感动，为您有一颗深深思念家乡之心，而因为家庭最终没完成心愿而感动、同情。但是李大哥，集宁也是一座美丽的城市，那里的人民也都是淳朴热情的，您就安心幸福地在那里生活吧，有时间可以回包头看一看。虽然和妻子有过很大的隔阂，但是当她重病后，您毅然决然地担起了这个世界上很少有人能担的重担，护理老伴 14 年，让她活在了这个世上，还照顾了行动不便的老母亲多年，现在还在照顾着老父亲，这样的事迹中国少有，世界罕见。您还在考虑着并且用实际行动帮助其他同样困难的人，这样的心胸、这样的美德也只有曾经是中国军人才会具有的品德、担当。

"轮椅上的爱心大大"常新成

常新成，一个双下肢瘫痪，且患有多种疾病的残疾人，却走遍了全市所有的乡镇，带领160多名志愿者参加公益活动，在江苏省泰兴市的大地上留下了一串串闪光的足迹。

常新成，一个入不敷出，本需要他人帮助的人，却向困境儿童伸出了援手，从物质上和精神上帮扶了100多名孤儿和困境儿童，很多孩子亲切地称他为"干爸"。

常新成的事迹经新华网、新浪、网易、中国江苏网、扬子晚报网、江苏都市网等网站报道后，引起了广大网民的广泛赞扬。2017年年初获得了"泰州市十佳网络爱心达人"称号。

15岁少女截肢后第一次露出微笑
泰州残疾人模范远赴上海病床前帮她心理疗伤

扬子晚报网记者　王国柱

"给叔叔笑一个，好不好？"7月29日中午，上海六院，躺在病床上的苏苏(化名)露出了微笑。她的这一笑让其家人喜出望外，也让从泰州远道而来的一行人异常欣慰。原来，10多天前，今年15岁的苏苏与母亲一同出车祸受伤，苏苏清醒后发现其右小腿已被截肢。接受不了眼前事实的苏苏，不愿意和任何人说一句话，成天郁郁寡欢。得知消息的泰州残疾人模范常新成，坐着轮椅和一帮好心人一道赶到上海，在苏苏的病床前对其进行"心理疗伤"。

不幸从天而降 花季少女遇车祸被截肢

7月16日下午2点，家住泰兴黄桥的苏苏乘坐妈妈的电动车，去购买学习资料。途中，意外发生了，一辆逆行的三轮车将苏苏母女连人带车撞翻，车子还从母女俩身上碾了过去。据目击者称，事故现场惨不忍睹，苏苏的右小腿被碾压变形，其母亲受伤也很严重。母女俩随即被送到泰兴市第二人民医院。因设备以及技术条件有限，泰兴市第二人民医院劝其转院至泰兴市人民医院。当晚9点，母女俩又从泰兴市人民医院辗转来到了上海市第六人民医院。苏苏到达上海六院时其体内的血量仅剩20%，已经昏迷。医生称再晚到1个小时，苏苏就会有生命危险。上海六院的专家在第一时间给小苏苏做了截肢手术。其母亲因右胳膊粉碎性骨折，也被做了手术。

次日，从昏迷中清醒过来的小苏苏发现自己“还活着”，正感庆幸时，发现自己的右小腿已经没了，眼泪瞬间流了下来。接受不了事实的苏苏，不愿意跟任何人多说一句话，本来活泼的她，10多天来变得郁郁寡欢，这让同病房的母亲以及家中其他亲人非常担忧。

送资助更要送“疏导” 残疾人模范坐轮椅到上海

记者获悉，今年15岁的小苏苏，今年暑期前参加了中考，并以良好的成绩被泰兴第五中学录取。苏苏的意外引发众多泰兴市民的关注，常新成就是其中之一。今年52岁的常新成，2岁时因小儿麻痹症瘫痪，一直与轮椅为伴。但身残志坚的常新成，不但自学获得了本科文凭，还因热心公益事业，被评为“泰州市残疾人模范”。目前，常新成还是泰兴温馨之家志愿者协会的会长，该协会经常对需要帮助的当地弱势群体施以援手。

苏苏母女目前在上海六院已经花费21万元，后续治疗费用仍然是个庞大的数字。常新成等人不但自己捐款，还发动社会力量对苏苏一家进行募捐。截至记者发稿前，包括“轻松筹”在内，常新成等已经为苏苏母女募集了10多万元。“光经济资助不够，还要对苏苏进行心理疏导。”常新成的建议，得到了爱心协会众义工、泰兴市妇女儿童工作社会中心社工以及一些企业家的支持。29日上午，由常新成领队的14人爱心团队从泰兴市出发，前往上海市第六人民医院。

用自己“身残志坚”史 让苏苏展开笑容

尽管事先有思想准备，但病床上苏苏被截肢后的状况，还是让众人吃了一惊。只见苏苏的右腿膝盖下方，已被硬生生地截去，截面缠满了纱布。见到家乡来人，苏苏起初没有任何惊喜，但坐在轮椅上面的常新成还是让她有些意外。

"我是你的常伯伯,我2岁就不能走路了,情况比你差多了。"常新成被人推到苏苏的病床前,靠双手支撑"站"了起来,以便与苏苏对话。常新成劝慰苏苏,她只是被截去了右小腿,以后通过安装假肢还可以正常走路,生活不会受太大的影响。虽然身体有缺陷,但精神不能有残疾,应该让自己振作起来。常新成还用自己"身残志坚"的奋斗史激励苏苏。听了常新成春风化雨的话语,苏苏的脸上慢慢舒展开来。

苏苏家住泰兴市黄桥镇,与她暑期后所就读的泰兴市第五中学有20多公里的路程。开学后,苏苏需要住校,但每周一次的回家却是个问题。常新成当场表示,他们协会有150人,会员们会轮流在周末接送她回家以及返校。

常新成与苏苏的沟通很畅快,时间过得很快,常新成一行要回泰兴了。"苏苏,能跟叔叔笑一个吗?"临别,还有点不放心的常新成向苏苏提出这样的要求。没有让大家失望,苏苏笑了,并说:"谢谢叔叔阿姨们来看我,谢谢你们!"

记者手记

中共泰兴市委宣传部通讯员　梁良　马凤

当岁月的脚步越来越匆忙,当生活的诱惑越来越纷繁,当精神的滋养逐渐被浮躁和繁华淹没,当道德的危机感让彼此已不再信任如昨,我们依然相信,总有一种力量,永远闪烁着穿透岁月的光芒。这种光芒如同暗夜里的明灯、寒冬里的篝火,为我们指引前行的方向,带来心灵的温暖和慰藉。

对于常新成的名字,大家可能早已耳熟能详。2008年,身为北京奥运会火炬手的他为了宣传奥运会,千里走单骑,创造了一个残疾人驾驶残疾人机动车走遍全中国的奇迹。近些年,我们又从国内多家媒体上看到过常新成热心公益事业,常年致力于留守儿童志愿服务的事迹,对他的敬佩之情与日俱增。而今,为推荐他参加"中国网事·感动人物"网络人物评选活动,我们有了对他进行面对面采访的机会,内心被他的事迹所震撼。他的双下肢全部瘫痪,走路靠双手支撑一张特制的不锈钢板凳艰难地向前挪动,走不了几步就会累得满头大汗、气喘吁吁,稍微遇到路不平的时候,就可能会踉跄着摔倒。谁看到这种情景,都会感觉特别难受。我无法想象,就是这样一个行动不便的人,却常年奔波于泰兴市的城乡,带领着志愿者投身于社会公益事业,给留守儿童送去温暖和关怀,给困境儿童送去希望和快乐。常新成对记者说:"我个人的力量是单薄的,但我可以影响带动大家一起做公益。我愿将这点点星光火焰汇集成光明之海,氤氲升华为全社会向上的力量。这是我的使命,亦是我的执着追求。"

我们问常新成,有没有遇到过困难和挫折,有没有遇到痛苦和迷惘。常新成坦然地笑了,他说:"正因为经历了太多的挫折和坎坷,现在无论遇到什么困难都泰然处之。"

鲜花和掌声，说明常新成的汗水和心血没有付之东流。他用自己的实际行动，深情地记录人性的光辉和伟大，展示着一个残疾人的公益大爱。“胸怀大爱做小事”是常新成信奉的公益理念，这一理念正化为点点的生活浪花，拓展着思想的边界，滋养着我们的心灵，照亮着我们的前程。

总有一种力量，让我们在深冬不觉寒冷；总有一种力量，让我们身在逆境而充满希望；总有一种力量，让我们因感动而泪流满面；总有一种力量，驱使我们不断寻求爱心和良知。我们从常新成的身上真切地感受到了这种力量。

常新成，我们记录你，用向善的力量温暖并照亮社会的每一个角落；我们记录你，让我们生活的世界因互助友爱、善行义举、担当奉献而春色永驻，更美更靓！

冬日的阳光洒落在脸上，温暖留在我们心里。常新成，在未来的日子里，我们与你一起见证公益之光的美丽与力量。

微语录

“胸怀大爱做小事，让生命在奉献中创造价值。”——“轮椅上的爱心大大”常新成

微评论

网友“童心托儿所”说：志愿精神永不止步，心手相牵最美的风景，加油，你是最棒的。

网友“一生有你”说：打开爱心门，伸出温暖手，爱心大舞台，有你更精彩。为你点赞！

"患难夫妻"廖华、唐龙英

这是一个关于爱情的故事。丈夫名叫廖华，是一级伤残军人、二等功奖章获得者，在对越自卫反击战中，他不幸失去了双眼和左腿。妻子名叫唐龙英，是廖华的高中同学，38年前，她毅然化作廖华的双眼和拐杖，用柔弱的双肩撑起一片爱的天空。夫妻二人相濡以沫，风雨中演绎了一段美好的爱情。

女子38年甘为伤残丈夫双眼　相濡以沫演绎美好爱情

新华社"中国网事"记者　唐荣桂

在广西壮族自治区全州县城的一个小区，经常可以看见一对花甲夫妻手牵着手在院内散步。妻子在前面牵着丈夫的手引路，戴着墨镜的丈夫紧紧跟在后面。

丈夫名叫廖华，是一级伤残军人、二等功奖章获得者，在对越自卫反击战中，他不幸失去了双眼和左腿。妻子名叫唐龙英，是廖华的高中同学，38年前，她毅然化作廖华的双眼和拐杖，用柔弱的双肩撑起一片爱的天空。夫妻二人相濡以沫，风雨中演绎了一段美好的爱情。

青涩的爱恋：爱情的种子在心中生根发芽

"当时她是学校的宣传队队长，长得漂亮，爱唱爱跳，是众人瞩目的焦点，用现在的话说是'校花'。"回忆起高中时的唐龙英，廖华不禁脸红了。

1974年，廖华和唐龙英在全州县石塘镇高中上学。相比外向大方的唐龙英，当时的廖华羞涩得像个小孩，"遇到女生远远就避开走"。

廖华自小酷爱读书，英俊高大的他是篮球场上的健将。成绩一般的唐龙英开始默默关注廖华，对这个成绩优异的小伙产生了好感。作为班级团支书的她，介绍廖华加入了共青团。同学和老师拿他们开玩笑，笑说他们是一对。

1975年，他们高中毕业，准备各自回家务农。在分别的岔路口，他们以为可能再也不会相见。大胆的唐龙英提出互换照片，于是廖华给了唐龙英一张生活照，唐龙英答应自己的照片冲洗后寄给廖华。自此二人开始书信往来，好感不断加强。

好男儿志在四方。1977年，廖华响应国家号召应征入伍，成为一名光荣的解放军战士。到部队后，他们的通信更加频繁，在信中互诉近况，相互勉励。“虽没有明说，但心里早已把对方当作恋人。”廖华说。

吃苦耐劳、聪敏好学的廖华在部队快速成长，进入教导队培训，并加入了中国共产党。唐龙英说，当时她参加高考落榜，看到不断进步的廖华感到了自卑，于是写信道：“你那么优秀，有其他合适的人也可以交往。”廖华回信坚决回绝，表示绝对不找其他人。

1979年，对越自卫反击战打响，廖华奔赴战场。

携手前行走过38年风风雨雨

身为班长、代排长的廖华冲锋陷阵，多次出色完成作战任务，荣获个人二等功奖章，并拟提拔为连队副指导员。然而，立功的喜悦没持续多久，在部队换防准备撤出前线时，他不幸触雷，血染疆土。

在医院昏迷14天，廖华醒来后发现，自己的双眼被摘除，左腿被高位截肢，身上遍布弹片……前途无限的青年转眼间成了一级伤残。“感觉整个世界都黑暗了，甚至偷偷藏了一把安眠药，想一死了之。”廖华说。

廖华负伤的消息传到家乡，唐龙英心急如焚，她不顾家人的反对，急忙赶到昆明的医院。再次见面的场景吓了她一跳：之前英俊的“兵哥哥”双眼凹陷，只剩单腿，意志消沉……

“其实出发去昆明时，我的内心已经做好决定。”唐龙英决定留下来，用爱抚慰恋人破碎的心，让他重新燃起生活的希望。

唐龙英陪伴在廖华的身边，照顾他的起居，给他读报，为他讲家乡的趣事。廖华的伤情一步步好转，遍布阴霾的脸上终于迎来了久违的笑容。就在这时，亲人一封用红笔写的“劝诫信”送到了唐龙英手中：“不要感情用事做出糊涂决定，而落得众叛亲离。”唐龙英非常清楚自己在做什么，“廖华为国家付出这么多，我付出点爱算什么？”

1980年，没有婚纱，没有戒指，廖华和唐龙英在部队的帐篷里结婚。婚后不久，廖华复员回到全州县城，没有住房，夫妻二人就寄居在敬老院中，没有工作，唐龙英就四处打零工。她晚上缝衣服，白天挑到各乡镇的集市上卖，经常走到脚上满是血泡。

“既然选择了这条路，就要把这个家搞好。”唐龙英承担起家庭的重任，牵着爱人的手在风雨中前行。1981 和 1984 年,两个儿子先后降临到他们身边。在组织的关心下,1987 年,唐龙英被安排到全州县五金公司上班,家庭经济状况有了缓解。

唐龙英回忆道,后来五金公司变得不景气,她只好承包一个柜台,为了省卸车费,一卡车货经常一个人卸到凌晨。她早上送儿子上学后又去上班,中午再去接儿子吃午饭,里里外外的事忙得像个陀螺。

看着逐渐走出阴霾的丈夫和茁壮成长的儿子,小日子在两口子的精心经营下越过越好,唐龙英累并快乐着。

爱情保鲜秘籍:夫妻间互相体贴

“那时年轻,也没觉得有多苦。”谈及过往的困难,唐龙英轻轻一说,好像在讲述别人的故事。唐龙英说,生活艰苦,两口子更要好好相处,恩恩爱爱。这样肉体上虽然苦点,但精神上感觉很幸福。

当被问及爱情保鲜的秘籍,唐龙英认为这在于夫妻间互相体贴。廖华深知她在外奔波的不易,家务尽可能自己做,在家摸索着做饭、洗衣、扫地,减轻她的负担。绊倒了,忍痛爬起来;被热水烫伤了,用嘴吹一吹。生活虽然困苦,但夫妻俩相互支撑,小日子充满爱意。

唐龙英说,经济困难时,一家人省吃俭用,买的菜很有限,廖华舍不得多吃,总是给她留着。年幼的儿子对别人说“爸爸最爱喝米粉汤”,粉先让给唐龙英吃。

廖华脸上曾取出 38 块弹片,至今还有弹片留在身上,旧伤经常隐隐作痛,有时深夜痛到睡不着,但他怕影响唐龙英休息,硬是咬牙攥着床单不作声。唐龙英心疼地说:“我又不能替你痛,你就喊两声吧,喊出来好受点!”

2003 年,唐龙英生病住院,留下廖华和儿子在家,一年下来,廖华骨瘦如柴。廖华担心妻子的病情,而唐龙英也担心万一治不好,廖华和幼小的儿子该怎么办。

执子之手,与子偕老。如今苦尽甘来,唐龙英已经退休,两个儿子都成家立业,儿子、媳妇都很孝顺,一家人其乐融融,生活越过越好。

记者手记

新华社“中国网事”记者　唐荣桂

没见到廖华、唐龙英夫妻前,我的脑中一直在想象他们应该是一对怎样的夫妻:没有双眼,廖华一定很阴郁吧?生活这么不易,夫妻俩对爱情应该有轰轰烈烈的看法吧?但是第一次见面就完全打消了先前的猜想。

唐龙英热情地招呼我们坐下,给我们倒茶,递上削好的苹果。刚午睡完的廖华走出房间，满脸堆笑，坐到爱人的旁边。

1974年，廖华和唐龙英在全州县石塘镇高中上学，外向大方的唐龙英先对廖华产生好感。谈到高中青涩的爱恋，廖华红着脸，羞涩得像个小孩。

这两个年轻人鸿雁往来，互诉衷肠，好感不断加深，虽没明说，但彼此已把对方当作知心恋人。廖华响应国家号召入伍，并奔赴战场，屡建奇功，前途一片光明。然而命运向他无情地开了个玩笑，他触雷血染疆土，双眼被摘除，左腿被高位截肢，身上遍布弹片……

正当人生无望时，恋人唐龙英毅然出现在他身边。当我问唐龙英是否知道选择他的后果，唐龙英说："其实出发去昆明时我的内心已经做好决定。""廖华为国家付出这么多，我付出点爱算什么？"平淡的语言中透露着真爱。

婚后，廖华转业回到地方，夫妻二人开启了艰难的生活。没有住房，夫妻二人就寄居在敬老院中；没有工作，唐龙英就四处打零工。唐龙英为这个小家撑起了一片爱的天空。唐龙英对自己说："既然选择了这条路，就要把这个家搞好。"

风风雨雨中走来，廖华深知爱人的不易，能自己做的就自己做，尽可能减轻爱人的负担。二人相互理解体贴，两个儿子成家立业，一家人的日子越过越好。

让我感慨的是，即使生活如此不易，但夫妻俩很少相互抱怨，尽可能看到生活的积极方面。

最美好的爱情，不是轰轰烈烈，而应该是相濡以沫，细水长流。廖华、唐龙英用38年做了最好的诠释。祝福他们！

微语录

"爱情保鲜的秘籍在于夫妻间互相体贴，廖华深知我在外奔波的不易，家务尽可能自己做，在家摸索着做饭、洗衣、扫地，减轻我的负担。绊倒了，忍痛爬起来；被热水烫伤了，用嘴吹一吹。生活虽然困苦，但我们相互支撑，小日子充满爱意。"——唐龙英

微评论

微信网友说：令人感动，人间自有真情在，祝福两位英雄，两位人生的英雄。

微信网友说：最美好的爱情不过如此，并不是什么轰轰烈烈的爱情，而是一路陪伴，不离不弃！

“扎根深山小学的大学教授”万维明

万维明是大连交通大学教授，数学专业，硕士生导师，执教30余年。2015年3月，他只身来到贵州省贫困山区铜仁市和平中心小学义务支教。因不适应当地气候、饮食，这位1米8的东北大汉在半个学期内瘦了17斤。他却乐在其中，近3年来，他不要学校任何报酬，所需费用全部自理。他几乎每个周末都步行十几里路去家访，在看望孩子的同时，帮助他们补习功课，成为慈祥的“留守儿童爷爷”，为山区贫困儿童带来走出大山、重塑生命的希望。

万维明：一声“老师好”是我支教的最大动力！

新华社“中国网事”记者　杨洪涛

从“浪漫之都”海滨城市大连到脱贫攻坚“主战场”贵州省铜仁市，从高等学府教授到偏远山区小学教师，从“硕士研究生导师”到“留守儿童爷爷”大连交通大学退休教师万维明扎根贵州山区义务支教的故事感动了无数网民，他给当地贫困山区的孩子带来更多走出大山、重塑命运的希望。

大学教授离家5000里　扎根山区小学义务支教

“有180个人，每8个人站一排，要站几排？还剩几个人？”“这道题会不会做？”“怎么做？谁来做？”在贵州省铜仁市碧江区和平乡和平中心小学四年级(2)班的三尺讲台上，万维明讲得津津有味，讲台下，30名小学生瞪大了眼睛，紧盯着黑板，积极参与互动。

“姓名：万维明；职称：教授；学术职衔：硕士生导师；所学专业：数学；研究方向：微分方程定性理论……”这是大连交通大学的网站上对于万维明老师的介绍。

如果不是亲眼所见，很难想象眼前这名小学教师，竟是一位在大学执教30余年的硕士研究生导师。从海滨城市到西南深山，从大学讲堂到小学讲台，数十年的教学育人生涯，让万维明意识到教育对改变人命运的重要性。

“10多年前，我就有支教的想法。”万维明说，但由于学校里有教学任务，一直未能如愿。直到退休前的2015年3月，他向学校提出退休支教的想法，经学校相关部门引荐，他只身来到了和平中心小学支教。

铜仁市位于贵州东北部的武陵山区腹地，是全国集中连片贫困地区之一，是贵州脱贫攻坚的主战场。和平乡是铜仁市的高温区，夏季炎热时间长。由于不适应贵州山区的气候、饮食，在一开始支教的半个学期内，这位身高1米8的东北大汉一下瘦了17斤。

“不过这里山清水秀，空气好，现在我已经完全适应了。”万维明说。2016年2月退休后，他正式成为和平中心小学的一名教师。

支教两年多来，万维明不要学校的任何报酬，除住在学校的教职工宿舍外，生活、交通等费用全部自理。

万维明义务支教的故事经媒体报道后，引发网民热烈讨论。一位网民留言说：“这才是教师中的楷模！给大连交大的教师点赞！”

“授业”更“育人” 情暖山乡留守儿童

大学教授教小学生，很多人对此不解，甚至称“大材小用”“高射炮打蚊子”。关于这个被无数人追问的问题，万维明有着自己的见解。

“教书，不是为了教课本上加减乘除那点东西。不仅要教他们知识，更要教他们思维、思考方式。”万维明认为，老师的眼界和层次对处于启蒙阶段的小学生影响很大。大学教授教小学生，可以更好地培养孩子们从小养成思考、联想、创新的好习惯。

长期从事高等教育的万维明一边教学，一边研究小学生成长规律，将启发式教学融入课堂。让他欣喜的是，他的班上有4名同学表现出较高的数学天赋，经过20多天的辅导训练，在“第六届海峡两岸数学邀请赛铜仁赛区选拔赛”中，1人获得一等奖，1人获得优胜奖，这在和平中心小学历史上还是第一次。

和平中心小学是一所寄宿制小学，学生多为留守儿童。万维明所带班级的30个孩子中，有7个没有妈妈，孩子们的学习成绩参差不齐，最差的连加减法都不会。

为此，万维明利用周末的时间步行十几里路去家访，在看望留守儿童的同时，帮助他们补习功课。在孩子们的眼中，他早已成为慈祥的“爷爷”。

“当课间孩子们争相拉着你的手时，你就知道他们多么需要爱。”万维明说，他也曾半开玩笑说自己是“留守教师”，如果身体条件允许，送完这届孩子毕业后，准备从三年级起，再带一届。

万维明扎根小学、义务支教的做法，也感动着当地的师生。一位网友留言说：万老师在学校里不仅是教师，还是理发师、医生、孩子爷爷……

“万维明在老师们心中，是可敬的师长，是我们全校老师的榜样。”和平中心小学校长胡建新说。

阻断贫困代际传递　呼唤更多“万教授们”

一声“老师好”是万维明支教的最大动力，也是最幸福的时刻。

“万老师从那么远的地方来，帮助我们走出大山，我一定会努力，努力，再努力！”和平中心小学四年级(2)班的莫洪燕说。

“教育扶贫，不能简单地给钱、给物。”万维明深有体会地说，其实山区的孩子智商并不差，差距在早期的启蒙教育，农村孩子有很大的潜力。

万维明坦言，在支教前，他曾反复做了思想准备，认为支教地方一定很艰苦，“可能会不通路、不通电，甚至吃不上热饭”。

“这种老观念必须改变了。我这里生活很方便，过得很快乐。”万维明说，现在农村最漂亮的建筑就是学校，交通、通讯等条件也在加快改善，来之前的担忧都是多余的，农村学校现在最需要的就是优质的师资力量。

“纵然两额鬓霜，也要把曾经的梦想燃烧飞扬！2500公里的长路挡不住您坚定的脚步……您把孩子们的忧悒和悲伤春风化雨般地消融在您的幽默笑语里，您把外面多姿多彩的地方滔滔不绝地带到了丰富的课堂。”和平中心小学副校长钱定军的这段文字是对万维明支教的最好诠释。

“万教授是离退休老同志的优秀代表，他的精神值得学习。但愿更多的老同志能加入为社会服务的队伍中。”一名网友留言表示。

“其实，我的很多朋友也希望来西部支教，但不知道怎么联系。”万维明呼吁，有关部门能搭建支教信息沟通平台，让更多的离退休教师改变观念，在身体条件允许的情况下，加入贫困山区的教育事业中，让更多的孩子在获取知识的同时，拥有一个快乐的童年。

记者手记

新华社"中国网事"记者 杨洪涛

"留守儿童爷爷"的"铁汉柔情"

"大学教授"与"小学老师","硕士研究生导师"与"留守儿童爷爷","东北大汉"与"老鹰捉小鸡的队长","海滨城市大连"与"西南贫困深山"……

采访完万维明老师后很长一段时间里,这一组组反差巨大、充满冲击力的形象一直萦绕在脑海中。在贫困山区采访多年,支教、扶贫的先进人物采访过不少,但万老师却给我留下了深刻的印象。

1.8米的东北大汉只身一人、跨越5000里路义务支教,不提任何条件,不要任何报酬。在采访多名学校领导、教师、学生、家长时,他们表示,万老师在这1000多个日夜里,展现出了"铁汉"与"柔情"。

铜仁市地处贵州省东北部的武陵山区腹地,是全国集中连片特困地区之一。万老师支教的和平乡中心小学属于高温区,夏季炎热时间长。这位长期在北方海边生活的汉子,相当不适应这里的气候、饮食,在一开始的半个学期内,他一下子瘦了17斤。

然而,万老师却乐在其中,"我觉得没啥,就当减肥了""这里山清水秀,民风淳朴",留给他的,都是美好的记忆。

有人认为他是"作秀",有人认为"大学老师教小学生"是"资源浪费"。对此,他认为,一定区域的人的智商都是差不多的,是老师的眼界宽窄、层次高低影响了山区孩子的启蒙教育。在大学里,他教微积分、概率统计;在小学里,他教最基本的加减乘除。无论哪个讲台,他都不厌其烦。

在课余时间,这位来自东北的"硬汉",处处透露出"柔情"一面。

在孩子们眼中,他早已成为"留守儿童爷爷"。几乎每个周末,他都步行十几里路去家访,补习功课的同时,跟他们谈心、谈理想、谈未来。稿件播发后,其中一张家访的照片引发网民强烈共鸣。这张照片上,万老师坐着认真看其中一个孩子写作业,身后两个孩子悄悄给他扎小辫子。班上每一名学生的性格、家庭情况、学习情况,他都了如指掌,更是为他们精心精准制订"发展规划"。

在同事们眼中,他更是一位和蔼的老大哥。学校里的年轻教师表示,听他的课学到了好多教学方法,也被他的人格魅力时刻激励着。

"一声老师好,是我支教的最大动力。""当孩子们拉着你的手时,你就知道他们多么需要爱。""以前的老观念得改变了,现在贫困地区硬件杠杠的,就是缺少好老师",采访中,从万老师爽朗的声音中,深刻感受到他对支教事业的热爱。

万老师的事迹感动着网民，在当地引发强烈反响。受此影响，贵州当地一位退休教师拿着新华社播发的稿件，径直到和平中心小学要求支教，同样不要报酬、不提条件。

教育才能拔除穷根，希望越来越多的“万教授们”到贫困山区支教。

微语录

“教学不仅仅是教学生书本知识，更要教他们思维、思考方式。”“当孩子们争相拉着你的手时，你就知道他们多么需要爱。”“如果身体条件允许，我将一直支教下去。”

——“扎根深山小学的大学教授”万维明

微评论

新华社客户端网友说：万老师，我们的师长，向您致以崇高的敬意。您是我们民族的脊梁、国家的希望，十年树木，百年树人！

匿名网友说：最美不过夕阳红，退休后还能用自己的知识做有意义的事是人生之幸！

“希望老人”周火生

84岁江苏省昆山市退休教师周火生，心系革命老区贫困学子22年，自己却过着苦行僧般的生活。为了筹钱助学，22年间，周火生起早贪黑跑遍昆山100多所中小学、幼儿园和企业，义卖图书20余万册。从昆山到金寨行程600公里，周火生已99次走进大别山。坐最便宜的车，住最便宜的宾馆，吃自带馒头，为去一个偏远的教学点，翻山越岭走上大半天，周火生就是这样一步一个脚印地为上千名贫困学子点燃了希望之火。一个人带动一座城。多年来，在周火生的感召下，昆山市一批爱心人士为金寨县捐款超千万元，协建5所学校，资助学生1000多名。

九十九次的希望之旅

新华社“中国网事”记者　李勇华　刘美子　刘巍巍

大巴车顶风冒雨向大别山腹地的安徽省金寨县山区蜿蜒前行，离全国第一所希望小学越来越近，一直依窗翘望的84岁老人周火生，显得更加急切而兴奋。

这是他第99次从千里之外的江苏省昆山市，来到这片红色的土地。时光荏苒，泥泞的土路已被柏油公路所替代，破落的深山小镇渐趋繁华。从前健步如飞的他，如今已步履蹒跚。

他是昆山市千灯镇一名退休教师，22年心系革命老区贫困学子，自己却过着苦行僧般的生活，有人叫他“希望骆驼”。

“我要把希望工程作为余生的生命工程”

清晨6点，古朴的千灯镇天方泛白，周火生已经忙碌起来。他住在一处老式居民楼，几十平方米的房子，墙壁斑驳，几乎找不到一件像样的家具，到处都是儿童书籍。

周火生从房里拖出几块破旧的展板，展板上印着“昆山—金寨手拉手，购买图书献爱心”等标语。

“今天是9月1日，是学生报到第一天，要早点准备，可以多卖点书。”周火生一边说，一边将展板搬到三轮车上，然后去库房搬运图书。

去年，周火生患上脑梗后，精神大不如前，走路也有些费劲。但他今天显得十分兴奋，因为24小时后，他将带着500本图书和3万元建造图书阅览室的爱心款，再次前往他最牵挂的地方——金寨县希望小学。

“1992年，我第一次从电视上知道了这个全国第一所希望小学，当时我就想，退休后一定来这里看看。”周火生回忆说。1995年，退休后的他只来身到这里，眼前的景象深深刺痛了他的心。

“两层小土楼，一间小小的教室里挤着70多个学生，课桌就是一块板子，板凳高高低低，都是学生自己从家带来的，窗户是纸糊的，没有电，学校连厕所都没有，一部分孩子的学费都是老师帮垫付的……”再说起当时的情景，周火生仍然难以平静。

“我难过，我要把希望工程作为余生的生命工程！”周火生在日记里写道。

自此，在昆山市街头巷尾、校园、企业，人们总是能看到一个消瘦的老人骑着一辆三轮车，上面挂着“义卖图书捐助希望工程”的小旗子。为了筹钱，22年间，周火生起早贪黑跑遍昆山100多所中小学、幼儿园和企业，义卖图书20余万册。他骑坏过4辆三轮车，体重只有八十几斤的他，常常扛着比自己还重的书去挤公交车。

1995年春天，周火生带着自己攒下的工资和义卖筹集的钱款，坐火车、转汽车、走山路，行程600多公里，第一次把这笔助学款送给了山里的孩子。第十次、第五十次、第九十八次……几多寒暑，周火生如苦行僧般来往于昆山至金寨的“希望”之路上。

为了省钱，周火生总是坐最便宜的车，住最便宜的宾馆，吃自带馒头，常常为去一个偏远的教学点，翻山越岭走上大半天。

“他硬是一步一个脚印点燃了山区教育的希望之光。”金寨县关工委副主任曾庆浩说。

点燃希望之火的“苦行僧”

周火生老人刚走下大巴车，闻讯赶来的师生们就簇拥了过来。人群中，一个高个子、大眼睛的短发女孩手里拿着两封信，显得有些怯生生。她叫廖兰，家住南溪镇吴湾村，受捐助已经有9年。

“第一次见周爷爷也是一个下雨天，他从车上下来，特别慈祥。”廖兰说。

2005年，廖兰失去了父亲，母亲也失踪了。廖兰跟着大伯大妈一起生活。但没过多久,大伯和奶奶也相继过世,接连的变故把这个家庭击垮了。

“再苦再难,我都没有想过让孩子放弃读书。”廖兰的大妈低头抹着眼泪。这个没有多少文化却善良坚强的女人清楚地知道,“读书是让孩子摆脱贫困的唯一出路。”

周火生听说了廖兰家的情况后,立刻联系了昆山市当地的两位志愿者,对廖家三兄妹进行帮扶。去年,廖兰和姐姐分别考上了当地的职高和重点高中。

“周爷爷每次来,我都过来看他。周爷爷说,要经常给帮助我们的叔叔阿姨写信,汇报自己的成绩,要心怀感恩。”廖兰紧紧握着手中的信。

“走进了大山,才能真正体会到那里的娃娃有多苦,有多渴望读书。”对于周火生而言,22年来,那些所有走过的山路、接过的茶水、回应过的注视,他都无法忘怀。

“跪下!不去上学就不许起来!”易三梅清楚地记得,当她提出放弃学业时,父亲嘶哑的怒吼。那一年,她才刚上初二。

聋哑的母亲、年迈的父亲、两个年幼的妹妹。“这样一个家庭,别说上学,就连基本的生活都难以为继。”易三梅说,就在她绝望之时,周爷爷伸出了援助之手。

高考过后,母亲病重,生命垂危。易三梅心里明白,家里根本拿不出一年几千块的学费和生活费,于是她偷偷地藏起盼望已久的大学录取通知书,又一次将眼泪咽进肚子。

周火生急了,坚定地告诉她:“学一定要上,有什么困难大家帮你!今后不管有多难,都不能放弃读书!”易三梅最终走进了校园。

“是周爷爷给了我生活的希望。”易三梅噙着泪水说。毕业后,她成了金寨县市场监督管理局的一名公务员。她的命运从此改变。

一个人感动两座城

在周火生的感召下,吴卫林和爱人祁芳已经第25次来到金寨。下车后,夫妻俩就忙前忙后地搬运捐给希望小学的图书,和校长协商建造图书室事宜。

吴卫林夫妻与周火生相识于2004年夏天。他们第一次跟着周老师来到金寨,亲眼看到了大山里贫困落后的教育面貌,也被周老师的助学故事深深感染。2010年,他们和一批爱心人士发起成立了“昆山市周火生希望工程志愿者协会”,吴卫林担任协会副会长。

十几年来,吴卫林举家投身公益事业,先后资助了十几名学生,总计捐款达60余万元。

从一个人到一座城。在昆山,人们用各种方式表达对这位老人的敬意。看到周火生的卖书车来了,交警会走上前去敬个礼;每次义卖图书,都有十几名志愿者自发前来帮忙;很多台商、华侨也主动加入志愿者协会,接棒周火生的"爱心事业"。

"他给孩子捐钱都是500、1000块的,而他自己只穿一二十元一件的衣服,省吃俭用就是想多帮助一个孩子。"志愿者欧小华说。

多年来,周火生和志愿者们一共为金寨捐款1000多万元,协建5所学校,为10所中小学改善了办学条件,资助学生1000多名。

熊熊的"希望之火"不断燎原。随着志愿者队伍不断扩大,他们的足迹也越来越远。"原本只是周老师一个人行动,现在变成了一个爱心的大家庭在行动,原先主要支持大别山区,现在拓展到西部贫困地区。"李梅说。

99次大别山之行后,周火生有了新的目标,"100次我是肯定要来的,只要我还能动,我希望还有101次、102次……"

记者手记

新华社"中国网事"记者　刘美子

"心,人皆有之。只要人还活着,心在跳动,心自然就想着什么,甚至想得很遥远、很美丽……"周火生在日记中这样写道。这个有着60年党龄的"固执的老头"告诉记者,他从小接受的是老一代革命思想教育,哪里苦就往哪里去,扎根农村、改变农村教育落后面貌是他一辈子的追求。

"扎根农村"四个字在周火生身上绝不是一句空话。从教40年,周火生是农村复式教学的专家,由于教学水平高,工作突出,教育局曾4次把他从农村小学上调到市里,周火生却在众人的劝阻和不解中,4次请辞回到最基层的农村小学任教。退休后,他又在大别山革命老区找到了继续为之奋斗的目标。

周火生很抠门,每月领着1万多块钱的工资,却还住在80年代的老房子里,屋里甚至没有几件简单的家具。周火生很大方,1993年,他看到金寨县第一所希望小学的消息后,把刚刚到手的3000元"优秀教育工作者"奖金一次性寄了过去。20多年,这样的例子数不胜数。

因为父亲的固执,儿子周志刚至今心结未了,不愿面对镜头。去年6月,老伴林菊英被查出患脑瘤时日不多,周火生也因脑梗入院。即便如此,一心记挂着资助对象的周火生,还经常不顾家人反对出去义卖。

记者问他,22年的助学路上,谁给了最大的支持。周火生沉默良久,似乎不愿正面回答。"我以前经常带着老伴去金寨,我跟她说,你也是老党员,也是教师,要有觉悟,不能拖我后腿的……她临走时候不放心我,叫家里的阿姨好好照顾我……"说着,老人失声痛哭,像个孩子。是的,在这个世界上,只要有老伴支持,周火生便可以义无反顾。

金寨、孩子，现在已经成了周火生生命的唯一寄托。年逾八旬的他身体每况愈下，记忆力减退得厉害，常常忘记一些人和事。但是一提到金寨，一见到金寨的孩子，老人便浑身是劲，蹒跚的步履似乎也轻盈起来。

多年来，对于每一笔捐款，周火生会都慎重地实地走访，核实受捐助对象的信息。这两年，周火生逐渐改变捐助模式，开始筹捐一些阅览室、活动室、体育器材等。而最让他欣慰的是，很多他曾经捐助过的孩子，也开始接棒他的“爱心事业”。

用心承诺，为信坚守，润物无声，花开有声，周火生书写了一个平凡教育工作者的不平凡人生。他用执着践行着“扎根农村教育事业”的铮铮誓言，用爱心之火唤醒人们心中的共鸣，是一个时代的道德风景。

微语录

“走进大山，才能真正体会那里的孩子有多渴望读书。我要把希望工程作为余生的生命工程！”——“希望老人”周火生

微评论

新浪微博网友说：周火生以一种“心中有火，温暖自己也温暖他人”的方式，践行着自己的诺言，也感动了无数人。

新华社客户端网友说：我们身边的一位教育界老者，用行动唤醒了许多人内心的爱心之火，星火燎原，这是我们时代的道德风景。

"面对危难就冲锋的消防兵"杨金辉

2017年7月23日晚，正在福建平潭海边休假的莆田公安消防支队战勤保障大队副营级助理员杨金辉，不顾个人安危勇救轻生女子。在从军14年的杨金辉眼里，不管自己身处何种险境，群众的危难就是"冲锋号"。

杨金辉曾奋战在烈焰滚滚、生死攸关的火场，也曾退居幕后，事无巨细、心如发丝地当好一名勤务兵。在每一个岗位上，他都从不抱怨、从不懈怠，真正做到了"哪里需要哪里搬"，用青春和汗水践行着"在队一分钟，奉献六十秒"的铮铮誓言。

面对危难就冲锋，消防兵勇救轻生女子获网友点赞

新华社"中国网事"记者 王成

近日，一则消防警官在海边救下轻生人员的视频在网上热传。2017年7月23日晚，正在福建平潭海边休假的莆田公安消防支队战勤保障大队副营级助理员杨金辉，警觉地发现了一名有轻生念头的中年女性，他不顾个人安危挺身而出，避免了一场悲剧的发生。

从军14年，杨金辉曾奋战在烈焰滚滚、生死攸关的火场一线，也曾退居幕后，事无巨细、心如发丝地当好一名勤务兵。如今，他奔走在执法监督、消防宣传的防火前沿。在他眼中，不论身处何种险境，群众的危难就是"冲锋号"。尽管生活中留下了一些遗憾，但投身军营是一生无悔的选择。

危难时挺身而出，勇救轻生女子

23日晚，难得休假的杨金辉陪家人在平潭龙凤头海滨浴场游玩，咸咸的海风、澎湃的海浪、孩子银铃般的欢笑声，交织在茫茫的夜色里，让一直神经紧绷的杨金辉感受到久违的放松。

不经意间，身后隐约传来了哭喊、争吵的声音，敏感的杨金辉转头一看，不远处一名身披长发的女性一边打着电话，一边慌忙地走进汹涌的海水。“哭声越来越大，打电话的声音越来越刺耳，能听出来很反常。”杨金辉没有犹豫，立即将怀里的儿子交给妻子，朝大海的方向跑去。

“她电话里讲方言我听不懂，想跟她聊天她却根本不理我。之后我比较清楚地听到了一个‘死’字，就意识到她可能想自杀。”杨金辉回忆，“当时海水已经及腰深，再往海里走可能就没办法救了，我二话不说就把她往回拉。”

杨金辉说，当时轻生女子还在哭闹着打电话，情绪异常激动，用尽力气反抗，继续往海里挣扎。这时候，旁边的一个游客也赶过来帮助杨金辉，两个人合力把女子从海水里拽到了沙滩上。

女子上岸后情绪并没有平静，又几次试图往海里冲，周边群众见势围拢在一起看护她。杨金辉马上拨打110报警，很快，警察和该女子的家属到达了现场，家人几番劝说后，该女子情绪仍然不稳定，最终被民警强行带离现场。

杨金辉的妻子林丽丽目睹了全过程，回忆起来还有些后怕：“其实他并不会游泳，当时还赶上涨潮，海水一浪高过一浪，那名女性又很激动，真替他捏了一把汗，我的腿都软了。”

“这么多年看多了生离死别，认识到了生命的脆弱，更感受到生命的宝贵。”杨金辉感慨地说，“群众的危险就是‘冲锋号’，这种时候不冲上去，就对不起这身军装。”

在队一分钟，就要奉献六十秒

远离莆田市区的北岸消防大队，因营区面积较大，也是支队战勤保障大队驻地，杨金辉平时就在这里工作。他除了完成日常设备检修、战勤保障任务之外，还要负责北岸辖区内的消防监督、防火宣传工作。

28日上午，记者来到北岸消防大队，与杨金辉一起顶着烈日和高温，到3家单位进行消防检查。“这台灭火器铜体已经被腐蚀了。”“有员工对消防设备操作不熟悉。”“消防安全制度还需要完善。”……杨金辉自己动手抽查设备，不时跟负责人讲解防火要求，不一会儿脸上就滚起了汗珠，后背也湿透了一大片，这在杨金辉的工作中已成常态。

“防火工作看上去不起眼，却是防控火灾的最前沿，我觉得肩上担子很重。”杨金辉说。14年的消防生涯，杨金辉辗转三明、福州、莆田，在每一个岗位都兢兢业业，从不抱怨，从不懈怠，践行着“在队一分钟，奉献六十秒”的诺言。

2012年8月，一辆载有13吨汽油的油罐车在一处隧道发生追尾事故，造成大量汽油泄漏，随时有爆炸危险。时任尤溪沈城消防中队副中队长的杨金辉临危受命，带领一位战士进入隧道，经过4个小时的艰苦奋战，成功堵住了泄漏处。

2013年4月，杨金辉路遇一位不慎跌倒的老人，他扶起老人后一直将老人搀扶送回家，有路人将这一幕拍下后上传到微博，点击量突破18万次，感动了众多网友。2012年2月，杨金辉在行军途中，利用急救知识成功救治了一名羊痫风发作的群众，他不留姓名悄悄离开……

10年的一线战斗经历后，杨金辉在2013年9月调任福建省消防总队培训基地警勤中队中队长，退居幕后成了基地“大管家”，他以崭新的姿态投入新岗位。“最忙的时候，新兵团、总队大比武、士兵职业技能鉴定等几支队伍同时在基地，工作起来真的不比火场一线轻松。”杨金辉说。

当时，中队战士大多是新兵，杨金辉就拾起笤帚扫地，撸起袖子搬运物资。老战友看见了调侃他说：“10年的老兵了，还亲力亲为干这些杂事。”他却总是淡淡一笑而过。战友付维告诉记者，杨金辉的嘴边常挂着一句话：“我是老兵，我不带头谁带头？我不冲锋谁冲锋？”

舍小家为大家，投身军营是无悔选择

杨金辉带着记者在北岸大队营区内参观时，聊起消防工作，他的眼神里充满了光亮，似乎有介绍不完的情况、使不完的劲儿。但谈及自己的家庭，这位身经百战的老兵却显得平静了很多，瘦削的脸颊上写满了愧疚。

杨金辉与妻子林丽丽2013年结婚，儿子在2014年降临又为新婚生活锦上添花。然而，这个原本幸福美满的家庭，却遭遇了接踵而至的变故：2015年，儿子被查出患上了自闭症；2016年秋天，已经怀孕8个月的妻子不幸流产；近2年，母亲又连续做了两次大手术……

在家人最需要的时候，杨金辉却因工作原因难以常伴左右。“结婚4年多来，陪在老婆身边的时间很少。她开玩笑跟我说过，嫁给我就等于嫁给我老妈。”杨金辉苦笑着说，妻子在仙游县一个偏远中学当老师，父母也常年生活在仙游农村，通常1年都见不上几面。

“这些事就像晴天霹雳砸过来，我自己偷偷掉过几次眼泪，但部队锻造了我坚强的意志，我必须承担起这个责任。”杨金辉几乎跑遍了省内的大医院，四处寻医问友，终于在福州找到了一家特殊医疗机构，由他母亲带着儿子在福州治疗。令人欣慰的是，2年来，儿子的病情有了很大好转。

如今，年幼的儿子在福州，妻子在仙游农村，杨金辉则身在莆田，一家三口虽然分隔三地，但只要有机会，杨金辉一定会让一家人团聚。“这既是为了让儿子更快地康复，我也想弥补对家庭的亏欠。”杨金辉动情地说。

饱尝生活辛酸的林丽丽，并没有责怪杨金辉：“虽然会有无助的时候，但老公心里是很顾家的，他在部队做了很多有意义的事，他的身上有一种特殊的魅力。身为军嫂，我很光荣。”

“在我身边，有战友在岗位上献出了生命，舍小家为大家的战士就更多了。部队教会了我很多，我从不后悔自己投身军营的选择，也会带着对家庭、对部队、对群众的责任，继续战斗下去。”杨金辉说。

记者手记

新华社“中国网事”记者　王成

在北岸消防大队初见杨金辉，他黝黑却显清秀的脸上滚着汗珠，绿色军装的后背已被浸透。彼时，金砖国家领导人厦门会晤召开在即，顶着毒辣的烈日和呼啸的海风，杨金辉几乎每天都乘船往返于湄洲岛，奔走在执法监督、消防宣传的防火前沿。

顾不上休息，杨金辉把记者引向驻地大院，带记者参观消防设施。他轻轻拍着排列整齐的漆红色的消防车，走近彩色的消防水袋稍做整理，他闪亮的眼神里流露出一丝温暖的光，这些设备日复一日与他朝夕相处，像他的朋友，像他的家人。

杨金辉就是这样热爱着他所投身的消防事业。几年来，杨金辉已经习惯了“幕后英雄”的角色，在担任防火参谋之前，他还曾在福建省消防总队培训基地任警勤中队中队长。作为“大管家”，小到一根葱，大到训练装备，杨金辉都要操心。

杨金辉说，虽然自己的工作不显山、不露水，没有惊心动魄的场面，没有轰轰烈烈的救援，但作为一名老兵，就要把自己当作一块砖，哪里有需要就往哪里搬。

回忆起奋战在火场一线的经历，一幕幕生死瞬间在杨金辉脑海中涌现。他曾主动请缨冲入滚滚热浪，在浓烟中救出两名被困人员；在氯气泄漏事故中，他不畏中毒的危险，以过硬本领成功堵漏；面对随时可能塌方的泥沙，他用双手扒开泥土，挽救被掩埋人员的生命……

正如杨金辉所言，每一次出警都是一次营救，每一处伤痕都是一枚勋章。

连日来，杨金辉在海边勇敢救人的视频，在网络上数以十万、百万次地被循环播放，他却并不放在心上。杨金辉掸一掸身上的灰尘，抹去脑门上的汗水，用很平稳的语气说：“遇到群众有危难时，不冲上去就对不起军人的光荣职业，穿上军装是一个合格的兵，脱下军装要做一个大写的人。”

和平年代的消防战士，养兵千日，用兵千日，是最危险的职业之一。他们舍小家顾大家，他们默默坚守岗位职责，在繁华的城市中心，在冷清的边远乡村，在茂密的林山竹野，在忙碌的工矿企业，千千万万的“杨金辉”用青春、用生命捍卫着一方平安，践行着军旅诺言，抒写着军爱民、民拥军的军民鱼水情新篇章。

临别时，杨金辉带着几位年轻的战友一同为记者送行，夏日的夕阳余晖打在他们纯真的笑脸上，反射出锃亮的光。略显害羞的杨金辉还一再嘱咐记者：“我只是一个普通的消防兵，我只是做了我应该做的，请你多写一写我这些90后的战友。”

正像杨金辉说的那样，记者用笔头撰写的、用文字刻画出的，其实不只是杨金辉一个单独的个体，而是一幅精彩的当代消防兵群像。

微语录

“遇到群众有危难时，不冲上去就对不起军人的光荣职业，穿上军装是一个合格的兵，脱下军装要做一个大写的人。”——“面对危难就冲锋的消防兵”杨金辉

微评论

新浪微博网友说：像杨金辉这样的消防战士，是纯粹的群众安全员，是感人的时代正能量，是和平年代最可爱的人。

微信网友说：在杨金辉身上，看到了人性光辉，看到了职业忠诚，看到了使命担当。

“乡村教师”张晓峰

35年乡村教学中累计进行3000多次家访，四年如一日接送一名学生上下学超800公里,30年前每个月5元工资几乎都给了学生看病。35年的坚持,一生的追求。课堂上这位老师的一举一动，都让学生们感受到亲切和爱。她是大连市普兰店区城子坦街道中心小学的教师，是学生眼中的好妈妈,女儿眼中的“坏老师”,她是“最美乡村教师”——张晓峰。

乡村教师张晓峰:学生眼中的好妈妈,女儿眼中的“坏”老师

新华社“中国网事”记者　白涌泉

一个眼神、一句话、一个小动作……课堂上这位老师的一举一动,都让学生们感受到亲切和爱。她叫张晓峰,是大连市普兰店区城子坦街道中心小学的一名教师。在学生眼中,她是最温暖的好妈妈,在女儿心里,她曾是“最坏”的那个老师。

1982年，年仅18岁的张晓峰成为一名乡村教师，在这个工作岗位上一待就是35年。那年,刚刚参加工作的她就碰上了一个难题。

班里有一位学生父母离异,自己又得了慢性病,看不起病,上不起学。那时,作为一个乡村民办教师,张晓峰每个月的工资只有5块钱。就是靠这5块钱,张晓峰帮这个学生打针、买药……孩子生病,上学路上不安全,她就骑自行车每天接送学生,几年如一日,来回路程超过800公里。

乡村教育重在学生的心理引导。张晓峰隔三岔五就到学生家里,和家长、孩子谈心。在张晓峰的帮助下,这个学生度过了最艰难的4年。

16年前,张晓峰调到普兰店区城子坦街道中心小学的教研岗位。来中心小学上课的第一天,她走进教室时,发现自己曾经的学生站满了整个教室。原来,乡村小学的孩子和家长舍不得让她走,就追到中心小学。学生哭,家长“闹”,“那天是我这一生中哭得

最伤心的一次。"张晓峰说,16 年前的事仍历历在目。

累计教过 1500 多名学生，进行 3000 多次家访，这是张晓峰扎根一线乡村教学的"功勋章"。

在一次教育系统的演讲比赛中,大连普兰店第三十四中学的教师钟学颖说道:"小时候,我的妈妈是我的班主任,但冬天最冷的时候,妈妈却总是把我放在教室角落里离火炉最远的位置。我每天拿着笔写字时,都冻得瑟瑟发抖。她给每一个小朋友穿好衣服,目送他们走出教室,我总是最后一个被关注。那时我恨她,她爱所有人,唯独不爱我。她给所有人辅导功课,但唯独不辅导我。"

当时,坐在台下的张晓峰,已泣不成声。演讲的教师正是她的女儿。但演讲最后,钟学颖说,当她自己走上三尺讲台后,才真正理解了当初"最坏"的老师、自己的妈妈多不容易,她要继续沿着妈妈的足迹,一直走下去。

"张老师当班主任时,对班级的管理、对学生的教学和生活上的关心,可以说倾尽了所有,她对每一个学生都献出了爱心。"张晓峰的同事焦修刚说。

"孩子真的很敏感,有时候只是一个眼神或一个小动作,他们都能感觉到你是否喜欢他们,这反过来又深刻地影响他们的内心与成长。"张晓峰说,对孩子,必须真心倾注所有的爱。

近年来,我国乡村教育已取得了长足进步。但谈到乡村教育,张晓峰仍皱着眉头说:"我最大的遗憾是曾有两茬学生没有完整教完……应当看到,乡村教育与城市教育的差距仍很大。"

城子坦街道中心小学校长邓锡爱说:"留守儿童多,教师老龄化严重,师资薄弱,家长对孩子教育的重视程度不够,是乡村教育的几个困境。"

"我再有 3 年就退休了,接下来的 3 年里,我还会勇往直前。我最希望的,就是未来能够看到我们的乡村教学理念得到革新,让孩子们接受更好的教育。"张晓峰说。

记者手记

新华社"中国网事"记者　白涌泉

35年一线乡村教学中累计进行 3000 多次家访,4 年接送一名学生上下学来来回回超 800 公里,30 年前每个月 5 元工资几乎都给了学生看病……一串串数字勾勒出这位乡村教师的模样。喜欢微笑,说话声音很轻,又总是习惯性地去鼓励别人,是她给记者留下最深印象的地方。

张晓峰说,曾有这样一名学生,父母离异后,父亲外出打工,上小学五年级的他每天与奶奶一起生活,"没人管"使得他变得非常调皮,几乎所有的老师都向张晓峰反映这名学生太“闹腾”。

张晓峰却觉得这名学生非常聪明，每次上课也特别注意他，总是鼓励他、表扬他。时间一长，学生发现老师很喜欢他，整个人也变得积极起来。

“我知道他家的情况，但我从来不提。我就是和他讲人得努力，不要受外界的干扰。”张晓峰说，大人的每一句话和每一个动作都能让孩子感受到冷暖。

张晓峰谈到的这个例子，让我心头一紧。因为我突然想起我的一个做教师的同学曾经与我说过的一句话：小孩子是最敏感的，老师的一举一动都能让他感受到你是否喜欢他，从而影响他的成长，甚至一生。

教师，由于在塑造年轻一代的品格中起到了关键性作用，并影响年轻人形成良好的思想道德和行为习惯，因此被称作是“人类灵魂的工程师”。张晓峰讲到这个故事的那一刻，我从内心深处感受到：教师这份工作，伟大又艰难。

我们去采访时，学校的硬件设施已经有了很大的改善，有了校车，有很大的操场，教室里的教具也一应俱全。但操场地面还是泥土的，厕所还在教学楼外面……应当看到，乡村教育与城市教育的差距仍很大。

采访中，校长坦言，乡村学校留不住人才，没人愿意来，来了也待不久。乡村教师的待遇亟须提高，这不仅是为了乡村教育本身，也更是为了社会公平。“尊重劳动、尊重知识、尊重人才、尊重创造”，简称“四个尊重”。逐步提高教师的薪资待遇、提升教师的社会地位应是“四个尊重”最重要的体现。

从一位18岁的少女，到如今快退休的“老教师”，张晓峰在乡村教育一线一干就是三十几个春秋，这本身就是一件了不起的事情。她说她热爱教师这份职业，她从孩子身上得到了很多欢乐。

2015年4月，中央深化改革领导小组举行第十一次会议，审议通过了《乡村教师支持计划(2015-2020)》，阻止贫困现象代际传递。发展乡村教育，让每个乡村孩子都能接受公平、有质量的教育，阻止贫困现象代际传递，是功在当代、利在千秋的大事。要把乡村教师队伍建设摆在优先发展的战略位置，多措并举，定向施策，精准发力。

在张晓峰之外的全国各地，还有千千万万个“张晓峰”，他们共同组成的中国乡村教师队伍，为祖国的乡村教育做出了巨大的贡献。这篇稿子表面上写的是张晓峰，实则是送给全国的教师队伍。老师，您辛苦了！

微语录

“大人的每一句话和每一个动作都能让孩子感受到冷暖。”——“乡村教师”张晓峰

微评论

新浪网友说：孩子是祖国的花朵，老师在我们成长的道路中教育了我们，教会了我们做人的道理以及许多知识，就像是在给树木浇水、施肥。将来我们长大了，就像是园丁把花草树木培养大了。

匿名网友说：向人类灵魂的工程师致敬！

"佛山战神"林伟光

林伟光，一个英雄的名字，一个在南粤大地上广为传诵的名字。他初心不改，始终奋战在打击盗抢犯罪第一线；他除恶务尽，亲手抓捕犯罪嫌疑人3900多名；他骁勇善战，永远冲在最前面，追捕路上，他没有丝毫的保留，甚至不惜向生命借贷，在累累伤痕间勾勒出战神的奇迹！

林伟光的故事，佛山人早已耳熟能详：他受伤30多次，与作为医生的妻子谷婷婷"以伤为媒"，情定急诊室。结婚那天，他带着伤、绑着绷带走上红地毯。他功勋卓著，曾获得"全国特级优秀人民警察""全国政法系统优秀共产党员""南粤十佳卫士"等荣誉。他带领的佛山刑警八大队英雄辈出、战功赫赫，全队无人不立功、无人不受伤，荣立公安部集体一等功，获得"全国工人先锋号""全国公安优秀基层单位"等荣誉，用真情与热血谱写了"铁骑神鹰，砺剑佑民"的传奇。林伟光是佛山这座城市的荣耀，他值得这个时代最深的敬意！

多次遭遇生命危险仍不忘初心的"战神"

——记佛山市公安局刑警支队第八大队大队长林伟光

中国警察网 王清波 温扬勤

他曾和持枪犯罪嫌疑人面对面对峙，每天和飞车抢劫嫌疑人上演"生死时速"，在结婚前一刻还在生死线上徘徊；他先后负伤30余次，其中8次伤重住院，2次出现生命危险。

他就是广东省佛山市公安局刑警支队第八大队大队长，被称为"战神"的林伟光。2017年1月，林伟光追捕犯罪嫌疑人时从桥上坠下，身受重伤，引起不少媒体的关注。林伟光多次面临生死一线的事迹，逐渐进入大家的视野。

命悬一线:为追捕嫌疑人坠落桥底

2017年1月1日,佛山市南海区发生一起街头枪击案。案发后,佛山市公安局刑警支队指派林伟光带队开展调查。经过两天两夜的连续奋战,1月3日中午,林伟光带领专案组将8名犯罪嫌疑人全部抓获。

此时,林伟光带队侦查的另一起特大走私香烟案抓捕时机成熟。两天两夜没合过眼了,还来不及打个盹,林伟光又马不停蹄集结警力开展抓捕,在肇庆市金利镇捣毁多个储存走私香烟仓库,随后带队对运输香烟的2名主要嫌疑人进行抓捕。

1月4日凌晨1时许,林伟光带领两组民警在高要市金本收费站对嫌疑人进行拦截,计划在高速公路收费站开展抓捕。抓捕中,2名嫌疑人驾车疯狂冲撞警车,冲破警方两道封锁线,驶入高速公路往佛山方向疯狂逃窜。林伟光带领民警,分别驾驶3辆汽车对嫌疑人一路紧追不舍,呈"品"字形包抄围捕。历经近10公里的角逐,林伟光等人驾驶的3辆警车成功将嫌疑人驾驶的汽车逼停在路边,2名嫌疑人打开车门逃窜。眼见嫌疑人越过高架桥中间的间隔,准备往对向车道逃跑,林伟光第一个冲上去抓捕。在黑暗中,他全神贯注紧盯着嫌疑人,在飞身跨越护栏的瞬间,大桥的塑料护栏突然断裂,林伟光从11米多高的高架桥坠落。

林伟光被送到医院后,初步诊断为全身10余处开放性骨折,其中头部、右臂、髋关节、右腿伤情严重。经过9个小时的手术,林伟光终于脱离生命危险,转入特护病房。在当晚的行动中,专案组共抓获嫌疑人10名,查扣涉案汽车5辆,捣毁涉案窝点3个,查获卷烟108.58万支。

感动全国:市民自发为受伤的"战神"祈福

1月4日上午,林伟光追捕嫌疑人坠桥受伤的消息迅速在佛山市民的微信朋友圈传开,中国警察网官方微信及全国各地公安同行转发祝福,一天之内微信转发量达600万次。近百家主流媒体刷屏式报道英雄负伤的消息,"战神受伤"的网络新闻点击浏览量有5000余万次。

林伟光受伤的消息还引来了全城百姓的关注,不少人都为他祈福,祝福"战神"早日康复。素不相识的市民们纷纷打电话到佛山市公安局,询问"战神"的伤情,自发组织探望。一名网友撰文说:"如果世间有英雄,应该就是林大队长这样的。如果意外早于未来,唯愿你有九条命!"

1月11日,公安部党委委员、副部长李伟做出批示,请广东省公安厅代转达问候并尽快组织好救治。中央纪委驻公安部纪检组组长、公安部党委委员、督察长邓卫平批示要求，要宣传好林伟光同志英勇顽强、冲在第一线上与犯罪分子做斗争，屡次受伤、屡立战功的英雄事迹。1 月 22 日，广东省副省长、公安厅厅长李春生看望林伟光时说：“林伟光长期以来立党为公，立警为公，践行了无私无畏、甘于奉献的精神。他的事迹值得全社会学习，更值得全省广大公安民警学习。”佛山市委市政府、市公安局党委等主要领导第一时间到医院慰问，称赞林伟光是佛山市公安战线的楷模、“两学一做”学习教育中涌现出的先进典型，号召全市党员向林伟光学习。

不忘初心：“战神”一直奋斗在打击犯罪第一线

事实上，虽然这次坠桥受伤是林伟光最危险、最牵动人心的一次，但从警 20 余年来，他一直奋斗在打击犯罪的第一线，负伤早已成了林伟光的“家常便饭”。他先后负伤 30 余次，其中 8 次伤重住院，多次与“死神”擦肩而过。

2013 年 8 月 14 日，林伟光接到佛山市公安局指挥中心通报：一名男子持枪抢劫后潜逃。林伟光立即带队展开侦查，连夜追踪嫌疑人。次日，嫌疑人在一小区楼下被发现。民警盘问期间，嫌疑人竟用手枪对准民警头部并趁机逃跑。林伟光立即组织追捕民警形成包围圈，将嫌疑人逼向河边。

嫌疑人无路可退，持枪与民警对峙，不管民警怎么劝说就是不肯投降。林伟光持枪慢慢靠近嫌疑人，走到离嫌疑人仅有 2 米的地方，耐心地劝说嫌疑人，但嫌疑人依然持枪和林伟光面对面对峙。林伟光紧紧盯着嫌疑人，在嫌疑人分神的一瞬间迅速上前将嫌疑人扑倒，两人一起掉进河里。

河里是生活污水，污浊难闻。林伟光在河里与嫌疑人搏斗，想将他手上的枪夺下来。谁知河里淤泥很深，两人在搏斗中越陷越深。河边的大鹅卵石经过淤泥冲刷，变得异常湿滑，林伟光在河里找不到着力点，慢慢地往下沉。幸好队友跳进河里将筋疲力尽的林伟光和嫌疑人拉上岸。

有人问林伟光：“经历过那么多次受伤，好几次都从鬼门关走了一趟又回来，有没有想过害怕或者换岗位？”林伟光很坚定地说：“我热爱警察这个职业。既然我爱它，就要面对它的全部，包括它的危险，甚至是流血和牺牲。”

此后，林伟光历任第八大队的分队长、副大队长、大队长，职务不断升迁，不变的是他“立警为公、执法为民”“做警察就是要守护人民平安”的初心和十年如一日的身先士卒、冲锋在前的坚持。

正是由于有像林伟光这样优秀民警的牺牲奉献，佛山市公安局刑警支队第八大队形成了“奋斗、拼搏、热血、忠诚”的核心价值观，优良传统薪火相传。近年来，第八大队民警立功 169 人次，平均每人立功 5 次。第八大队曾荣获国家、省、市优秀公安基层单位，被授予“全国工人先锋号”，被公安部记集体一等功。2015年，第八大队被佛山市民网络票选为“最满意警队”，被市委、市政府评为践行“三严三实”模范集体。

记者手记

新华社记者　刘宏宇

“战神”为谁而生？

当便衣警察渐渐淡出人们的视线时，他仍然跨着摩托车走街串巷，不知疲倦地搜寻犯罪分子的蛛丝马迹。

身着蓝色工人服，手拎破旧行李袋，戴摩托头盔，这是便衣警察林伟光的经典装扮。静静蹲守，一跃而起，殊死搏斗，这是他的工作模式。

他，就是广东佛山市公安局刑警支队第八大队大队长林伟光。

“战神”：冲锋在前跌落11.3米高架桥

因战功赫赫、负伤累累，林伟光被誉为不怕死的“战神”。

13年来，林伟光共参与各类打击行动2700余次，抓获犯罪嫌疑人3900多名，破获刑事案件6500余宗；与此同时，他先后负伤30余次，其中8次重伤，2次命悬一线。

今年元旦，林伟光接到情报，有犯罪团伙于1月3日下午从广西非法运输香烟到广东分销商处，他立刻部署抓捕行动。

1月4日1时许，两名嫌疑人发现警车拦截，驾车疯狂冲撞警车，并冲破两道封锁线，进入北二环高速疯狂逃窜。林伟光带领队友紧追不舍，经过10公里的高速角逐，3辆警车在金马大桥西二环路段将嫌疑人的车逼停在路边。

但两名嫌疑人并未束手就擒，而是打开车门，越过高速桥中间隔离带，准备从对面车道逃跑。

林伟光第一个冲上去抓捕。黑暗中，他全神贯注紧盯嫌疑人。就在跨越护栏扑向嫌疑人时，隔离带的塑料护栏突然断裂，林伟光从距离地面11.3米的高架桥上坠落。

紧跟其后的战友发现林伟光突然消失了，大声呼喊。副大队长曾湘海看到塑料护栏断裂，用手电筒朝桥底照去，发现林伟光躺在桥底地面上，一动不动，嘴里鲜血直流。

11.3米，差不多4层楼房高，战友们的心都碎了……

林伟光被送到医院，经诊断，全身10多处开放性骨折，头部、右臂、髋关节、右腿伤情严重。不幸中的万幸，因坠落位置是潮湿松软的沙地，没伤及内脏，林伟光又一次创造了生命奇迹。

这次行动，专案组抓获走私嫌疑人10人，捣毁涉案窝点3个，查获卷烟108.58万支。

大队长：舍生忘死“拿身体往上扑”

“大队长总是冲锋在最前面，把危险也挡在最前面。”八大队队员廖鼎说。

一起出生入死多次的战友易康成说，大队长勇往直前、舍生忘死的精神感染着每一个队员。

2013年8月14日，林伟光带领易康成追捕一名持枪抢劫嫌疑人。嫌疑人被逼到一条河边，持手枪与警察对峙。林伟光慢慢走到离嫌疑人仅2米远的位置，耐心劝降。

时间一分一秒过去，林伟光紧盯着嫌疑人，就在嫌疑人分神的一瞬间，他迅速上前将嫌疑人扑倒，两人一起掉进河里。

“那是一条污浊难闻的臭水河，足有两米多深，两人在搏斗中很快就沉入水底。我也赶紧跳下去救人，但到处是淤泥，岸边也没有抓手，3个人很快就要不行了。幸亏战友陈建新及时赶到，折断树枝将大家拉上岸。”易康成说，“嫌疑人的手枪里装了4发子弹，现在回想都很后怕。”

“林伟光疾恶如仇，有亮剑精神。只要看到犯罪分子，就直接拿身体往上扑。后来，他学会利用信息化科技手段分析犯罪规律，更加有勇有谋。”佛山市公安局政治处副主任冯晖说。

“铁骑神鹰”：为民而生不灭“双抢”不收兵

10多年前，佛山市的摩托车“双抢”现象十分猖獗，中心城区禅城区的一条街经常一天内就发生四五十宗抢劫案，市民人心惶惶。

2004年，为打击日益突出的街面飞车抢夺犯罪，佛山市公安局组建打击飞车抢夺犯罪专业队，29岁的巡警林伟光主动请缨。

为战胜犯罪分子，林伟光勤学苦练出两项绝技：一是火眼金睛，人群中能一眼分辨出“双抢”分子；二是在驾驶摩托车高速行驶的过程中双手离车把、拔枪上膛并精确射击。

2010年12月5日，林伟光单枪匹马驾驶摩托车追捕两名飞抢嫌疑人，猖狂的嫌疑人向林伟光抛撒辣椒粉。鸣枪警告无果后，林伟光强撑着泪眼模糊的双眼，双手离车把果断开枪射击。此役，林伟光击毙1人，抓获1人，破获飞车抢夺系列案20多宗，对犯罪团伙形成极大震慑。

近年来,林伟光先后荣立个人一等功2次、二等功2次、三等功2次,2012年被公安部授予“全国特级优秀人民警察”称号。在榜样的激励下,八大队形成“奋斗、拼搏、热血、忠诚”的共同价值观,先后涌现出林伟光、何国华、易康成、曾明等4位一等功臣。大队历年来立功169人次,平均每人立功5次,还荣立公安部集体一等功,被百姓誉为“铁骑神鹰”。

有了这支英雄队伍,禅城区接报“双抢”警情从2004年的9160宗下降至2016年的283宗,部分城区零发案。

“等手好了还要接着干,不灭‘双抢’不收兵。”6月26日,尚未出院的林伟光偷偷溜回单位,他举起手术后仍安有五六颗钉子的右手说,“帮助最需要帮助的群众,是警察存在的价值。”

微语录

“我热爱警察这个职业。既然我爱它,就要面对它的全部,包括它的危险,甚至是流血和牺牲。”“等手好了还要接着干,不灭‘双抢’不收兵。帮助最需要帮助的群众,是警察存在的价值。”——“佛山战神”林伟光

微评论

网友说:林伟光同志你一定要好起来,不要辜负大众对你的期望,让我们的爱把你留住,祝英雄早日康复,重返岗位。

网友说:好人好报!祝林伟光早日康复!再战神迹!中国人民的好榜样。

网友说:世间如果有英雄,愿您能有九条命!

“掏粪男孩”田莊

“掏粪男孩”是田莊的自嘲。1994年出生的田莊是郑州铁路局郑州动车段郑州东动车所整修组地勤机械师。为了保障列车正常运转，田莊和他的同事每年要奋斗300多个夜晚，疏通近700个列车卫生间，用掉2000多双手套。他们昼伏夜出，对每列上线运行的动车组进行全面、细致的检查维修，为“添堵”的列车马桶疏通异物。他们是动车组机械师，却自嘲为“掏粪男孩”；他们是“小鲜肉”，却变身“臭小子”。2017年3月，田莊被中宣部评为“全国岗位学雷锋标兵”。

高铁“掏粪男孩”：每年300多个不眠夜

新华社“中国网事”记者　史林静

郑州铁路局郑州动车段，有这样一群90后。他们是动车组机械师，却自嘲为“掏粪男孩”；他们是“小鲜肉”，却变身“臭小子”。他们昼伏夜出，对每列上线运行的动车组进行全面、细致的检查维修，为“添堵”的列车马桶疏通异物。

这群90后小伙子，每年要奋斗300多个夜晚，疏通近700个列车卫生间，用掉2000多双手套。他们常常会因为一个瓶盖彻夜难眠，而这往往缘于乘客的无心之举。

“小鲜肉”变成“臭小子”

6月的检修库内犹如蒸笼一般。而田莊身着密不透风的防化服，戴了3层橡胶手套，身上仅有的透气口用胶带死死封了起来。准备妥当后，他深吸了一口气，开始工作。

“我站到污物箱盖板前就有点后悔了。”说起自己第一次掏厕所，田莊至今记忆犹新。2015年，田莊大学毕业，来到郑州铁路局郑州动车段，被分到东动车所夜班整修组，专门负责处理动车组功能性故障。

“通常，高铁在跑满4000公里或者48小时以内，必须进行一次一级修，包括检测座椅、遮光板、茶水间、卫生间等功能故障。"郑州动车段工作人员孟维星说,在所有的故障中,最难处理的就是卫生间故障,检修人员最不愿意见到的,就是卫生间堵塞。

在这群小伙子眼里,动车检修本应该是一项"高大上"的工作。"以前只是听培训老师说过整修组要掏厕所,我就祈祷千万别把我分过去,没想到真让我碰上了。"开始几个班,田莊极度不情愿,甚至有些抵触。

负责带田莊干活的是位憨厚的师傅,他看着田莊拧成坨的眉毛,便让田莊在一旁递工具、打下手。"当时,准备开中转箱的时候,我像兔子一样跳出几米远,望着师傅。"田莊说,就在他打算再离得远一点时,突然看见师傅身体紧贴着中转箱,踮着脚尖,整条胳膊都伸进了中转箱内。

"看到师傅那样,我突然觉得四周的味道没那么重了。"田莊说,回到班组,他便向工长提出下个班自己要独立试一试。工长诧异地看着他,想了一会儿后便同意了。

"从那时起,我知道自己是行的。"田莊说,自此,班组里田莊这一批 90 后小伙儿挑起了大梁,他们自嘲为"掏粪男孩"。现在,整修组有 30 多人,绝大多数是 90 后。

"小师傅"和"大徒弟"

武振轩是新分来的大学生,现在已学会用左手吃饭了。刚毕业时,武振轩本以为"大学毕业就可以坐办公室",却被分到了整修组。极大的落差让他心里很不舒服,甚至不愿与人交流。很快,有人发现了这个情况。

已是整修组技术指导的田莊,自告奋勇收下了这个徒弟。此后,武振轩称比自己小一岁的田莊为"小师傅",自己则成了田莊的"大徒弟"。跟着"小师傅",武振轩从处理卫生间故障开始学起,很快成了"掏粪男孩"中的一员。

"刚开始,都戴着 3 层手套,穿着防化服,生怕溅到身上。"武振轩说,处理故障并不容易。堵塞物一般位于动车内部,要先将裙板、挡板等部件拆卸下来,且不说螺栓就有 30 根,光把裙板搬下来就是个力气活。即便已入冬,他们也常常一个故障处理完毕,满身大汗。

一次故障处理,时间所剩无几,武振轩来不及多考虑,没有任何防护措施就直接将手伸进了中转箱当中。飞溅出来的污物沾了他一身,脸上、胳膊上、鞋上,到处都是。

"我对着水龙头洗了 9 遍,还是感觉没有洗干净。"谈起那次经历,武振轩摸着手说道,"女朋友还开玩笑说我身上多了一种味,以后嫁给我还要多准备点洗衣粉。"

这个平均年龄 20 多岁的班组里,谁都有几次徒手"掏粪"的经历。除了卫生间,动车组列车雨刮器、电茶炉、水龙头等,也是"掏粪男孩"们需要检查和维修的内容。他们钻车底、爬车顶,样样都行。

希望“掏粪”的“机会”越来越少

夜幕降临，待检修的动车组陆续进站，“掏粪男孩”的工作也拉开序幕。他们昼伏夜出，通常从晚上7点一直干到第二天早上8点。有时，一个不起眼的“瓶盖君”，也会让他们度过一个不眠之夜。

据了解，动车组卫生间采用真空集便装置，通常污物可直接被空气压力抽入集便装置。但如果污物过大、过硬，就极易造成卫生间堵塞。据郑州动车段郑州东动车所内部统计，2016年，动车组卫生间故障共发生900余起。其中，由异物堵塞造成的故障达580余起。“最多一辆列车处理过4起卫生间堵塞故障。”田莊说。

特别是到了春运，由于乘客暴增，导致卫生间堵塞故障集中爆发，这让“掏粪男孩”们很是头疼。

1991年出生的仝童，算是团队里的老大哥。他说：“绝大部分堵塞是由于旅客的随身物品或携带品造成的，像尿不湿、瓶盖、方便面叉等。”

每列动车组的检修时长为2个半小时左右，而处理卫生间堵塞故障只能在无电作业的1小时内进行。“如多个卫生间堵塞且未在时限内处理完毕，就会使检修延时，影响后续动车组的检修运维，严重时甚至会造成列车晚点开行。”郑州东动车所所长助理张炜琨说。

“其实，很多故障都源于旅客的无心之举。如果使用得当，大部分卫生间故障都是可以避免的。”一次，田莊和武振轩在交流中，萌生了倡导旅客文明出行的想法。

“为了能让更多的旅客看到‘掏粪男孩’，文明出行，我们下了很大功夫。”田莊说，大家把自己的心里话汇集起来，小组成员朱政龙设计一系列“掏粪男孩”漫画形象，制作成宣传册发放给乘客。他们怀有最朴素的期待：希望这类故障能越来越少。

记者手记

新华社“中国网事”记者　史林静

一次有“味道”的采访，别有一番风味

这是一次有“味道”的采访，看名字都能闻得出来。采访正逢春运期间，每到这个时候，那些活跃在一线的铁路工作人员，都会成为媒体报道的重点对象。而我却被“掏粪男孩”这个名字所吸引。

当天下午2点左右，我们一行来到郑州铁路局郑州动车段的检修车间，记者到时，

这群小伙子还未睡醒。由于他们的工作是昼伏夜出,一般是从晚上7点一直到第二天早上8点,记者的到来算是扰了他们的清梦。

"我们每天的工作就是对每列上线运行的动车组进行全检查和维修,包括座椅、茶水间、卫生间。"故事的主人公田莊只有23岁,是个腼腆的男孩。还没等他说完,旁边的小伙子就开了口:"说白了,我们每天最多的工作就是掏马桶。"

"之前都在想,谁会是那个运气'好'的人呢,没想到'中奖'的是我。"田莊说,刚开始,他很抵触。采访中这些小伙子毫不避讳地跟我说,他们眼中的动车检修本应该是一项"高大上"的工作。当听说整修组要掏厕所时,大家都会祈祷,千万别把自己分过去。

"第一次'下手'我带了10双手套,有一次徒手掏马桶后,对着水龙头冲洗9遍。"23岁的武振轩摸着手说道,"女朋友还开玩笑说我身上多了一种味,以后嫁给我还要多准备点洗衣粉。"

而这个平均年龄20多岁的班组里,谁都有多次徒手"掏粪"的经历,他们常常自嘲为"掏粪男孩"。

一位1993年出生的小伙子说,刚开始工作的时候,每天都有一种幻觉,自己身上多了一种味道,走在路上会不自觉地观察旁边人的反应,哪怕是对方一个不经意的皱眉,都会联想到自己。

这次采访,有别于其他典型人物,让我看到的是一群真实的年轻人,他们会吐槽,会抱怨。但抱怨之后,依旧会撸起袖子加油干,这或许才是最打动我的地方。

"掏马桶"似乎和青春扯不上什么关系,但正是这群90后小伙子,一年要奋斗300多个夜晚,疏通近700个列车卫生间,用掉2000多双手套。

工作之外,这群小伙子有很多种方式来缓解压力。团队中的朱政龙是个漫画高手,他们设计出一系列"掏粪男孩"漫画形象,制作成宣传册发放给乘客。

他们还改编了一首歌曲,并给自己摄录成像。我记得歌词是这样的:听说过,没见过,我们掏厕所;伸进去,掏出来,垃圾一坨坨。污—污—污—污,掏粪男孩就是我。

"既然不能改变,那就努力让自己爱上。"

"指甲里有脏东西,就用另外的指甲抠呗。"

"右手掏多了,就学着用左手吃饭呗。"

"女朋友嫌弃,就让她多买点消毒液啊。"

……

这就是他们的态度,这正是他们的可爱之处。"掏粪男孩"的背后,不禁让人思考,什么才是推动社会进步和企业发展的力量?都说要实现个人价值,但是怎么实现,靠什么来实现。也许只有立足岗位,敬业奉献,才是对肩负时代重托的无声回应。

微语录

“老一辈能干好的事情,我也一定能干好。”——“掏粪男孩”田莊

微评论

网民“上天入地丸子舅”说:铁路人都有铁一样的精神。

网民“摩羯座的十月”说:干了这活,就坚守着一份职业操守。

"3岁的等待和33岁的归途"石欣

石欣,湖南省湘西花垣县溜豆村人。与妻子离婚后,独自承担父母和孩子一家四口的生活,他们家是当地政府建档立卡的贫困家庭。得益于国家的扶贫政策,石欣通过劳动部门的培训后,到广州的一家企业做喷漆工。2017年春节回家,其3岁的孩子在村口等待的镜头,被一路跟随拍摄的新华社记者拍下播发后,引发亿万点击。石欣的故事是亿万勤劳国人的一个缩影——清贫中不屈奋斗,平凡间亲情濡沫。

开往春天的扶贫列车

新华社"中国网事"记者　吴涛　田建川

当K9064次列车将到达目的地吉首站时,滕建辉用"复杂"两字来描述自己的心情:有近乡情怯,也有走在脱贫路上的喜悦。滕建辉来自湖南湘西土家族苗族自治州花垣县,这是习近平总书记首次提出"精准扶贫"的地方。

这趟列车上的很多乘客都是花垣县及周边地区到广东务工的精准扶贫对象,通过政府的扶贫帮扶,他们找到了工作。从广州到湘西,记者全程相随,近距离记录下他们的归家喜悦、奋斗过程和脱贫愿望。

第一次有座位回家

2017年1月18日早上9点,石欣从广州番禺早早地赶到了广州火车站。此时距离K9064次列车开车的时间还有4小时37分钟。

家在花垣县溜豆村的石欣今年是第一次拿到有座位的火车票回家。早在2003年,他就开始到广东打工,但以前过年都是站票回去,有时坐在过道里,有时就只能站着,累了就在行李包上坐一下。

今年春运，广铁集团和广东省人力资源和社会保障厅以及一些爱心企业联合,开出多趟“扶贫专列”,以赠票方式帮助部分贫困地区到粤务工者返乡。

从深圳西开往吉首的K9064次扶贫专列,乘客主要是湘西花垣县及周边地区建档立卡的扶贫对象、技工院校贫困学生和在粤贫困务工青年等。来自花垣县边城镇骑马坡村的滕建辉和两名同村村民,早上8点就从佛山出发,迫不及待地赶到广州火车站,他们也获得了“扶贫专列”的赠票。

“因为对网络不熟,没买到票,心里都有些绝望了。”滕建辉说,没想到1月10日得知获得免费赠票,他激动得第一时间打电话告诉了老婆,“大半夜都没睡着觉,这张火车票对我们来说是雪中送炭。”

他们在拥挤的人流中顺利登上车。13点37分,列车从广州站驶出。

车厢里的脱贫夜话

18日晚上10点,K9064次列车已进入湖南境内。

11号车厢里,来自同一个地方的老乡们三三两两说着家长里短,气氛热闹。

41岁的丁兴武来自边城镇农科村,48岁的余银贵家在龙潭镇开支村，这是他们“这辈子第一次外出打工”后回家过春节。

他们都生长在武陵山脉腹地的湘西花垣县,此前面临着同样的困境——家里担子越来越重,一边是父母日渐老去,一边是孩子日渐长大,他们却致富无门。若在家务农,因为地太少,种的还不够吃;要是外出打工,年龄大、没技术,还可能遇到欠薪。

花垣县矮车坝村六组的黄继辉凑过来说:“想出去打工,但不敢啊！以前村里有几个人出去打工,干了一年拿不到钱,最后靠讨米(乞讨)回家。”

2016年,广东、湖南、湖北开展贫困人口劳务输出对接试点,上百家珠三角的各类企业陆续到花垣县开设专场招聘会,花垣县劳动部门还免费提供针对性精准培训。

“有了政府的保障,我们就不怕了。”黄继辉说。2016年6月,余银贵等人借对口扶贫的东风到广东一家陶瓷厂工作,每月工资3000元左右,公司还管吃住。

工作的第一个月,余银贵拿到了3180元工资,寄了3000元回家。以前挣的不够花,余银贵前前后后借了信用社3万元贷款,现在已逐渐“收支平衡”了。

以前别人家修新房,丁兴武却长年住在旧木房,让他觉得在村里很没脸面。“这次回家我可以抬头挺胸说,我也能挣钱了。”丁兴武说。

飞驰的列车窗外,苍茫夜色中辽阔大地已不可见,目的地——湘西吉首,就在前方。

梦想开始的地方

每一份带回家的收获背后,都有一段辛勤的耕耘。

在火车发出的前两日,记者在佛山见到了滕建辉。前后通透的厂房里,机器的轰鸣声、钢板的撞击声震耳欲聋,切割机的火花四溅,这就是滕建辉的脱贫致富梦开始的地方。

滕建辉是2016年8月才到佛山创昇金属结构有限公司工作的。滕建辉说,此前他也曾外出打工,但因为没技术,做的都是工资不高的普工。中间因为身体原因,在家里休息了一段时间。没了打工收入,加上治病花费,只能向外举债。

"老老小小生活都压在身上,老在家里待着也不是个事。就算身体没恢复,也要出去找点技术活。"滕建辉说。

听人说有"精准扶贫"的政策,在人社局可以获得免费培训的机会,培训完政府还帮忙对口找工作,滕建辉抱着试一试的心态来到花垣县人社局。人社局工作人员了解情况后,根据滕建辉的意愿安排他免费参加了20天的焊工培训。

随后,经过对口扶贫招聘,滕建辉跟同村的两个好朋友一起进入了佛山创昇金属结构有限公司。他焊工没做成,去了开料车间,每个月工资5000元。公司老总就是花垣县人,接收了十几个像滕建辉一样的"精准扶贫"对象,对他们很照顾。

公司浓厚的学习钻研氛围,让滕建辉快速成长。滕建辉说:"几乎每一个新产品出来,我们都会把技术部、品质部和生产部等部门集中起来开会研究,把产品研究熟、研究透再进行生产,从中我也学到了很多东西。"

花垣县驻广东省劳务对接服务中心主任龙明江说,对口协作劳务输出是花垣县"精准扶贫"的重要部分,2016年,全县组织6800多人参加对口招聘会,1700多人成功签约,其中建档立卡的扶贫对象1102名。

石欣也是在花垣县人社部门接受技术培训后,到广州一家企业工作的。平常每天早上7点上班,中午12点下班。吃饭和午休后,下午1点30分开始上班,晚上6点下班。多数时候,吃完饭还要接着加班到晚上9点。

"工作很累,早上都是靠闹钟来叫醒的,有时候真的不想起,但想想家里面上有老下有小,必须坚持。"石欣说。

树下有个身影在等

19日早晨5点48分,火车到达吉首站。

石欣进入溜豆村村口时,已经是早上9点19分。1.5米高的石欣背着快比得上他一半身高的大书包,快步地往家走。他突然远远地看到家门口转角的树下有个熟悉的小身影,原来是3岁的儿子正站在路口等他。

小小的身影背后,是蒙蒙细雨和黛色远山。看到儿子,千里跋涉归家的劳累一扫而光,石欣快步上前,一手拎包,一手把儿子抱起来,向家里走去。

石欣给儿子取名为麻志鸿(石欣从母姓),寄望儿子宏图大展,不再像自己一样受贫困之苦。

石欣说,他知道现在的工作很辛苦,但相比以前最高不超过3000元的月工资,现在一个月5000元的收入很有吸引力。石欣也不打算长期从事这份工作,他的梦想是:再干两年,存个八九万元钱,就回家搞养殖。

与石欣不同,滕建辉将脱贫致富的希望放在更远的地方。因勤恳努力,工作才半年,滕建辉已成为开料车间的一名小组长。

他告诉记者,公司老总当年跟他一样是打工仔,而如今已是老板,他是滕建辉的偶像和榜样。

"小组长往上是车间主管。我现在在技术和统筹管理上都还差一点儿,达标估计还要两年时间。老板说,公司可以给我们员工持股,我相信未来公司会有我的一席之地。"滕建辉坚定地说。

见到儿子回家,滕建辉一家喜笑颜开。滕建辉父亲说:"儿子到佛山打工后,家里情况改善了好多,儿子能在外面站稳脚跟,家里脱贫也就有了希望。"

记者采访中发现,还有不少人跟滕建辉、石欣一样走在奋斗路上。在深圳长江家具厂务工的花垣县吉卫镇夯来村的麻国军,2005年就到深圳打工,他去过工艺品厂、塑胶厂,还酿过酒。他说,为了改变生活,没少"折腾"。

麻国军喜欢看励志的书。在他1月13号发的微信朋友圈里,有这样一段话:"跋涉为何总是如此艰难?千百次想罢手退堂,可抗议的又是心底的倔强。"

"我就是不甘于现状,我相信通过自己的双手肯定能改变现状。"麻国军说。

中午时分,走在群山之间的村落里,炊烟处处,空气中飘来饭香,山间不时回荡的爆竹声和偶尔闪现的红色春联,透露出春天将至的信息。

记者手记

新华社"中国网事"记者　吴涛

如何抓住一个感动亿万人的瞬间

在今年的"新春走基层"报道中,新华社《开往春天的扶贫列车》系列报道获得超过亿次的浏览量,尤其是《3岁的等待和33岁的归途》图片报道中,石欣父子相遇的那一瞬间，感动亿万读者。这是新华社记者花了半个多月的时间，在春节亿万归家团聚的人群中，在万千为家庭生计异乡奋斗的故事中，用心用情去采访，用脚步用责任去记录，最终成就的一组报道。

著名诗人席慕蓉在《初相遇》里说：美丽的梦和美丽的诗一样，都是可遇而不可求的，常常在最没能料到的时刻里出现。

这次最感动人心的瞬间，也是一个没能料到的意外相遇。

1月 19 日，报道小分队一行三人，跟着采访对象石欣在吉首站下了火车，转乘大巴车到达麻栗场镇，再转乘一辆拥挤的公交小巴车，回到石欣家所在的溜豆村。

湘西山村的早晨烟雨迷蒙，湿冷的空气让穿了羽绒服的我都不仅打个寒战，而石欣身上穿的还是从广州出发时的那身衣服。

走到石欣家门口时，突然看到石欣的儿子站在门口等待石欣回家。记者抓住了这一瞬间，拍下了这个画面。

若是以摄影语言的角度来说，这些画面再平淡无奇不过，并没有精巧的构图和用光，但引起如此多的心灵共鸣，印证了一句话：一张好照片成就于一个被摄对象的灵魂。真正感动人的力量，存在于被摄对象身上，更存在于每一个为生活不息奋斗的人身上。

在中国，我们的采访对象石欣只是万千外出打工者中的普通一员，他 3 岁的儿子只是万千留守儿童中普普通通的一个。但正因为他们是普通人，他们与每个读者一样，就真实地生活在我们身边。

外出打工的艰辛、回家之路的曲折、家人团聚的期盼，这些故事，也曾经发生，或者正在发生在许多中国老百姓的身上。相信有许多人，在阅读石欣的故事时，也看到了自己的影子。不少网友在评论里写下了自己相似的经历，有人说，她小的时候就是和弟弟一起，这样站在村口等爸爸回来的；也有许多同是外出务工者，想起了自己家里的孩子。

时代的重大主题，永远是有生命力的新闻报道根植的沃土。

脱离我们所处时代的重大主题，每一个人都只是普通的芸芸众生中的一员。也只有厚植于时代沃土，才能使我们的报道产生强大的精神力量，引起受众的强烈共鸣。

当走进真实的生活时，穿过时代的背景，记者看到一个个具体的、鲜活的个人，倾听和记录他们的故事。每一个人都在大时代里前行，参与创造了这个时代。只有真正地深入基层，才能找到新闻所在的地方，否则就只是简单的一串数字、全景画面中一张不具名的面孔。

微语录

“到了30多岁就不为自己活了,真的要想着整个家,要想着老人,要想着小孩。虽然自己也不算完美,但是也算是完美地接受了这个现实。”——“3岁的等待和33岁的归途”石欣

微评论

腾讯网友说:你们是这个国家、这个社会、这个民族最平凡、朴素和勤劳的人民,衷心为你们点个赞。

网易网友说:生活就是这样,幸福就在眼前。

"夫妻列车长"陈刚、肖三英

陈刚和肖三英是一对夫妻列车长,均在武汉铁路局武汉客运段就职。工作上,他们用一声问候、一个帮扶、一缕茶香,让旅客倍感温馨。生活中,由于工作原因,夫妻俩很少有时间陪伴女儿,他们通过写请假条表达自己的爱与歉意。2017 年春运,新华社全媒体对"夫妻列车长给女儿写请假条"的故事进行了报道,并迅速在网络上广泛传播,万名网友泪奔点赞,在社会上引起了强烈反响。

"夫妻列车长"写给女儿的 16 张请假条

新华社"中国网事"记者　王贤

"亲爱的宝贝:每当新年来临的时候,就意味着春运即将开始了……爸爸妈妈接到了任务要加班,今年寒假就没时间陪彤彤玩了。在这里,爸妈提前向你请个假,请予以批准哦。"这是今年春运前,武汉铁路局武汉客运段"夫妻列车长"陈刚和肖三英写给 5 岁女儿陈昱彤的一张请假条。短短两年,这样的请假条已经写了 16 张。

在女儿过生日、女儿幼儿园组织亲子活动时,在万家团圆欢度传统佳节的时候,甚至在女儿生病住院之时……在女儿需要父母陪伴的日子,这对"夫妻列车长"往往因忙于工作而缺席。16 张小小的请假条,写下了一对普通铁路夫妻对女儿的歉疚和无奈,也道尽了万千铁路家庭默默的奉献与付出。

一次意外失约带来父母给女儿的请假条

"明天幼儿园就要举办庆新年亲子运动会了,为了有好的表现,妈妈和你辛苦地练了好几天'两人三足'呢……本来和你约好一起参加,争取拿冠军的,但是由于下雪,动车不敢跑得太快,就不能回去参加运动会了……"肖三英写道,"妈妈感到非常抱歉,真诚地跟彤彤说声对不起。等妈妈下班回来,我们和爷爷奶奶一起也开一个家庭趣味运动会。那时候，我们的‘两人三足’肯定能拿冠军，你觉得妈妈这个建议怎么样呢？”

这是2014年12月31日，肖三英给不到3岁半的女儿陈昱彤写的第一张请假条。

肖三英说，当时她们母女俩为幼儿园的亲子运动会准备了很久，结果因天气恶劣列车晚点，没能及时赶回去，孩子显得很失落。“晚上回到家，我写了一张请假条，把没能及时赶到的原因念给彤彤听。她竟然听懂了，抱着我亲了半天。”

看来遇事请假，孩子是能够理解的。而由于两人的工作性质比较特殊，聚少离多、临时加班等情况相对普遍，夫妻俩决定把写请假条这种方式坚持下来。两年下来一算，不知不觉已经写了16张请假条。

陈昱彤的生日临近国庆节，肖三英夫妇时常无法给女儿过生日。她在请假条中写道：“生日快乐!宝贝，很是遗憾，连着两年的生日，妈妈都不能陪你过。明天是你的生日，妈妈又得上班了，在这里跟你请一天假。”

每逢过年过节、寒暑假、黄金周等假期，都是铁路人非常忙碌的时候，在万千家庭团圆之际，肖三英夫妻俩往往无法陪伴孩子。

2015年春节，肖三英在给女儿的请假条中写道：“本来妈妈和你约好大年初二回孝感老家，和小雨姐姐一起放鞭炮、过大年，但是，妈妈临时接到加班任务，实在是去不成了。对不起，宝贝，妈妈失约了……”

女儿生病住院，妈妈写下最痛心的一张请假条

“这会儿你在妈妈怀里已经睡着了，妈妈静静地看着你。你就像一个可爱的天使，你的到来给我们带来了无比的快乐。但我却不是一个称职的妈妈，这次你生病发烧，但爸爸妈妈都要上班，不能在身边照顾你，心里十分愧疚。”

2016年7月的一天深夜，陈昱彤发烧了，肖三英连夜将女儿送往医院。经检查，孩子得了手足口病，需要住院治疗。小昱彤不停地喊着“要妈妈”，但正值暑运繁忙时期，肖三英和丈夫陈刚含着眼泪离开医院，又走上了工作岗位。

肖三英在请假条上写道：“你嗓子疼，吃不下去饭，听你在电话里喊妈妈，妈妈心疼得直掉眼泪。对不起，彤彤! 爸爸妈妈都是车长，有时候因为工作的需要，不能陪在你身边，妈妈只能跟你请个假……”

如今，拿着请假条回忆起女儿生病那天的一幕幕，肖三英夫妻俩的泪水不禁在眼眶里打转。

今年春运前，肖三英和陈刚拿到了工作计划表。由于加开了不少临时旅客列车，两人的工作都排得满满的，在家休息的时间少之又少。看着孩子一直在憧憬寒假去哪里玩、买什么好吃的、穿什么样的衣服，夫妻俩心中充满愧疚。

小昱彤看到爸爸妈妈欲言又止的样子,仿佛明白了什么:"爸爸妈妈,你们是不是寒假又不能陪我玩啊?"看着女儿失望的样子,夫妻俩的心像被狠狠揪了一下。

肖三英说,以前孩子只知道藏爸妈的制服、帽子等,怕他俩换衣服去上班。现在孩子大了,懂事了不少,不再藏东西了,每次都要求我们写张请假条。

"我们要让女儿从小明白,爸爸妈妈工作的意义"

陈刚执笔的几张请假条中,给幼小的女儿耐心解释原因、讲道理是突出的特点。在今年春运前的请假条中,陈刚写道:"很多的爷爷奶奶、叔叔阿姨、哥哥姐姐,还有小朋友,都要在春运期间坐火车从全国各地往家里赶,回家和亲人团聚,一起庆祝新年。妈妈和爸爸做的工作,就是要把他们平平安安、快快乐乐地送回家和家人团圆,过一个快乐的团圆年。"

陈刚说,由于工作原因,他们很少有机会和女儿交心谈心,请假条既能给女儿留下回忆,也是他们与孩子沟通感情的载体,还能教育、启迪孩子。"我们就是要让女儿明白,父母不能陪她、经常食言不是不讲信用,而是为了更好地服务旅客,要让她从小懂得责任和担当。"

武汉铁路局"夫妻列车长"给女儿写请假条的故事在网络上得到了广泛传播,微博上大量网友转发点赞。多位网友表示,看了有种泪奔的冲动,选择了这份工作就相当于选择了奉献。网友"辽宁老关"说:"向春节假日期间依然坚守岗位的人们致敬。'一家不圆万家圆',正是有你们的默默付出,才确保春节假日平安顺畅。"

有网友说,16 张请假条见证着一家三口的聚散离合, 也折射着无数中国铁路人背后的故事。铁路人不仅为旅客提供了优质服务,也把温暖带给了旅客。

记者手记

新华社"中国网事"记者　王贤

当写完这篇报道,放下笔的时刻,回想起采访时的点点滴滴,我心中有四个字在不断地盘旋,那就是"责任、家庭"。

作为一个记者,在过去的采访生涯中,我见到过许多在工作和家庭之间难以两顾的人和事。在最开始收集到这个素材的时候,我的第一反应这又是一个苦情的素材,父母忙于工作而无暇照顾孩子,特别是在春运期间,铁路这个特殊的工种更具有代表性。但是看着他们一家三口的照片,那种发自内心的笑容很是真实自然,在我的认知中,一个被工作、忙碌、别离所充满的家庭带来的应该是悲伤的泪点,为什么这个家庭显得不一样呢?抱着好奇和探究的心理,我和肖三英一家三口进行了接触。

他们的日常和很多家庭一样平淡无奇，宽厚热情的父亲、温柔干练的母亲、活泼天真的女儿，三个人和记者接触时没有一点儿紧张和局促，相反我这个话题发起者却有了一种做客的拘束。在交流的过程中，他们没有避讳女儿对父母工作忙碌的抱怨，父母对女儿关心缺失的心酸，没有过分地去表现自己如何的爱岗敬业、舍小家顾大家，没有急于去传播某种常见的正能量，而是一直保持着平和淡然的心态。

在他们眼里，干一行就要干好一行是天经地义的事情，不值得过分夸耀。只是在春运这个特殊的时间段里，他们承担着比以往更加繁重的工作，担负着更多人回乡的期盼和旅途中好的感受。他们能否完美地担起这个责任是社会关注的重点。而这种关注，无形中又带来了更大的压力，所以保持一个良好的心态是解决问题的关键。

他们从不把工作中产生的负能量带回家中。印象最深的就是夫妻列车长对女儿的教育，他们从来不会对女儿讲一些自己工作很累、心情不好的话语，相反，夫妻俩总是把自己在工作中遇到的一些有趣或者助人为乐的事情讲给女儿听，使女儿感到父母工作的忙碌是有意义的，是充满乐趣的，而这种欢乐填补了陪伴缺失带来的空白。

16张请假条就是在这样的环境下产生的，本意是通过这种形式让女儿更加直白深刻地感受到父母对她的爱和重视。都说血浓于水，孩子可以敏锐感觉到父母的态度，而这也影响着孩子正确的世界观的建立。

所以写下这篇报道的目的，一个方面在于让社会各界更加理性地对待在春运期间爱岗尽责的铁路群体，相互之间多一些包容理解；另一个方面则是想告诉大家，责任和家庭之间是可以找到一个平衡点的，并不是选择了责任就要亏待家庭，这是一种长久以来形成的思想误区和过分引导造成的错误认知。

微语录

“写请假条这种表达爱的方式我们会一直持续，请假条既给女儿留下回忆，也是与孩子沟通感情的载体。”——“夫妻列车长”陈刚、肖三英

微评论

网友“翎楹儿”说：辛苦的爸妈，辛苦的一线工作者，懂事的女儿。

网友“是因为没名字辣”说：感人！向节假日不能休息，工作在一线的劳动人民致敬，没有你们的付出就没有那么多的团圆。

"雷锋婆婆"肖文智

她每天啃馒头吃素菜，用的是180元的手机，1996年至今已捐出60余万元……肖文智，这位家住武汉市武昌区莲溪寺社区的80岁老人，退休前是武汉铁路局的职工，她用对党的热爱诠释了一名共产党员忠诚于党、服务群众的本色。2008年5月，71岁高龄的肖文智光荣地加入了中国共产党，连续9年交纳特殊党费14万元。入党近9年共捐助困难党员子女就学资金14万元。她有个心愿："我希望多活几年，能够捐到100万元。"肖文智老人被小区居民亲切地称为"福星奶奶""小区的活雷锋"和"铁路系统的吴天祥"。

退休党员肖文智30年捐钱捐物60多万元

《长江日报》记者 文涛 高萌

"湖北好人""全国铁路离退休干部先进个人""铁路系统的吴天祥"……面对众多荣誉称号，武汉铁路局退休党员肖文智更在意自己的身份——共产党员。她总在扪心自问，是否达到组织的要求，是否得到群众的认可。

为了心底那份一辈子的承诺，年近耄耋之年的肖文智，依然奔忙在扶贫济困、为民服务的路上。

吃馒头就素菜的简朴大妈
30年帮扶捐助超60万元

"心系人民，情系人民，忠诚一辈子，奉献一辈子"——在肖文智看来，人生价值在于奉献而不是享受。入党前后，她始终如一。

2016年6月23日，肖文智委托侄儿交给武汉铁路局离退休处3000元。这是她连续第3年第6次定向资助3位困难老同志。

类似的捐助不胜枚举。

原来的邻居杨嫂平日以捡垃圾为生，从不舍得吃早餐。肖文智发现后，每月给杨嫂20元，以后又增加到30元，从1996年一直资助到杨嫂2014年去世。

小羽(化名)是个孤儿，从2004年开始直到他长大成人，肖文智每年都在开学前给他寄去800元学费。

2008年清明，肖文智回乡扫墓，发现村里的主路泥泞难行，回汉后，她把存折上仅有的3万元汇到村里，为家乡修路尽一份力。

2014年仲夏，武汉天气特别闷热，肖文智捐款5.2万元购买了15台空调，定向资助特困职工群众，还附上电费。

武汉铁路局党委组织部部长王国林介绍，局里做过一个统计，30年来，肖文智向社会捐助已达60多万元。

用着180元的手机，穿着20多年前的衣服，吃馒头就素菜……这就是肖文智的日常生活。眼下，她和老伴每月的退休费、烈属抚恤金和子女赡养费加起来有5000多元。但他们仍然省吃俭用，每月开销不到2000元，剩下的钱全部用来帮助有需要的人。

“我要始终做党的人，力所能及地帮贫济困，回报社会”。肖文智有个心愿，要在有生之年捐够100万。

“不拿钱”的业委会主任
把“一夜三盗”小区管成安全小区

“平常时候看得出来，关键时刻站得出来”——在武昌莲溪寺南村铁路小区居民群众的心目中，肖文智就是对“共产党员”这个身份的最好诠释。

这是个有20多年历史的老旧小区。居民万汉梅告诉记者，业主委员会这份“不拿钱的工作”长期没人愿意干，肖文智搬来后主动参与，并被推举为业委会主任，“她一心扑在小区琐碎繁杂的事务上，一干近10年”。

小区的治安状况一度很差，2010年曾一晚上有3户人家被盗。肖文智亲自巡逻、查岗，并协助物业制定了20多项安全管理措施。为激励小区保安，她自掏腰包设立了“金星奖”：小区第一年安全没出问题，每人奖励800元，第二年奖1600元，以后逐年递增。

去年是第5年，小区没发生一起入室盗窃，被评为“铁路安全小区”和“文明模范小区”。保安朱长利说：“现在周边小区的街坊，都愿意把电动车停到我们小区来！”他和陈志运还都拿到了3800元奖金。2016年，保安们主动要求奖金不再上涨，就此封顶。

肖文智这些年为小区做的大小事，街坊们都看在眼里、记在心里：有一年冬天，小区水管爆裂，遍地积水，她跑上跑下驻点督办；小区下水道因地势原因臭水外溢，她多方协调,将臭水沟改造成小花园;逢年过节,她自费给孤寡老人送粽子、月饼、大米……

在肖文智的影响带动下,业委会逐渐汇集了一批"肯做实事的人",小区面貌焕然一新。

"热爱党,拥护党,永远跟党走"——79岁的肖文智,对党忠诚是跨越半个多世纪的心灵契约和无悔追求,虽然她的党龄不到10年。

肖文智的父亲肖斯俊1936年参加革命,曾任中共湖北天门地下党特支书记,后由于叛徒出卖被秘密杀害。母亲受刺激精神失常。最艰难时,肖文智带着3个弟弟沿街乞讨。

1955年,18岁的肖文智向党组织递交了第一份入党申请书。因为父亲从事的是地下工作,身份一度未能得到确认,肖文智入党之事被搁置。

1980年,湖北省政府为其父平反昭雪,并追认为革命烈士,这让肖文智更加坚定了自己的信仰。她立足岗位,积极进取,严格按照党员的标准做人做事。

2008年5月,71岁的肖文智光荣地加入中国共产党。那一刻,她热泪盈眶,"我是烈士的后代,一定永远跟党走。"

2017年6月26日,肖文智将一笔2万元的"特殊党费"交到襄阳机务段党委。这已是她连续第9年这样做了——前4年每年交1万,后5年每年交2万。"我入党时间短,不知道还能交几年党费,这算是我尽一个退休新党员的心愿!"

记者手记

《经济日报》记者　韩秉志

她是一位80岁的老人,生活在普通的铁路小区;她是革命烈士后代,有着坎坷的身世,71岁终于光荣地加入中国共产党;多年来,她无私地为铁路小区建设和生活困难群众捐款、捐物、献爱心,被人们誉为"活雷锋"和"铁路系统的吴天祥"。她就是湖北省襄阳机务段退休职工肖文智。

坎坷的身世和曲折的经历,铸就了肖文智对党最真诚的爱。肖文智出身于革命家庭,其父1936年参加革命,曾任中共湖北天门地下党特支书记,由于叛徒出卖被国民党秘密杀害。她9岁起便挑起了养家的重担。历经岁月磨砺,她深深懂得了父亲的牺牲是多么的神圣和光荣,也感受到了乡亲邻里接济救助的宝贵和温暖。

"我是一名烈士的后代,继承先烈遗志,永远做党的人是我的毕生追求!"2008年5月,肖文智光荣地加入了中国共产党,圆了多年的入党梦。

"我入党时间短,不知道还能交几年党费,我自愿每年上缴1万元特殊党费,尽一个新党员的心愿!"简单淳朴的话语,折射着她对党的忠诚和挚爱,也彰显着一名党员知党情、报党恩的朴素情怀。

2004年，肖文智搬到武汉莲溪寺南村铁路小区居住。这是一个20世纪建造的老旧小区，治安管理、环境卫生较差，给小区居民生活带来诸多不便和安全隐患。但随着她的到来，小区的面貌在悄然发生变化。

入住不久，肖文智就发现，院内没有路灯，晚上给小偷造成可乘之机。老人为此忧心忡忡：安全没了保证，职工群众就不会安心，建设和谐小区和促进铁路安全生产就无从谈起。为此，肖文智拿出3000多元，请工人沿小区围墙安装了11盏路灯。灯亮了，小区的安全系数提高了，居民的心也敞亮了。

由于肖文智心系小区、热心为群众办事，很快就被居民推选为业主委员会主任。上任后，她积极组织开展小区安全年创建活动，协助小区物业制定了20多项安全管理措施，自己还经常主动到小区内巡逻、查岗。

从2010年开始，为激励小区保安工作热情，她自掏腰包为保安设立了“金星奖”。辛勤的付出换来的是小区的长治久安。6年来，这个小区没发生过一起入室盗窃和摩托车、自行车丢失案件，成为武汉铁路局名副其实的“铁路安全小区”。

小区的下水道臭气熏天，她打市长热线、找水务集团，直到问题解决；与小区一墙之隔的莲溪寺食堂黑烟扰民，她与莲溪寺方面一次次联系协商，直到对方迁移食堂；困难户罗大妈家的房子墙面渗水，苦不堪言，她花了1200元请人铲平墙边的土坡、清理了水道……肖文智到底为小区做了多少件好事，没人能算清楚。

小区有位业主长期拖欠物业费，她先后6次爬上6楼登门做业主的工作，动之以情，晓之以理。最终，这位业主被老人的行为所感动，心悦诚服地缴清了拖欠10年的物业费。为建立和谐的家庭邻里关系，她主动做调解工作，先后为28对吵架夫妻化解矛盾，使2对离婚夫妻破镜重圆。

“我要一辈子做好事！”肖文智是这么说的，也是这么做的。

襄阳机务段随州已离休的原党支部书记王春民这样评价肖文智：“我当青工的时候，她在单位就是个‘活雷锋’。这么多年过去了，她一直坚持做好事，真是我们学习的榜样！”

邻居杨嫂以拾垃圾为生，从不吃早餐，得知这一情况后，肖文智从1996年开始，每年资助她240元早饭钱，后来物价上涨，每年就资助400元。

从2005年至今，肖文智每年春节都会拿出3000至5000元寄到单位离退办，委托组织慰问离退休职工。每年回乡探亲，她都会给老家村里的困难户送上两三百元钱；每逢端午、中秋，她总要给小区和老家的孤寡老人送(寄)粽子、月饼。

据估算，几十年来，肖文智向社会捐助、上缴特殊党费等已达60多万元。这位老人朴实地说:"钱放在账上只是一串串数字,用在需要的地方就是一片片温情。"

微语录

"属于我的时间不太多了,我必须争分夺秒地回报党恩,我希望多活几年,能够捐到100万元。钱放在账上只是一串串数字,用在需要的地方就是一片片温情。"——"雷锋婆婆"肖文智

微评论

长江时评网友说:一个人做一件好事并不难,难的是坚持不懈做好事,肖文智老人真的做到了。社会之所以如此美好,就是因为有着像肖文智这样的好人,一辈子做好事的人。

匿名网友说:用真心服务社会,用真情对待他人,为构建和谐社会,我们需要更多的"肖文智"。

“爱心众筹”马如鹏

马如鹏，男，武警中尉警衔，1991年2月生，大学本科学历，共青团员。2014年6月入伍，2015年1月到连云港市赣榆区下口边防派出所工作至今。该同志累计走访辖区群众2800余户，帮助群众解决各类困难200余件，参与接处警700余起，参与办理各类案件100余起，参加各类安保执勤160余次。特别是在今年2月份，连云港赣榆的环卫工老夫妻发现工资丢了，连忙报警。马如鹏得知消息后在自己的朋友圈发出求助，经过网友王耀亮的组织，网友们给老夫妻“众筹”了“爱心工资”6666元，然而此时环卫工已找到工资，拒收了捐款。最后热心网友一致决定把钱捐给赣榆区福利院，而这个时候，这笔特殊的“爱心工资”已经涨到了1.28万元。马如鹏先后获得“中国好人”“‘中国网事·感动2017’网络感动人物一季度上榜人物”“江苏好人”“港城叶欣仁”等荣誉称号。

爱心众筹：环卫工丢2600元工资 民警找回6000多

新华社“中国网事”记者 秦华江

近日，连云港赣榆区的环卫工孙传斌领取了自己和老伴的2600元工资，骑车回家后发现工资丢了。民警接到报警，寻找无果后，在朋友圈发出了求助。

热心网友看到后，纷纷转发，迅速为老人捐款6666元。在老人的工资“失而复得”后，又一场感动的爱人接力在上演。

心急如焚：环卫工夫妇2600元工资丢了

“两位老人把冬天扫大街赚来的辛苦钱弄丢了。如果有人捡到了，请联系民警转交。请帮忙扩散,爱心转发。”

2月22日,连云港赣榆下口边防派出所民警马如鹏,在他负责辖区的居民群中和微信朋友圈里,发布了一条上述“寻找环卫工人丢的钱”的信息。信息一发布,便引发网友关注,并在连云港赣榆人的微信朋友圈中迅速传播。

马如鹏说,22日上午,他接到老人孙传斌的报警。老人是赣榆区青口镇谷沙村人,他和老伴都是环卫工。

当天,孙传斌从家骑车到单位,领取了自己和老伴过年期间加班的2600元工资。回到家后,老人吃惊地发现工资不见了,翻遍了全身衣服口袋也没有找到,于是心急如焚地报警。

马如鹏看到愁容满面的老人,迅速询问老人回家的路线。根据老人的回忆,马如鹏调阅监控沿途寻找,但一直都没有找到。

“老人心事重重,心急如焚。”马如鹏说,他实在不忍心看到老人如此失望,即使只有一分希望,也要付出百分努力,他便发出了帮助老人找工资的信息。

全城动员:网友“众筹”6666元“工资”遭拒

马如鹏发出消息后,赣榆的爱心网友王耀亮当晚就注意到了这条信息。

王耀亮是一名公务员,一直以来比较关心困难群体,看到一些家庭生活窘迫,就发朋友圈。后来,网友在王耀亮的带动下,经常自发捐款,把爱心送到困难群众中去。

经过核实后,王耀亮决定帮助这对环卫工老两口。“环卫工人这么辛苦,赚的一点工资很不容易,我们帮他们凑齐工资吧!”王耀亮在自己的朋友圈发出了倡议。

“爱心工资”的倡议刚发出不久,王耀亮就开始不停地接到身边朋友和陌生网友发来的红包,6元、10元、20元、50元、200元,“周周”“米妮”“碧海云天”“刘丹”“李燕”等等,他一笔笔记在账上。

仅一会儿工夫,“爱心工资”总额就达到了2600元,王耀亮通知大家“爱心款额已凑足”,但依然有网友不断捐款,直至一位网友提出要捐96元,凑成6666元。随后,王耀亮联系马如鹏准备尽快带着网友们爱心捐助的钱,送“还”给孙传斌。

2月23日上午,马如鹏来到了孙传斌家。一见面,他就准备谎称“钱已找到了”,但就在他开口前,孙大爷却笑着告诉他,自己丢的工资已经找到了。

原来,钱被孙传斌装进衣服口袋时,掉进了衣服的夹层里。钱并没有丢,虚惊一场。

马如鹏还是想把钱转交给孙传斌,却被孙传斌拒绝了。“这是爱心钱,我的钱找到了,不能拿人家的钱。”孙大爷斩钉截铁地说。

爱心接力:爱心款最终送给了福利院的16位老人

孙传斌的坚决,让马如鹏和王耀亮犯难了。

王耀亮准备将老人找到工资的好消息告诉大家,然后再将钱一一退还,但令他更为难的是,网友们都拒收了。他们跟王耀亮提出了新期望,“让这笔‘爱心工资’真正起到作用。”有网友说,应该把这样的真情传递下去,让更多人得到温暖。

与网友反复商量后,2月23日下午,王耀亮决定将钱捐给赣榆区福利院。得知这一情况后,马如鹏帮忙联系了赣榆区福利院,院方同意接收。

“得知福利院一共有16位老人,最终大家决定凑个整数。就这样,这笔特殊的‘爱心工资’总额增加到了1.28万元,每位老人800元。”王耀亮介绍。

24日上午,王耀亮和马如鹏将网友捐出的“爱心工资”送到赣榆区福利院,和他们一起去的还有一些热心的网友以及当地一家理发店的工作人员。他们给老人送上了爱心款,又帮老人理发、打扫卫生。

“一场寻找工资的爱心接力活动虽然结束了,但这份真情却温暖着全城人的心。”网友“米妮”说。

记者手记

新华社“中国网事”记者 秦华江

公务人员内化关爱自觉具有极大引领作用

2017年2月22日上午,连云港赣榆下口边防派出所民警马如鹏接到一位老人孙传斌的报警。

孙传斌很朴实,是赣榆区青口镇谷沙村人,他和老伴都是环卫工。当天,孙传斌从家骑车到单位,领取了自己和老伴过年期间加班的2600元工资。回到家后,老人吃惊地发现工资不见了。

马如鹏调阅监控沿途寻找,但寻找无果,便在朋友圈发出了求助。

热心网友看到后,纷纷转发,迅速为老人捐款6666元。与此同时,老人在衣服的夹层里找到了工资,拒绝了网友的爱心钱。

随后,马如鹏又和网友商量,将捐出的“爱心工资”送到赣榆区福利院。得知福利院一共有16位老人,最终大家决定凑个整数。就这样,这笔特殊的“爱心工资”总额增加到了1.28万元,每位老人800元。

从整个爱心接力不断演进中，记者发现，马如鹏帮助孙传斌老人不仅是工作的需要，更重要的是出于自己的良知和关心他人的自觉，这也映射着连云港这座城市的精神文明建设水平。

在采访中，马如鹏经常把“看见老人这么焦急，谁都会竭尽所能去帮他的”这句话挂在嘴边。后经了解，这句话他不仅仅是对记者说，还对很多网友说过，激起了很多网友的共鸣。

在诸多爱心网友中，王耀亮也是一名公务员，无论是业余时间，还是在工作走访中，看到一些家庭生活窘迫，他就发朋友圈。后来，网友在王耀亮的带动下，经常自发捐款，把爱心送到困难群众中去。

“看到马如鹏发的微信，我都能想象到他为老人是多么着急，我感觉我又找到了一位知音。”王耀亮说。

通过对马如鹏的采访，记者发现，很多时候，每个人都不能低估自己个人的力量，尤其是公务人员，如果能够把关爱他人当作自觉，有着巨大的示范和引领作用。

“公务人员，尤其是干部爱心满满，公务人员发起捐款，更具有号召力和感染力，也更加能够让老百姓有生活环境上的幸福感和心态上的获得感。”一位网友接受记者采访时如是说。

一言以蔽之，公务人员践行“勿以善小而不为，勿以恶小而为之”，其对全社会的示范和带动作用是几何级的。

微语录

“赠人玫瑰，手留余香；赠人温暖，收获温暖。”——“爱心众筹”马如鹏

微评论

网友说：在“爱心工资”事件中，民警为民服务尽心尽责，主动帮助；热心网友爱心接力，编织“美丽谎言”；环卫工大爷大妈朴实善良，说出真相，拒收爱心款；最后，万元暖流汇入社会福利院。这些凡人的善举充分释放出人性的光芒和道德的力量，展现出小城大爱、小人物大情怀，汇聚起诚信中国、大爱中国的时代正能量，温暖社会，浸润人心，值得每个人去学习。

网友说：一群热心网友共同精心编织的“美丽谎言”，一场微信朋友圈的自发接力涌起的“爱心大潮”。“爱心工资”事件里面，环卫工人、派出所民警、热心网友的凡人善举可亲可敬可学，一波三折的爱心接力故事让我们感受着温暖、温馨和温情，一座城市

浸润着一腔大爱，一群小人物闪烁着一串大情怀，这正是社会主义核心价值观在基层生根开花的生动体现，也是一个地方厚植人文情怀、铸就文明品格的累累硕果，更是新时代中国特色社会主义的深切呼唤。

"'回捐'的寒门学子"周雨露

17岁的周雨露是浙江衢州二中的一名高三学生，也是一位寒门学子。2016年夏天，这个在同学老师眼中活泼开朗的女孩，被查出严重脊柱侧弯，面临瘫痪危险。为了让家境困难的她及时手术，她的同学向社会求助，总共筹得善款逾21万元。而手术成功后，周雨露主动将2.1万元的募捐余额"回捐"，希望将爱心传承下去，帮助更需要的人。

接受帮助传递爱

——病痛女孩回捐善款的感人故事

新华社"中国网事"记者　余靖静

2016年夏天，在同学、老师眼中活泼开朗的17岁女孩周雨露，被查出严重脊柱侧弯。为了让家境困难的她及时手术，她的同学向社会求助，总共筹得善款逾21万元。而手术成功后，周雨露主动将2.1万元的募捐余额"回捐"，用来帮助更需要的人。

高三女生病重，全校募捐

高二时，周雨露的腰后侧常隐隐作痛。因持续时间不久，她没有在意。没想到夏天时，她的背部疼了近一周，去医院就诊后发现：胸椎55度，腰椎60度，严重脊柱侧弯。

医院建议马上进行手术治疗。但时近高考，且家中经济困难，权衡之下，她准备坚持到高考结束再筹钱手术。

没有料到，脊柱侧弯的恶化速度超过预估。进入高三，周雨露连续几天疼痛不断，晚上都睡不着；不能久坐，坐一会儿就要稍微活动一下，不然就感觉整个手臂酸痛；有时右手连笔都握不住，几乎半身麻痹，走路也需要别人搀扶。

2016年 11 月,医生建议她尽快住院手术治疗,休息一年,“如果再不做手术,孩子可能终生被困轮椅。”可是,治疗费用约 20 万元,周雨露和她的家庭望而却步。

学校了解到这一情况，衢州二中校长潘志强说:“这是我们学校的孩子，我们得管!”于是,以筹集 20 万元手术费为目标的“微爱行动”全面展开。二中全体教职工都发动起来为周雨露捐款,高三年级组还在校内开展现金捐款。

高三冲刺的关键时期,周雨露所在的高三(6)班同学们也为募集手术费用出谋划策。早晨升旗时,学校政教主任童雨滋和高三(6)班班长毛仲达带着班里的同学向全校班级募捐。他们排成“S”形——这是周雨露脊椎的形状——希望更直观地让大家了解周雨露的病情。

爱心在这里汇聚

除了校内募捐,高三(6)班同学们还于 2016 年 11 月 28 日,在某众筹平台上发起求助。

“本来没抱太大希望,但是好歹是一种方式,想着试一试。”毛仲达没想到,求助发出 10 分钟左右,就已筹集到 4000 多元。28 日下午 5 点不到,筹款金额就已超过 15 万元了。

“众筹虽然结束了,但我们对她的关心没有停。我们北京校友会、上海校友会,海外校友会还在募捐。”衢州二中高三年级组长周旭荣说。

募捐信息发出后,周雨露的手机就一直不停地响。“都是听说了我的事情,想要为我提供帮助的人……很多师兄师姐加我的微信,给我发过来鼓励的话,希望我不要担心,一定要坚强。”周雨露说。有不少学生家长打电话给自己的孩子,让他们把善款交给周雨露。

献爱心的,不只是衢州二中的人。有人与衢州二中的毕业生是大学同学,看到了消息后,找到周雨露,希望能够提供一些帮助。还有一位不愿透露姓名的人士特意赶到学校,将 200 元交给毛仲达。“他说自己曾经也受到过社会的帮助,现在看到这个事情也很想尽一份心。”毛仲达说。

爱心人士总共为周雨露捐款 21 万余元。前往南京治病前,周雨露来到班里,同学们为她举办了一场简短的加油仪式。“你要知道我们和你在一起,二中和你在一起。”“我们不能一起走完高三,可是你明年回来的时候,我们一定会来看你的!”

她回捐了余下的善款

2016 年 12 月 7 日早上 7 点,周雨露被推进手术室,一直到下午 4 点 48 分才出来。

她的脊柱被打进18颗钉子固定。

"她醒来之后，就笑着告诉我们，'成功了，我感觉很好'。"周雨露的父亲周炳华说。其实，术后麻药药效过后，周雨露也疼得问自己："我能不能熬过今晚？我感觉我会死掉。"

但周雨露在朋友圈写下这些文字："所以我满怀感激/如果我不在二中……如果我的爸妈没有那么爱我/我该怎样过完我的一生/所以我感恩于心/我很幸运/我接收到了来自师生、校友、亲戚、朋友、陌生人的爱心与鼓励……"

2016年12月27日，手术成功后的周雨露回到了衢州。"我都长高了，手术前身高是158厘米，现在是163厘米，比妈妈都高出半个头了。"她说。

医院的手术费、护理费……周雨露一共向医院缴纳了19万余元。知道募捐款有余，周雨露向父母提出，要把这笔钱回捐。

"孩子出院那天，我就和她班主任讲剩下的那笔钱，我们到时候拿给学校。"周炳华说，在医院时看到很多为医药费发愁的病人，那一刻更加感恩社会，庆幸周雨露得到帮助，"希望可以将这份爱心传递下去，帮助更多需要帮助的人。"

2017年1月17日，周炳华拿着一笔钱来到衢州二中找到童雨滋："童老师，这是多余的钱，2.1万多元，麻烦学校帮我转给更需要的人……"

周雨露还需静养，没有和爸爸一起回到学校。她手写了一封感谢信，给所有帮助过她的人，信中写道："我一定会记得有那么多的人曾满怀爱心地帮助过或许素不相识的我，往后我也要将这份爱传递下去，去努力回报……"

现在，周雨露可以自己慢慢地下床走动，她将在3个月后再回到南京鼓楼医院复诊。至于后续的治疗费，周炳华说："大家已经帮了我们很多，之后的钱，我们会自己想办法。"

而余下的善款，潘志强说："这是一个爱心的接力和传递，我们将通过合适的渠道让这笔钱去帮助其他需要帮助的同学。"

记者手记

新华社"中国网事"记者　余靖静

善意，本该如此被呵护

2016年11月28日中午，我在朋友圈里看到了一则"轻松筹"——是我的中学母校衢州二中的一个高三学生为他不幸得病，又无力负担治疗费用的同班同学周雨露发起的。筹款的目标金额是15万元。

我捐了一点儿，也转发了，呼吁校友们一起帮帮这个小师妹。

晚上，我又在朋友圈里看到了进展，说已经筹到15万元。

这是很温暖，也挺平常的一件事。包括“轻松筹”平台在内，我见过许多类似的事。

所以，当央视等媒体进行报道的时候，我并没有写稿，只是默默注视着朋友圈里学校老师持续发的关于周雨露治疗的最新进展，欣慰于手术的顺利进行。

到了2017年1月中旬，有老师告诉我，周雨露已委托父亲把多余的善款“回捐”给学校，让学校转给更有需要的人。

我是意外的。我曾经采访过一些爱心众筹、募捐的组织者，自己也参与过一些。老实说，能够在筹到目标金额时就即刻、主动喊停的人，并没有想象中的那么多。

有的人在采访时曾承诺过，“治疗费用之外的多余部分，无论多少都捐献出来，帮助更多需要帮助的人”，即便后来有多余费用，也并未履诺。

这是人性的灰色地带，在不确定的治疗走向与贫穷面前，没有对或者错，也不宜用道德去评价。

没想到，有一天，一个00后女孩、一个脊柱里打进18个钉子的病人，会主动提出，把众人为她募捐治病的善款余额2.1万元“回捐”给更需要的人。

作为当时朋友圈募捐亲历者，与有荣焉。

那么，从报道角度来考虑，新闻性成立了。

另一层考虑是，2016年岁末，深圳罗尔救女事件几经反转，引发社会大讨论。有人曾悲观地说，此事之后，“募捐将更加困难，同情心越来越少”。

而我们的现状是，在社会救助体系尚不完善的阶段，个体的困难常常是需要通过民间救助来完成的。如果信任的土壤被伤害，修复会非常困难。

在此时，受捐者的节制、感恩，如果能做充分的报道，对善良之人会是一种信心上的回馈。

信任，太珍稀。善良，需要被呵护。

没有理由不做传播。

微语录

“我一定会记得有那么多的人曾满怀爱心地帮助过或许素不相识的我，往后我也要将这份爱传递下去，去努力回报。”——“‘回捐’的寒门学子”周雨露

微评论

新浪微博网友说：多余的捐款并没有做他用，而是主动捐出，这种精神值得我们宣

传，也祝这位姑娘健康快乐。

微信网友“依恋”说：我们家为这个小女孩捐了两次，真的没有看错人。

微信网友“nick”说：周雨露退还给学校的不只是2.1万多元钱，而是人的善良和诚信。按常理，这2万多元钱无须退回，因为她还有后续的复检和康复。但她和她的父母知道“知足”，这就体现了人善良的本性。她退还钱，一是为了感谢曾经帮助过她的人，二是为了让爱继续传递下去，用余下的钱去帮助比她更需要帮助的人，这就是感恩，这就是大爱！我们为周雨露同学的行动喝彩！

“下乡成瘾的教授”朱现民

朱现民教授1982年参加工作以来，一直坚守在中医药教学、临床的第一线，他是一位被媒体誉为“下乡成瘾的教授”。15年来，他不顾酷暑炎热，带领学生深入田间地头，治病救人，足迹遍布河南省15个市的40多个乡村。他加入援疆医疗队，为边疆医疗事业发展做贡献；他响应联合国千年发展公益活动，帮扶培训乡村医生。他把讲台延伸到了祖国的大江南北、田间地头，“甘为杏林洒甘露，乐将金针度与人”。

“下乡成瘾”的仁心医者

《教育时报》记者　苏江召　罗予超

坚持15年带领学生深入15个市的40多个乡村进行义诊，开展实践性教学，使河南中医药大学教授朱现民名声在外，被人们亲切地誉为“下乡成瘾的教授”。在学生眼中，他是言传身教、一丝不苟的好老师；在村民眼中，他是进山入村的省里大专家、行医治病不要钱的当代白求恩；在同行眼中，他是医术精湛的培训专家、无私分享让更多人受益的仁心医者。

11月18日，记者见到2016河南“最美教师”朱现民时，他正在为一周后去云南楚雄为当地村医义务培训的事做准备。“这种公益培训我很少有落下的。把医疗知识传播给更多的人，能让更多的人受益，这多好。”朱现民说。今年59岁的他，除了“下乡成瘾”，参加公益活动也早已成为他生活中的一部分。

亦师亦友，一丝不苟培育桃李芬芳

“你们的师兄张佳乐这两天肩周酸痛，谁能给他针灸一下呀？针灸哪个穴位呢？”

“养老穴。”

“养老穴在什么位置？主治什么？”

在河南中医药大学的针推实训室，记者被朱现民教授的生动授课吸引了。只见朱现民在讲授理论知识时，不时穿插真实事例，并叮嘱学生注意易忽略的细节。现身说法、真人示范、手把手教……在保证绝对安全的情况下，朱现民还让学生通过针灸、拔罐等方式，亲身实践所学知识。

“朱老师讲课像讲故事一样，能把很多方子讲得通俗易懂，很有意思。但在医理、医方、科研上，他又一丝不苟，时常告诫我们马虎不得。”研三学生谢冉说，“朱老师很关心我们的成长，我们生活上有困难，他经常帮助。”

谢冉来自商丘，家庭经济困难，刚上研究生时因申请的助学贷款还没下来，一时交不上学费。朱现民得知情况后，二话不说给了她 1 万块钱让她先交了学费。工作 30 多年来，帮助困难学生完成学业早已成为朱现民的习惯，他也记不清帮助过多少贫困生顺利走上工作岗位。

“朱老师不仅给我们配了电脑，还鼓励我们注重科研。我一被录取，朱老师就给我布置了研究任务。”研一学生陈锦锦说，“2011 年以来，朱老师先后为研究生配备了 8 台电脑。在他的研究生中，先后有 5 人获得研究生国家奖学金，有 9 人主持立项学院苗圃科研课题或研究生创新基金课题……优秀的学长给我树立了榜样。”

当朱现民从记者这儿得知河南省教育发展基金会给予的 1 万元奖励即将到账时，他当场表示，要把这笔钱交给陈锦锦保管，当作他带的 7 名研究生的科研经费。

“亦师亦友、和蔼可亲，朱老师很受大家喜欢。”“虽然老师年近花甲，依然和我们这些 80 后、90 后有很多的话题。”“老师幽默、心细，三言两语就能把大家逗乐。”……一谈起朱现民，他的研究生们立马你一言我一语地说起来。“朱老师经常让我们去他家蹭饭，最忘不了的就是他系起围裙为我们摊大饼的情形。”说到这儿，朱现民和他的研究生们禁不住笑了起来，记者也被他们温馨的师生情、同窗情所感染。

下乡成瘾，悬壶乡邻践行大爱无疆

1994年，鲁山县 7 岁的小女孩赵三阳，由于误诊造成四肢瘫软，家人带其多方投医仍不见效。朱现民到那里义诊时对赵三阳进行了十几次针灸治疗，竟让小女孩奇迹般地站了起来。

1998年，朱现民带领的义诊小分队在淅川县毛堂乡小泉沟村前后共待了一个多月，总是被乡亲们一而再，再而三地挽留。

2010年，朱现民在光山县义诊时，为当地的几十名乡村医生开展培训，使治疗慢性支气管哮喘的技术很快在当地得到了普及应用。

朱现民向记者展示的一张张泛黄的老照片，记录了他从 1991 年开始，先后 15 次深入贫困地区开展“三下乡”活动的情景。安阳县善应镇、淅川县毛堂乡小泉沟村、修武县高村乡季孟村、浚县白寺乡火龙岗村、西平县城关镇席照村、登封县君赵乡王庄村……15年来,朱现民带领他的学生深入贫困山区为村民进行义务诊病,宣传卫生常识,深受当地农民欢迎,有时邻近乡村甚至县城里的人奔走几十公里赶来治疗。白天他和学生顶着酷暑繁忙义诊,晚上忍着蚊虫叮咬带学生总结一天的收获,让他们用“精、诚、仁、朴”的标准传承大医的品德,培养精湛的医术。队员们充分发挥针灸治病的特长,以显著的治疗效果使病人大为信服。

“我去过鲁山”“我去过永城”……闲聊中,朱现民所带的研究生们都说起了自己下乡义诊的经历和收获。“下乡义诊不但能为村民治病,还能接触到许多平时难以碰见的疑难病例,这对提高我们的诊断治疗水平很有帮助。”研三的张佳乐本科时就跟随朱现民下乡义诊,收获颇多。不少跟随朱现民下乡义诊的学生都坚定了从事中医针灸的信念,还自发成立了针灸学习小组,利用星期天和节假日到附近社区为群众义诊,将暑期社会实践转化为经常性的医疗服务活动。

朱现民要求自己的研究生必须要参加一次以上的暑期社会实践活动,他喜欢将知识在实际应用中教会学生,这也是他坚持 15 年踏遍河南山山水水“下乡成瘾”的原因之一。

热心公益,分享医术彰显大医风范

督脉铺灸、火针焠刺、单刺一穴治疗急性痛证……在朱现民的电子邮件中,记者发现,为了更好地满足云南楚雄当地村医的需要,朱现民给活动主办方发去了 18 个培训选题供他们选择。

“说也奇怪,每次这种活动,主办方都能瞄上我。”朱现民幽默地说。2014 至 2015 年期间,朱现民响应联合国千年发展目标公益主题,参加“北京善医行村医培训帮扶中心”活动,为来自全国各地的村医义务培训。两年间分别到湖北、云南等地,分 5 次培训各省村医 800 余人,并在 2015 年年底带领村医奔赴云南鲁甸地震灾区,为地震中受伤的灾民义诊。

说起参加公益活动,朱现民还讲起了他虚报年龄被发现的“糗事”。2011 年 9 月,省卫生厅组织第二批援疆医疗队,要求成员必须是 50 岁以下。“那时我已经 54 岁了,根本不符合要求,所以我在申报材料上将自己填成 49 岁,最后还是被发现了。”朱现民笑着对记者说,“不过最终我还是和咱省的 23 名医疗人员一起赴新疆哈密开展援疆服务,为少数民族同胞行医治病,协助指导哈密市人民医院申报科研项目。”

一个人的医术再高,所救的人也是有限的。正是深刻明白这个道理,朱现民多次接受河南省中医管理局的委托，到全省各地培训医务人员，普及三伏天“冬病夏治”贴敷技术、督脉铺灸技术、火针应用技术、中药验方“三两三”等基层中医药适宜技术。为了让每个学员真正学会掌握，让更多的人普及受益，朱现民对他亲手制作的培训资料毫无保留，并特设“公开邮箱”，方便基层医务人员随时下载。

“从2008年到现在，朱老师已经编著了《奇效冬病夏治》《针灸锦囊妙“技”》《常见病推拿防治图示》等中医著作。”研三学生徐晓萌说，“过段时间，朱老师的65万字著作《历代针灸歌赋诠释》也将出版，更多的人可以从中学到不少中医治疗知识。”

虽然明年就要退休了，但对朱现民来说，好像并没有轻松多少。“退休后我可能会更多地从事一些科研、著书、社会服务工作，把中医知识传播给更多的人，让更多的人感受到中医的神奇和伟大。”朱现民说。

记者手记

《教育时报》记者　苏江召　罗子超

虽然采访朱现民老师的时间并不长，但记者却从他身上看到了乐观、细心、幽默，被他的个人魅力所感染。他的悬壶乡邻、下乡成瘾、热心公益，无不从另一个侧面展现了师德大美。

朱现民老师既是师者，又是医者，双重的身份意味着身上肩负着更多的责任，而他却乐此不疲，不但尽心尽责，而且还让身上的这份责任变得更加崇高。15年来，他带领学生深入15个市的40多个贫困乡村进行义诊，悬壶乡民，在实践中教导学生，被人们亲切地称为“下乡成瘾的教授”。正是他的这种“下乡成瘾”，让他变得与其他大学老师不一样，让他的教学生活并不局限在象牙塔内的三尺讲台。

安阳县善应镇、淅川县毛堂乡小泉沟村、修武县高村乡季孟村、浚县白寺乡火龙岗村……朱现民向记者展示的一张张泛黄的老照片，记录了他从1991年开始，先后15次深入贫困地区开展“三下乡”活动的情景。从这些泛黄的老照片中，记者看到了他在田间地头或偏远山村，不顾酷暑蚊虫，随时随地卷起裤腿，拿出银针为贫困地区的村民治病的情景，也看到了他亲身实践为学生们做示范，培养他们精湛医术的苦心，更在岁月流转中看到了他医者仁心的坚守。

在采访中，记者了解到，除了带学生下乡义诊，朱现民还热心公益，为贫困生垫付学费，积极培训乡村医生，支援边疆。他的足迹遍布全国各地，为了将治病救人的知识传递给更多人，他每次制作的培训资料都毫不保留，并特设“公开邮箱”，方便基层医务人员随时下载。

走上讲坛，一丝不苟教勉学子，培育桃李芬芳；深入基层，一颗仁心悬壶乡邻，践行大爱无疆。而在平常的生活中，朱现民却是平易近人、幽默开朗的人。虽说他已经59岁了，而他所带的研究生都是80后、90后，但记者在采访中发现，朱老师和他的学生沟通起来自然轻松，谈话中还颇带潮流之感，看不出有任何代沟。朱现民和学生还不时开起玩笑，惹得记者哈哈大笑。而学生满脸幸福地向记者描述经常去朱老师家做客，看朱老师系围裙摊大饼做饭给学生们吃的情形，让记者感到温馨和羡慕。仔细想想，这样一个和蔼可亲的老师，拥有着崇高的师德与医德，对学生如此好，一点儿都不显得意外。

用奉献和大爱来形容朱现民老师最为合适不过了。记者采访过很多位老师，很少有能像朱现民这样的，从三尺讲台到穷乡僻壤，从田间地头到学术殿堂，在教好自己的学生之余，把讲台开设到了乡村，开设到了公益讲堂，把仁心和医术无私传递给更多的人，只为了践行大爱无疆，培育桃李芬芳。

微语录

“作为医学生，要树立一个目标，就是要像国医大师一样，学成医术，救民疾苦。要勤奋钻研，不怕吃苦，要勤于实践，深入基层，为群众服务，这是我们学医人的价值所在。”——“下乡成瘾的教授”朱现民

微评论

网友说：“动人以言者，其感不深；动人以行者，其应必速”，传播知识，教书育人，不只在三尺讲台上，生活工作中、田间小路上，时时处处都可能有他救死扶伤的身影。他用实际行动影响着我们，他是一名伟大的实践者，他是我们心中最美的老师。

网友说：有一种情，虽不像亲情那般无法断裂，却美好得胜似亲情；有一种爱，不需要甜言蜜语的灌溉，却生长得无比旺盛，这就是仁者情、仁者爱。没有原因，没有理由，只有付出，没有回报，给我们以力量。

"全城热搜的爱心司机"李杰

李杰,1970年出生,中共党员,大连燃气集团中山营业分公司安检所所长。2017年1月23日(农历腊月二十六),李杰在交通晚高峰期间,用感人义举为重病患儿开启生命救助通道,送达医院后默默离开,感动了无数大连人,成为全城热搜的爱心司机。这是李杰凡人义举日常中的一件"小事",他作为一名慈善义工,长期从事公益事业,利用职业特点为广大燃气用户排忧解难。在他的带动下,中山营业分公司成立了大连慈善义工队,对辖区孤寡老人、残障人士、低保家庭免费更换燃气安全专用胶管、阀门、炉具和报警器,几年来为用户节省开支近10万元。安检所在李杰的带领下走进社区、学校和企事业单位,进行安全用气宣传。据不完全统计,因居民使用不当所造成的事故发生率下降60%—70%,为广大燃气用户的生活安全提供了有力的保障。

辽B961Q6车主你在哪?我们找你"一年"了

《新商报》记者　赵永娟

腊月二十六,正是大家忙着置办年货、回老家过年的高峰期,出租车难打。偏偏在这个节骨眼上,春柳街道敦煌社区居民陈兰玲家遇上急事了。2岁的小外孙女突发高热惊厥,一个人在家带孩子的陈兰玲一下慌了手脚,在邻居的帮助下抱着孩子慌慌张张下楼打车去医院。

"那段时间,本来车就难打,当时还正赶上下午4点多钟下班高峰期,出租车就更难打了。"怀里外孙女小小的身体一直在不断抽搐,陈兰玲心里又急又怕,三个邻居帮忙拦车,10多分钟过去愣是一辆车都没打到。"孩子情况危急,再打不到车,我就打算心一横抱着孩子去截车……"正在这时,一辆黑色私家车停到了陈兰玲的身旁,当时车上还有一位车主的朋友,只听见司机让朋友下车自己想办法回家,随即招呼陈兰玲赶紧上车。

“当时情况紧急,根本顾不上打听司机的信息,就想着赶紧去医院。”陈兰玲告诉记者,司机40来岁,挺有生活经验的,她抱着孩子上车后,看见孩子抽搐,司机连忙拽了一些抽纸让塞到孩子嘴里,防止孩子咬到舌头。走到香炉礁环岛附近,压车太严重,车几乎一动不动。司机下车去跟执勤交警沟通一番,在交警的疏导下,这才顺利上了桥,保证第一时间到达医院。“在车上的时候,我给司机拿了100元钱,可是司机死活不要。”当时跟我一起上车的还有我的邻居,我就跟邻居商量,下车让他们把钱给司机,谁知道司机追出来把钱退了回来,嘱咐我们照顾好孩子就走了。

由于第一时间得到治疗,目前,陈兰玲的外孙女已经好得差不多了。可这个春节,大家每每说起事发当日的情形,对那位好心司机的帮助,全家人都感激不尽。因为事发突然,当时谁也没留下好心司机的姓名和联系方式,邻居只是记住了他的车牌号是辽B961Q6。陈兰玲希望能够通过《新商报》找到这位好心司机,好好谢谢他,也希望有认识车主的市民能够提供其联系方式。

老熟人打来了电话,原来他就是爱心司机

无论如何都没想到,昨日全城寻找的晚高峰生命救援的爱心司机竟然是记者曾经的采访对象,《新商报》的老熟人——燃气集团中山营业分公司安全检查所所长李杰!找他的过程,可谓一波三折。

昨日一早,为了更快找到车主,记者向交警部门求助,很快通过车牌号码查询到了车主信息。可是在交警与车主取得联系后,车主因为不想扩大宣传,回绝了采访邀请。记者只好把联系方式留给交警,委托交警请车主务必与记者联系一下。我们尊重当事人的选择,但也想给关注这件事的市民们一个交代。

几个小时过去,就在记者第N次看向手机的时候,铃声响了,是一个座机号,应该是爱心车主的来电!电话接通第一时间确认后,爱心车主却意外地进行了自我介绍,“我是李杰”等等,记者的采访人脉库里也有一位“李杰”。“我是燃气集团中山营业分公司安全检查所所长……”没错,正是老熟人李杰!几年前,每每涉及城市燃气相关问题,记者的第一个求助对象就是他。电话两端的人都笑了,老友相逢,而他又正是我们全城寻找的爱心司机,欣喜,骄傲!

那天路上其他车辆,都尽可能给我们让路

回忆事发当日,李杰坦言,原本这件好事轮不到他来做。腊月二十六那天下班后,同事家住侯二小区,让李杰捎回家。行驶到事发路段附近,李杰远远看到反向车道上有一位中年妇女拼命地挥舞一条手巾,十分焦急,经过车辆都绕着她。“乍一看以为精神有问题，因为太心急，动作都变形了。”可再近一点，李杰发现在这位妇女身后，还有一个抱着孩子的女人。“我这时意识到应该是有特殊情况发生。”在靠近抱着孩子的陈兰玲的地方，李杰摇下车窗询问，当得知孩子急需送到医院，李杰赶紧让同事下车，掉头拉上陈兰玲和孩子赶往医院。

“本来节前就特别压车，又正值晚高峰，孩子情况紧急，我脑子里迅速盘算如何争取时间。”李杰拨打了110，简单说明了情况，希望得到交警部门的帮助。随后，在110指挥中心接警员、交警支队、当日途经路段的执勤交警间也进行了一番爱心接力，为他们打通绿色通道。从广电中心下道口下桥，拐上中山路，李杰一路打着双闪并不停鸣笛，他感受到现在大家的应急意识还是增强了，车辆都尽可能地避让，所以李杰载着陈兰玲和孩子很顺利地抵达医院。

做完好事后才知道，自家孩子生病等他接

也是在联系上李杰后，我们才知道当日还有一段小插曲。就在李杰把陈兰玲和孩子送达医院后，他才得空翻看手机微信，自家的孩子留言问爸爸什么时候回家。李杰把自己刚刚做的这件事告诉了孩子，让他没想到的是，孩子告诉他：“爸爸，可能我也得去医院了，发烧了。”李杰赶回家已接近19时，对于爸爸的迟到，孩子挺支持，因为李杰做好事并非偶然，家人已习以为常。

其实李杰有一个称谓：“用户家中那颗最安全的螺丝钉”，因为爱岗敬业，他被评为2016年第二季度“大连好人”。平时不论是在工作中，还是生活中，李杰都是一位有心人、热心人。

其实，《新商报》官方微信平台发布全城寻找爱心司机的帖子后，这个帖子成了当天朋友圈里的热帖，仅仅15分钟阅读量就过千，不到24小时获得近300个点赞，昨日下午有3位网友提供了车辆与车主信息。而在对李杰的点赞中，有两个举动格外受关注：一是李杰第一时间寻求交警帮助，争取了充足的救治时间；此外，李杰得知孩子高热惊厥抽搐后，应急措施得当。李杰称这些都来源于平日的积累，比如他有一位朋友是儿科医生，大家曾探讨过关于急救的话题，没想到一次有心的交谈居然真的在关键时刻救了人。

最后，当记者征求李杰意见，是否介意把他的电话给陈兰玲的时候，李杰这样回答：“其实，我的座机和手机号对全市燃气用户都是公开的，只要大家有燃气用气安全方面的需求，都可以找我！

记者手记

《新商报》记者 赵永娟

辽B961Q6的车主李杰，因为年前交通晚高峰参与生命救援被《新商报》报道后，在读者和网友中间产生强烈反响。深冬时节，他用一个人的力量温暖了一座城。

当得知自己入围“中国网事·感动2017”榜单时，李杰一直不太敢相信：“我做的那件小事行吗？”他在电话中反复确认。公司领导、同事也都通过新华社网站看到了消息，李杰每天都能收到来自同事、朋友发来的投票截屏，大家时常不忘加上一句，因为有他这样的朋友而感到自豪。“他们是为我做的那件事投票，而不是我个人。”

李杰自省也自谦，不过，他为当下人们越来越鼓励善行的社会风气而感到欣慰。

做好事对李杰来说不是偶然，而是一种习惯。李杰说这其实和他在国企文化氛围中一路成长有关，他所在的大连燃气集团的企业精神便是“振兴燃气，为民造福”，企业倡导全心全意为民服务。不知不觉间，“凡事为他人着想，不以善小而不为”，已经成为李杰的思维定式。

互加微信好友后，记者惊讶地发现，和李杰有很多共同好友，他们都是社区工作人员。身为大连燃气集团中山营业分公司安全检查所所长的李杰为何和社区有着密切联系呢？原来，在日常安全检查中，李杰发现很多家庭不重视燃气安全，每年上报的事故数字触目惊心。于是，李杰与社区联系，每当社区有楼长会这样的集中性活动，他都要带着同事到现场，普及燃气安全使用常识。最初几年，社区没有投影，他就带实物现场讲解。这几年，办公条件改善，李杰制作PPT进行现场宣讲。他所管辖区域15个街道的80多个社区都留下过他们宣讲的身影，有些比较重视的社区一年要请他们去好几次。宣讲取得的效果从这几年李杰所管辖区域上报的事故数字上能明显看出变化，据不完全统计，居民使用不当造成的事故已经下降60%—70%。

在李杰的带动下，中山营业分公司成立了大连慈善义工队，为辖区孤寡老人、残障人士、低保家庭免费更换燃气安全专用胶管、阀门、炉具和报警器，这几年为用户节省开支近10万元。2016年年底，李杰所在检查所还特别制作了爱心牌，凡是拿到这个牌子的孤寡老人，生活中遇到其他困难，都可以找李杰来寻求帮助。

荣誉是更大的动力，文明的进步来自互相感染，李杰希望能够有越来越多的人加入善行的队伍中，让温暖在城市中更频繁地传递。

微语录

“做好事不是有意为之，应该成为每个人的习惯。”“不以善小而不为，只要心存善念，人人都是义工。”——“全城热搜的爱心司机”李杰

微评论

新浪微博网友说:看似一件小事,但不是人人都能做到,善从不以大小来定论,为李杰点赞。

大连《新商报》微信客户端用户说:看了这则新闻心中暖暖的,满满的正能量,愿好人一生平安。

“天梯村支书”骆云莲

骆云莲，女，全国人大代表，四川省汉源县永利乡古路村党支部书记。地处大渡河大峡谷入口、位于绝壁之上的古路村，平均海拔2000多米，至今不通公路，是一座名副其实的“天梯村”，也是雅安市261个贫困村之一。

骆云莲出生在古路村，成长在古路村，离开后又回到古路村，成为古路村427个村民的领头人。在她的带领下，古路村在过去5年里发生了翻天覆地的变化，正朝着小康之路阔步前行。

偏远古路村，如何脱贫摘帽？

——从骆云莲的微信朋友圈看古路村的脱贫轨迹

《雅安日报》、北纬网记者 熊蕊

7月20日，骆云莲的朋友圈又晒出了古路村的照片——游客们登着骡马道，吃着古路村的美食。

“这两年我们村正在打造乡村旅游，希望通过我的推介，全国各地的朋友都能关注古路村。”骆云莲的微信有许多来自全国各地的朋友，其中2/3是来自全国各地的媒体。她几乎每天都会更新5条以上信息，大多是宣传自己家乡的美食、美景、文化。

2014年，是骆云莲参加全国“两会”的第二年，两会后，她让女儿帮她注册了微信账号。2014年6月7日，骆云莲第一次发朋友圈，就密集发出了3条：悬崖上的骡马道、在北京参会的留影和媒体对村民想修路的相关报道。这些对于当时的她来说，就是最重要的三件事情。

随着时间推移，骆云莲的朋友圈一直保持着高频率的更新，但对于她来说“重要的事情”却慢慢发生了改变……

朋友圈的时间轴

2014年7月24日

因为不通公路,古路村的村民们买的电器和家具都是请人用骡马背上去的。

2015年

没有一条朋友圈专门提到路,只是通过“路”告诉朋友,到古路村旅游很安全。

2016年8月17日

古路村的村组干部坐上观光索道去乡上开会了。

2017年2月16日

古路村,这么美的古村落,如今已经袒露在世人面前了,一条横跨峡谷的索道将于今年建好试运行。困扰村子的400多年的出行难题终于得到了解决,待营运后欢迎大家来体验。

A:路在变

到古路村很远。从汉源县城去古路村,还得驱车行驶2个多小时才能到“一线天”——骡马道的起点。古路村的村委会所在地,在三组,即便路上不休息,走上去也要一个半小时。

过去很长一段时间,一条在陡峭的山坡上凿出来的天梯和树藤,是村民们上下山的唯一通道。当地人在绝壁上凿出一条路,可以通行骡马,故称“骡马道”。

大渡河峡谷,悬崖耸入云霄。记者沿着骡马道前往古路村,从山脚到半山腰,爬了好一阵子,才真正明白骆云莲为什么再三确认我们是否要走骡马道:“你们脚程不好,会走得辛苦。”

汉源充足的日照,让骆云莲皮肤黝黑。穿着改良的彝族服装和5厘米的粗跟皮鞋,她却自如地走在前面。这一天,她还有一些感冒。边走边聊,不一会儿记者的衣服就已经被汗浸湿,逐渐跟不上骆云莲的脚步。骡马道上不时能碰见来登山的游客,他们会告诉你:“再往上爬,上面更美。”

大渡河就在脚边,路盘旋在悬崖之上,一抬头,望不到尽头。从山脚到“癞子坪”,再到二组的“斑鸠嘴”,总共4公里。山体直直地插在大渡河上面,走在骡马道上,仿佛伸手就能抓住云朵。倘若没有护栏,多数人不敢眺望。

修护栏,是村民对骆云莲的寄望。此前,骡马道虽通了,但骡马滚落悬崖的情况时有发生。牲口一旦摔下,村民一般不会下崖去找,那么高,有死无生。

赶上县里“交通大会战”,骆云莲争取来200万元资金,分段对骡马道进行了硬化,并在险要处安装了护栏。安装工程看似简单,但把仿木护栏和铁链运上来着实困难。外面找不到人,就定"村规民约":运输工程沿道分成若干段,每户抓阄,抓到哪骡马运到哪。这事集体受益,在外务工的村民闻讯纷纷赶回。

正像骆云莲朋友圈里所"晒"的,骡马道硬化完工后,另一项关于路的工程正在有条不紊地推进着。

"赶上好时候了,索道就等验收了。"村委会副主任郑望春说,以前山高路远,就算种了核桃别人都不愿意来收,只能人背马驮运送出去。村民们觉得,古路村要摘下"贫困帽",必须解决重物运输问题,骡马道毕竟不是公路。

有没有既保护生态,又保留骡马道,还能解决村民快速出行和运输重物的办法?造价2340万元的架设索道方案脱颖而出。

索道横跨大渡河峡谷,一头连着古路村骡马道的尽头"斑鸠嘴",海拔1200米以上;另一头连着马坪村"二道坪",直线距离760米,峡谷落差近800米。

为了啃下这个"硬骨头",市、县两级领导多次进村调研。"最初方案肯定是修公路,绕进万家沟,盘旋而上。但开凿'挂壁公路',工程造价数以亿计。"汉源县城乡规划建设和住房保障局干部王锐回忆,方案被否决不只是因为严重破坏生态。

"40+1人的车厢,在景区比较少见,但能满足运输量大的要求。"索道承建方项目经理巩传东说,以前二组到五组村民要绕行3个多小时,而坐索道3分钟就可以跨过。

"下次再来就有水泥路了。"骆云莲说,通村公路先从"斑鸠嘴"修到"咕噜崖",宽3.5米,"钱都到位了。"预计2017年6月底前完成新建,2018年完成硬化。

村民们的梦想就要照进现实。

朋友圈时间轴

2014年12月3日

领导关心和支持,我一定会带领村组干部,发动老百姓们一起干好每一个项目和每一项工作。一定围绕产业富民、旅游新村的目标来发展好古路。

2015年3月10日

我们村的产业核桃基地,在县委、县政府和现部门的关心和支持下,已搞了病虫害防治工作!我相信,古路村的老百姓很快就会脱贫致富,过上幸福美满的生活!

2016年4月7日

看到这些产业,就看到了老百姓脱贫致富的希望。

B:产业在发展

7月,正是盛夏,从乐山来的游客李显刚一家来到古路村欣赏大峡谷的风光,品尝地道的农家菜。

在郑望春经营的阿咪子农家乐,李显刚点了土鸡、老腊肉、高山土豆等几个菜,走的时候还买走了10斤核桃。“生态有机,物超所值。”

游客们到古路村总会顺手买些土特产。

“就算有路,没有产业支撑,我们也是不可能脱贫的。”古路村的村民们知道,路通了,游客多了,土地上种植的东西最后都会变成财富。

事实上,古路村的产业发展并不是那么一帆风顺。

经过调研,古路村的土壤和气候很适合种植核桃。骆云莲提出大规模嫁接新核桃品种,但因为经济发展滞后,村民们响应的人很少。

为给大家做示范,骆云莲自掏腰包十几万元,栽了200多亩核桃树。还一家一家做工作:“树长大要时间,修路要时间,路通了再种这得耽误多少时间?”

咬咬牙,村民们决定跟着干。2013—2015年,汉源县实施“产业发展大会战”,技术员上门,免费发放树苗,村民新栽核桃近170公顷。截至目前,所有新增核桃树已种植完毕,今年将是大面积收获的第一年。

在郑望春的期待里,漫山遍野即将进入盛果期的核桃,将不再愁出路;早年用骡马驮来餐具、桌椅的村民,将不再担心客源。

“真没想到,在这悬崖上与世隔绝地生活了半辈子,现在用上电,喝上自来水,走上安全骡马道,还建起了索道,搞起了乡村旅游,在家里都能挣钱了。”村民李其学对未来充满了期待,宽带网络也已经到了古路村的索道口,等通村公路修好后,即可接到村委会,大家不出门就可以知道外面的世界,更重要的是在家就把生意做了,把钱赚了。

古路村的“脱贫战”,就这样节点精准、有条不紊地进行着。

朋友圈时间轴

2014年11月19日

政府出资把古路村打造成旅游景点,迎来了各地的游客!游客们到古路村吃住和买农产品给老百姓们带来了增收!

2016年3月9日

看到网友们天天都在发去古路村旅游的照片,我要把古路村打造成乡村旅游的意志更加坚定了!继续努力,继续加油,我相信我的乡村旅游梦一定会实现的!

C:乡村旅游是未来

到古路村很远,路途艰难,但依然阻止不了驴友们的步伐。2014 年,骆云莲的朋友圈里,可以看到驴友骑行古路村的照片。

据汉源县相关部门的不完全统计,从 2015 年五一黄金周到现在,每逢节假日到古路村的游客每天都有几百人次,有的村民办起了农家乐,有部分贫困户也经营起了纯天然的土特产。

“现在山上大概有 10 户人,能接待 100 多名游客。”骆云莲介绍,这些游客散居在村民家,村民家就成了农家乐。

2 组的村民李其超家正在修建新房,他还在山上种植了 5 亩核桃。“准备开个农家乐,卖点土特产。”

52 岁的申绍华的客户群体是“驴友”。他在三组“咕噜崖”开个小卖铺,庭院敞开,墙上挂着户外俱乐部留下的旗帜,黑板上写满留言。

“今年春节长假来了不少人。”申绍华说,外地游客到这儿来爬山,看大渡河风光,吃吃我们的土特产,觉得很惬意。“回头客还不少,也有朋友推荐的。”

隔壁的申绍才,在家里堆放着若干圆形桌和塑料凳。“以前骡马只驮米面油,现在要驮啤酒、饮料,接待用。”申绍才介绍道,“就连停种的大豆也恢复了,游客要吃豆花。”

有留下的,也有归来的。

“有四五户人家本来搬走了,但看到种核桃有效益,去年又返回山上种树,积极得不得了!”今年新当选的村主任兰绍明,就是“归来”的人。早年在外打拼的他,瞧中了家乡的青山绿水和发展后劲。“现在当了村主任,也在想,怎么跟村干部一道,让古路村发展得更好。”

目前,古路村已经真正找到了解决古路村脱贫,带领群众奔康致富的“新路径”——打破传统思维,依托山区特色,抓住旅游开发机遇,尽早走出一条自然生态和民俗文化融合发展的脱贫之路。

最近,骆云莲还赶着完成了一件事情:成立汉源县天梯乡村旅游专业合作社。她知道,这才是村民们通向致富奔小康的未来……

记者手记

《雅安日报》、北纬网记者　熊蕊

古路村很偏远,是坐落于大渡河地质公园之中、处于绝壁之上的彝族村落,133 户人家的村庄就在绝壁之上。尽管成昆铁路从村子所在的山体中穿行而过,但这个村子至今仍未通公路。2010年,古路村才通电……

古路村很美:与险并存的古路村,以其独特的自然风光,成为四川省最美丽的村落之一。

古路村很穷:作为雅安唯一不通公路的村寨,"贫困"就像帽子一样真切地扣在古路村的名字上,以致村里有好几个男人到40多岁还未婚。在雅安市汉源县的脱贫攻坚计划中,古路村是该县63个贫困村中最难啃的"硬骨头"。

5年前,骆云莲去北京参加全国"两会"时,村民们走4个小时的山路让骆云莲带去心声——修一条出山公路。今年,村民们的愿望已经不一样——2018年,让古路村摘下"贫困"的帽子。

骆云莲的"朋友圈",事实上就是古路村近几年来的发展缩影。从她每一天的推送里,你能看到古路村的变化:路在改变,产业在发展,村民在改变,未来要走的路很坚定……

2013年,第一次参加全国"两会",骆云莲的身上带着这样的标签:来自边远山区的基层少数民族女代表。这个标签为她吸引了不少全国媒体的关注。

今年,她已经没有初次面对媒体时的羞涩。谈起古路村的发展、谈到自己的履职情况,落落大方、侃侃而谈。她通过微信朋友圈,宣传自己的家乡。得益于这种宣传,正在发展旅游的古路村,吸引了不少游客。

骆云莲不仅代表着古路村400多位村民,她生活在"贫困村",真实地了解边远山区贫困村的现状。她作为全国人大代表参政议政,把"天梯"和大山那端的期许和诉求都带到了北京。

今天,让全国人民共同富裕、齐奔小康是"十三五"期间最艰巨,而又必须不折不扣完成的硬任务。7000多万农村贫困人口是全面建成小康社会最大的短板,补齐这个短板,全面小康才能完美收官。

履职5年,古路村已经发生了翻天覆地的变化。今天,全国仍然有许多"悬崖上的村庄"在探寻脱贫之路,也许,今天的古路村的脱贫之路,正是在为广大偏远山区无数的贫困村"探路"。

微语录

"人大代表不是代表自己,而是代表广大人民群众,要反映群众的需求和呼声,为老百姓服务。""乡亲对我的信任和期盼,就是我最大的动力,我会带老百姓建设好美丽乡村。"——"天梯村支书"骆云莲

微评论

新浪微博网友说：这个“悬崖上的村庄”的旅游推销员，真正做到了人民代表为人民。

匿名网友说：脚踩着泥土，最接地气。作为全国人大代表，骆云莲近年来持续关注着古路村的“精准扶贫”，她深入贫困群众家，帮助分析致贫原因，因户施策制定“精准脱贫”措施，保证帮扶项目落地见效，做了基层代表该做的事情。

"旱塬愚公"刚强兄弟

许志刚、许志强是一对孪生兄弟，生活在甘肃省通渭县榜罗镇张川村许堡社，这里沟壑纵横，长年干旱少雨，水土流失严重。1968年以来，兄弟俩用近半个世纪的光阴，坚持不懈地植树造林，绿化家园。在不适合人类居住之地，他们种下400亩绿树，填满沟壑、山丘与荒野。49年来，他们心怀绿色梦想，书写苦乐人生，乌发被霜染，初心从不变，被老百姓称为"旱塬愚公"。

2017年1月11日，"刚强兄弟"荣获中国农业银行杯"CCTV2016年度'三农'人物"，其事迹先后被中央电视台、新华社、《人民日报》广泛报道。

"旱塬愚公"刚强兄弟：一念执着　一生坚守

《定西日报》记者　杨晓军　朱红霞　王谦虚　王国军

"没有什么能够阻挡，人类对绿色的向往。这是一对有着相似模样的孪生兄弟，其实他们连心思都一样。过去48年里，在不适合人类居住之地，他们种下400亩绿树，填满沟壑、山丘与荒野。乌发被霜染，初心从不变。如果有一天你来到定西，在漫天黄土中忽然遇到满眼绿意，也许会碰到老哥俩，一曰志强，一曰志刚。"

这是"CCTV2016年度'三农'人物"组委会对"刚强兄弟"的高度肯定。这样精练简洁、饱含情感的颁奖词，浸透着说不尽的辛酸艰苦，诉说着常人难以想象的坚强意志，折射出普通人生的不平凡经历，激励感动着无数人的心。

半个世纪敢叫荒山披绿装

初春的黄土高原，满眼萧索，群山环绕的村庄静谧地躺在复苏暖阳中，沟峁山梁展现出其独特的粗犷与敦厚。

翻过重重山峦，来到甘肃省定西市通渭县榜罗镇张川村许堡社，走进“刚强兄弟”的家。两排苍松挺拔伫立，苍翠秀雅，白雪在砌好的砖石甬道上积起薄薄一层，翠竹、松果随意地躺在黄土地上。小马驹悠然地穿梭在庭院，小猫欢快地跑来跑去。

再向里走，圆形拱门将院落一分为二。小院子是典型的中式庭院，凉亭松柏等点缀其中。主人的屋子是中国传统的木质建筑，檐角细心地雕琢过。这黄土坡上的农家小园，尽是田园野趣。

许志刚、许志强兄弟生活的张川村许堡社，干旱少雨，沟壑纵横。为了改变生存环境，他们坚持义务植树 49 年。这些年来，他们日日夜夜辛勤劳作在这里，守护在这里，以苦为乐，筑土填壑。他们节衣缩食，购买树苗，绿化家园，将心中的绿色心愿一步一步地变成了现实。

树在“刚强兄弟”看来就是自己的命根子，他俩所在的许堡社，49 年前是干山苦岭。一下大雨，山水卷着泥汤汤漫进院子，烂泥常常埋没了膝盖，土崖一次次塌陷，水土流失严重。

当初为了种树，许志强把自己家里的几十亩好地全部换给了别人，家里人都不同意。那时，土地是农民的命根子，丢了土地，就要饿肚子。可是许志强认定的事就是板上钉钉，家里人谁都拦不住。“你看，现在我家周围和对面山上种了树的地方，以前大多是别人的土地，都是我用自己的好地换来的。”许志强说。

说起这么多年种树的艰辛，许志强说：“那些年吃过的苦你们现在的年轻人不知道，太苦的话就不说了，我带你们参观参观我种的树。”

“这是五针松，这是云杉、油松、龙柏、雪松……”身在“林海”兴致高，许志刚、许志强如数家珍般讲述着这些树种的来历以及他们在多年栽种过程中积累摸索得来的“种树经”。“栽松树要选择草皮多、阴湿的地方，一般二三月或七八月栽最爱活，坑越浅越好，也不要踩得太实，土越松越好。栽树还要因地制宜，寒冷地方的树栽到温暖的地方爱活，南方的树栽到这里不爱活，刚开始就要用塑料篷罩住，过一两个月长旺了，就爱活了，不过还是要防霜冻。”许志强说。好多高大挺拔的松柏树都已经有着 30 多年的树龄了，松果挂满树枝。杧果、棕榈、海棠等难得一见的南方树种在这里也长势良好。

49 年里，他俩“赤手空拳”打造了黄土高原上的青山绿海，硬是将原本黄土裸露、山体破碎的荒山变得满山翠绿、鸟语花香，10 万余株各类花草树木生长于 400 多亩的黄土荒坡上，不仅有效治理了当地的水土流失，更是“破茧成蝶”成为当地一道不可多得的绿色景观。

倾其所有换得满山苍翠

"刚强兄弟"都是土生土长的农民,大字不识一个,更不懂栽树的知识。刚开始的时候,他们栽种最容易成活的新疆杨,从房前屋后到沟壑山崖,一栽就是10年。眼看着小树一天天长大,兄弟俩心里别提多高兴了。可是,天有不测风云,包产到户那一年,一种叫天牛病的疾病蔓延开来,他们种的新疆杨大面积枯死,他们下的苦、流的汗全都打了水漂。面对家人的抱怨,许志强的心像被凉水浇透了一样,但许志强是个倔脾气,一旦认准了的事,再难再苦再累也决不回头!

"男子汉大丈夫,不能一有困难就认㞞。"于是,他们挖掉死树,从头再来。

可是,栽什么呢?"栽树要栽古松柏,做人要做真君子。"许志强说,小时候父亲常说的这句话启发了他。他决定栽松树和柏树,他要在黄土塬上栽出一个四季常青的奇迹。

万事开头难。没树苗,兄弟俩就挑着担子到洛门、陇西去买。没钱买树苗,许志强就"瞄"上了家里种地养殖的微薄收入。

大概是1996年,家里养的马下了一个小马驹,卖了700元,许志强就瞒着妻子全部买成了树苗,却给妻子说把钱存银行了。要知道,那时候700元对他家来说,可是一笔丰厚的收入。

一次,妻子让他抓只鸡卖了,买些针头线脑、油盐酱醋,可他用卖鸡的8元钱全买了树苗。

还有一次,他家养的猪下了10个猪娃,卖了40元,他全买了树苗。妻子问起时,他说见树苗便宜就买了些,多的存起来了,以后盖房子用。

为了栽更多的树,他还拿自家的耕地来换村里人的荒山荒坡……

这样的事多得数不清。但更多的时候,他是用担子挑着自家的粮食徒步到武山的洛门或陇西的文峰卖了,再买成树苗、花籽挑回来。

"文峰离这里70多里路,要走七八个小时,洛门就不行,一个来回得走一天两夜。"许志强说,"我一个不敢走夜路,就叫上大哥一起去。一来二去,大哥也爱上了栽树种花。"

许志强和大哥许志刚是一对双胞胎。许多年来,这一对兄弟,无数次挑着担子从这里出发,行走在去洛门、陇西的山路上,饿了啃口干馍,渴了喝口凉水,扁担悠悠,担去自家的粮食,换来一担担树苗。"挑着担子走路,脚底下要有弹性、有节奏,这样就省力多了。"许志强说,"东西两头闪,我在中间缓。其中,有苦有乐。年成多了,苦早就忘了,乐嘛,你看这满山的松树,都是我俩一担担挑回来的!"说话间,许志强脸上的皱纹舒展开来,漾起一脸幸福的微笑。

49年来,兄弟俩为栽树花了家里多少钱,他们自己也说不清楚。许志强只是清楚地记得,为了多买几棵树苗,他从没进馆子吃过一次饭。为此,妻子陈转荣经常抱怨说,“家里苦下的都撒进荒山里了。栽树干啥？死了带不进墓堂里,别人没栽,也活着呢！”

“抱怨归抱怨,气消了,老婆还是给我做饭,儿媳还是帮着我栽树。想一想,为了栽树,真的拖累了家里人,让他们跟着我累死累活,心里愧得很。”许志强说。

不忘初心依然“诗意地栖居”

乐居山野村中舍,闲来作画与根雕。

四十九年如一日,种树种诗种远方。

光阴流转,山林越来越绿,兄弟俩由一对壮小伙变成了花甲老人,两位“当代愚公”用 49 年的坚守,一棵树、一棵树地种出了一片“陇上江南”,造福了乡亲,泽福了后人。

去年干旱,兄弟俩浇树的水全是他们从山脚底下的沟里拦截的小溪水,水量不大。兄弟俩用装满了土的尼龙袋子在河沟里一层层垒起来,拦截成小水池子,每隔几十米就拦截一处,这样围起来的小水坝里的水就足够浇灌他那些干渴的树木。许志强有时用水桶一担担挑到半山坡上浇树,有时用水泵抽,但是水量不多,抽不了多少水。

去年 11 月,许志强发现了一个令他振奋却又百思不得其解的事情,一直没下雨且干旱的河沟里,突然清冽冽的河水就多了,潺潺地往下游流,他拦截的好几个小水坝都溢满了水。这让许家兄弟俩万分欣喜,精神抖擞,过年也不休息,每天到河沟里堵水,生怕河水流走了。许志强的妻子说:“真的很奇怪,大概是老天爷看到他们的辛苦,赐了天上的水。”

初春的河水还结着冰,但是河底已经消融,水流淙淙的声音清脆悦耳。许志强一边往尼龙袋子里装土,一边说:“天气转暖了,树要浇水,我得提前堵水,过两天就要用水泵抽水。阴山山上还有一片油松苗,已经育了 5 年了,今年就要移栽,都要水呢。”

“岁月不染纯净的心境,喧闹难移风雅的诗心。”除了种树,兄弟俩还有各自的业余爱好——根雕、画画。

兄弟俩做根雕,就从山上挖点马路野刺根,就地取材。进入农忙时节后,每天五六点钟就起床了,先来一杯罐罐茶,农忙时节会一直从 5 月份忙到 9 月份,做根雕的时间只能安排在晚上,要么在睡觉前,要么是睡醒来的后半夜。在兄弟俩的家里,根雕房就像一个奇幻世界,哥哥许志刚擅长人物雕刻,《姜子牙垂钓》《观音送子》《老子出关》《飞天》等作品妙趣横生,立意深远;弟弟许志强擅长动物雕刻,《百鸟朝凤》《欢天喜地》《鲲鹏展翅》《丹凤朝阳》等作品生动形象,栩栩如生。

根雕创作是一项艰苦的劳动,从选材、造型、构思和制作,直到命名,有时需历时一年半载方可完成。“取一块刺根,一边琢磨,一边刀刻,最吃力的就是剥皮,马路刺根取皮最难。”许志刚说。许志刚还画画，家里的墙上挂着他自己画的工笔牡丹。

苏东坡曾道：“粗缯大布裹生涯，腹有诗书气自华。”许志刚、许志强虽然身居山野村舍，穿着粗衣麻布，吃着粗茶淡饭，但是他们却过得很“文艺”：种树、种花、根雕、画画，尽是田园野趣。

许志强说：“一个家庭孝为先、和为贵、勤为本，这三句话把做人的道理讲透了。”在兄弟俩看来，好的家风是家兴国强的保障，他们要把好的家风一代代传承下去。

说起未来的打算，“刚强兄弟”依然是那句话：“我们会一直种树，绿化荒山，防止水土流失，改变我们穷山沟的面貌。”作为农民，他们生于土地、安于土地，像树一样自然而然地活，一辈子用心做自己喜欢的事情，这样的人生，虽物质上清贫，却是精神上的富翁。

记者手记

《定西日报》记者　杨晓军

两个老人，义务植树49年，绿化造林400亩，还有无法用言语形容的苦累和付出……这就是“刚强兄弟”带给大家的感动。他们用“恒兀兀以穷年”，坚持不懈，久久为功的努力，很好地诠释了定西“三苦精神”的内涵。

很长很长的时间里，除了他们自己，很少有人知道，半个世纪以来，“刚强兄弟”都在干些什么。

2016年3月23日，央视CCTV-4《远方的家》大型系列特别节目《长城内外》第108集播出通渭系列节目《黄土高坡　绿色梦想》后，通渭县榜罗镇张川村许堡社许志强、许志刚兄弟俩植树的故事才被全国亿万观众所熟知，他们的事迹感动了很多很多的人。

走进“刚强兄弟”的家，犹如置身世外桃源，这里绿植环抱，百鸟争鸣，与周边光秃秃的荒山形成鲜明对比。这里既有易于成活的侧柏、青松，又有杧果、棕榈等难得一见的南方树种。可以想象，种这么多的树得付出多大的艰辛，甚至要承受多大的苦难。

没有人能够真正走进他们的精神世界。面对采访，他们对吃的苦、受的罪轻谈淡吐，但是提起树种识别、怎么种植等等，他们侃侃而谈，兴致极高。在他们的世界里，唯有树才是“诗”和“远方”。

铅华洗净，“刚强兄弟”依然是土生土长的农民，依然是爱树如命的一对古稀老人。虽然老了，他们依然每天坚持巡视树林，挥锨培土，移植新苗，忙得不亦乐乎。

“旱塬愚公”刚强兄弟，他们的故事注定还将继续演绎。

微语录

“在我们的家乡，甘肃省定西市通渭县张川村许堡社，山大沟深，干旱少雨，水土流失严重，我们就下定决心，不怕苦，不怕累，想把荒芜的山村绿化好，绿化后风景好了，气候好了，环境也好了！”——“旱塬愚公”刚强兄弟

微评论

新浪微博网友“十点铛铛铛”说：总是佩服一件事情坚持做下去的人，无论哪个方面！

网友说：西北植树不易，为“刚强兄弟”点赞。

"潮老太"裘志真

谁说网络是年轻人的专利?在河北省沧州市就有这样一位时髦老太——裘志真。今年 81 岁的她不仅会浏览网页、使用微信、玩网络游戏,还开通了网络直播平台,成为一位拥有 23 万粉丝的实力"网红"。

2004 年,早已经从电业局退休的裘志真开始接触电脑,从 QQ、微博,再到现在的微信、网络直播,可以说活到老、学到老,裘志真不停地学习新鲜的网络知识,精气神十足。她在直播平台上亲切地称呼年轻人为"宝宝",和网友分享她的人生阅历,为他们解决困扰,打开心结。她成为年轻网友口中的"精神导师",用行动传递着满满的正能量。

八旬老太玩直播　童心永葆逐华年

新华网河北频道记者　吴翠霞

一头银发、墨镜牛仔褂、满屏"萌萌哒"……这位老太太算是沧州市名气不小的一位"网红",拥有 23 万粉丝。每天晚上,81 岁的裘志真都会坐在屏幕前,戴上耳机,与天南海北的网友开始网络直播。粉丝们纷纷大呼"别人家的奶奶""奶奶太潮了,实力点赞"。

别人家的奶奶,最潮的老太太

裘志真的网名叫"潮老太",她最初进入人们的视野是在 2016 年 8 月。在一则以"人人都能成主播"为主题的新闻中,满头银发的裘志真坐在屏幕前直播的镜头让观众很是吃惊。新闻播出后,"潮老太"一时间火了,不少网友纷纷来到"潮老太"的直播间,一睹老人的风采。她的粉丝数量也不断增多,现在已经拥有 23 万人。

当你进入“潮老太”的直播间，你会看到她与粉丝互动的欢乐画面。今年 81 岁的裘志真戴着眼镜，笑容可掬，活力满满。“欢迎宝宝们来到我的直播间，么么哒，感谢宝宝们送的小礼物……”她用 90 后的方式与粉丝们互动，不时还用手比画一个“送出一颗心”的手势。网友们纷纷留言，“奶奶，怎么才来啊！都想你了”“给奶奶点赞”……面对粉丝的热情，“潮老太”一一回复。

坚持学习，就能活出精气神

说起自己和网络直播如何结缘，裘志真娓娓道来。2016 年 5 月份，外孙女从北京回沧州休假，她看到外孙女用手机上的直播软件正在直播，平时爱好网络的裘志真一下被吸引住了，不用打字，可以直接说话让大家看到自己，她觉得直播这个新鲜事物太适合老年人了。

裘志真当即让外孙女给她下载了一个软件，她先进直播间观摩学习。10 天后，裘志真开始自己直播。“第一次进直播间也有点紧张。”裘志真首先告诉网友，这是一个“绿色环保直播间”，希望大家在这里找到开心和快乐。没想到，越来越多的 90 后年轻人加入进来，他们称呼满头银发的裘志真为“奶奶”。

其实，“潮老太”这个网名裘志真已经用了 13 年。2004 年，早已从电业局退休的裘志真开始接触电脑，从 QQ、微博，再到现在的微信、网络直播，裘志真不停地学习新鲜的网络知识，俨然已经成为网络达人。裘志真说：“虽然网络是虚拟的，却让我觉得很充实，人活的就是一种精气神，我要坚持学习，活到老、学到老。”

网友的“精神导师”，传递满满正能量

每天上午和晚上，裘志真会各直播一个小时。在直播间，她向网友们展示自己每天的生活状态，吃饭、理发、上老年大学，甚至还带着网友去旅游看海。裘志真说：“他们很乐意听我讲述这么多年的经历，宝宝们也愿意和我分享他们的故事。”

渐渐地，裘志真成了不少年轻人的“精神导师”，生活中遇到不开心的事，很多网友会主动来和她倾诉。有一回，一个 18 岁的男孩和父母闹了别扭，裘志真开导他：“父母都爱自己的孩子，他们的意见未必都不对。你不妨别这么强硬，换个心态和父母沟通一下，也许会更好。”果然，这个男孩照做后，他和父母的关系得到了缓和。

一位 22 岁的姑娘求助裘志真，表示自己刚刚失恋，情绪十分糟糕，无法走出悲伤。裘志真语重心长地安慰她：“孩子，不要拿别人的过错惩罚自己。”由于此类现象比较普遍，裘志真干脆在直播过程中专门抽出一段时间，给网友们解读婚姻的本质。“婚姻就是一辈子的相扶相守，一辈子的不离不弃。”裘志真用自己的婚姻观、择偶观提醒

网友,选一个人相伴走一生,一定要注重孝道、注重人品,还要注重两人的契合度。一番言论影响了不少年轻人,也疏解了不少人的心结。

裘志真也特别注重对年轻人的学习教育,经常在直播中提醒大家要多读书,多用知识充实自己。“一个人读了多少书,都能体现在你的谈吐里、你与人交往的能力上。我们这辈人,能上学的机会非常少,非常难得。你们这代人能上学很幸福,大家千万不要浪费自己的青春。”某一天 11 点钟,一名 16 岁的小网友用 QQ 上线和裘志真打招呼,裘志真一看表,正是上课时间,她严厉地批评:“上学时间要好好上课,不能分心。”这名小网友发过来个“遵命”的笑脸,便下了线。

可以说,裘志真将一生的酸甜苦辣化为丰富的阅历和经验,叩开了很多年轻粉丝的心门。她和年轻粉丝们一起谈经历、聊人生、讲孝道;她不厌其烦地倾听粉丝们的心事,为他们提供帮助,解决困扰;她还把中华民族的传统文化、尊老爱幼的故事娓娓道来,粉丝们听得津津有味,也受益无穷。

笑脸,是她最自然的妆容

裘志真虽然是个网络达人,但从不沉迷于网络,平时还注重养生和健身。她经常整理一些相关的知识,与其他老年朋友一起分享。除了熟练运用网络,裘志真也经常看新闻,了解国家大事,还开通了微博,不断吸收新知识,开阔自己的视野。

“退休后是我人生的新开始,我更要过好以后的每一天。”每晚 7 点半跳广场舞,每周四上老年大学,每周五学习网络知识,玩微信、做直播、当模特、救助动物……裘志真把自己的生活安排得满满当当,充实而又快乐。在生活中,她还是个热心肠,担任小区的楼长,为街坊邻居们解决各种问题。

裘志真这样形容自己的一生:“虽然没上战场打过仗,但是绝对吃过苦咽过糠。”一生虽饱经沧桑,她脸上却时刻充满了阳光。可以说,笑脸就是裘志真不花钱的自然妆容。这样的她,不仅自己日子过得活力四射,也用积极阳光的心态带动了不少人打开心结,走出迷茫。

人老心不老,知足而常乐。活得健康,活得精彩,这就是幸福。裘志真把一生的阅历凝成 16 个字:基本吃素、坚持走路、心情舒畅、遇事不怒。她用自己的处世之道来启迪年轻人,网友们纷纷竖起大拇指:“这样的晚年生活谁不赞?这样的奶奶谁不爱?”

记者手记

新华网河北频道记者 吴翠霞

玩转网络耄耋老人乐在其中

“潮老太”裘志真果然很潮,因为我对她的采访竟是通过微信视频完成的。可以说,这位81岁的老太太已经把微信玩得“炉火纯青”了。

当我表明自己的采访诉求时,裘志真主动要求加我微信:“咱们视频聊着,不是还能给你省点电话费嘛!”就像奶奶和孙女之间的一个家常电话,裘志真语气里透露着亲切和关照。我们在微信上沟通好采访时间后,当天下午6点半,我开启了自己人生中一段奇妙而有趣的经历。

这段采访安排在傍晚裘志真打拳结束后。这两日,裘志真跟随家人正在海南的五指山度假,老太太兴致很高,除了游山玩水,还安排了固定时间在山中练拳。“身体好,精神才能好!”视频里的裘志真面色红润,开朗大笑。

谈起自己获选“中国网事·感动2017”第二季度网络人物,裘志真连连表示意外。“知道获奖,还是网友给我发了新闻的截图。没想到自己一个普通老太太还能获奖,谢谢你们!”裘志真兴奋得举起拳头,表示自己一定再接再厉,发光发热。

裘志真把自己的直播间定义为“绿色环保直播间”,“我一个老太太,既没有颜值,又没有才艺,你们为啥来我这里?就说明你们都是尊老重孝的好孩子。我这里欢迎所有正能量的宝宝!”爱国爱家是裘志真经常在直播间中提及的话题,她也会用一些实例去引导网友们辨明是非,树立正确的人生观、价值观。

裘志真的23万粉丝中80%以上都是90后,其余大多是00后。于是,她在直播中反复提醒,年轻人不要沉迷于网络,能克制自己才是最大的成熟。“总是低着头玩手机,你不想想自己的头多重啊!”一番话立刻逗笑了我,裘志真也在视频里哈哈大笑,声音爽朗,精神矍铄,一点儿都不像一位已经进入耄耋之年的老人。

晚上8点半,我也如约进入裘志真的直播间,想看看这位网友口中乐呵呵的老太太如何直播。直播间里的裘志真满头白发,穿着大红色运动衫,正和网友玩着猜谜题。“大家一起动动脑子,开发一下智力。也算换个法子,让你们学习了一天的大脑休息一下。”弹幕里很多互动的声音、评论传来,裘志真一一回答着、解释着,整个直播间里热闹无比、充满温馨。

退出直播后,我刷着朋友圈,赫然看见裘志真更新了一条动态。这是一组美图相册,展示了裘志真生活中的部分照片。最后一张照片上,裘志真穿着蓝色T恤,戴着大框墨镜,红扑扑的脸上洋溢着笑容。用什么词语才能诠释这种笑容呢?唯有“活力”二字吧。

微语录

"我们这辈人,能上学的机会非常少,非常难得。你们这代人能上学很幸福,大家千万不要浪费自己的青春。"——"潮老太"裘志真

微评论

网友"扁扁扁扁扁扁"说:好心情会传染,每天看奶奶直播,和奶奶一样整天乐呵呵的!只要心不老,年龄什么的都不是问题!

网友"高 Lion"说:精神状态很重要!"潮老太"80 多岁走路还那么有劲,现在有的年轻人都没有她这么好的状态。工作忙啊累啊,但是还要坚持自己想做的事情,向奶奶学习!

“创新义工品牌的义工”周旭才

周旭才自2005年起，创办网站“大丰之声”，又凝聚网上网下公益力量，主动搭建“大丰义工联”这一网络公益平台，并设计活动载体，推出“补爱行动”（帮助父母一方去世、另一方离家出走的“被孤儿”孩子）、“搭把手行动”（帮助社区困境家庭）和“助残陪伴行动”（帮助住院精神病人和大丰麻风残老康复村老人）等网络公益品牌项目，发动社会各方力量参与网络公益活动，让“大丰义工联”成为网络公益的形象代言人，也让公益正能量弥漫在互联网的每一个角落。

6年来，周旭才组织、带领义工开展各类公益活动700余次，参与义工1万余人次，受助对象达9000人次，大丰义工联被评为“AAAA级社会组织”。

“捧着一颗心来”他用平凡善举传播小城大爱

新华网记者 戚轩瑜 蔡逸秋

“我要让更多的人知道应该将精力和财富往哪里放，我要担负起‘弘扬正能量’这一网络媒体人的责任。”这是门户网站“大丰之声”创始人、江苏大丰义工联合会会长周旭才多年来不变的初心。他十二年如一日地走在公益行动的道路上，走在不计回报、默默奉献的义务工作最前线。

网聚“铁粉” 搭建网络公益平台

2005年，周旭才从收入稳定的企业单位辞职，创办门户网站“大丰之声”，这一举动在当时有很多人不理解，认为他“不务正业”。面对此起彼伏的质疑声，周旭才坚持自己的选择，他用自己喜欢的文字和镜头辛勤记录大丰这座城市里发生的平凡善举，通过网络传递正能量。短短几年时间，网站积累了一批“铁粉”，但其中仍不乏一些思想偏激,对现实生活存有怨念的人。

"当时的网络平台上有很多思想偏执的网友,在互联网世界里随意泄愤,我觉得这样做没有意思,还不如带着大家做些有意义的事情。"周旭才平静地说道。

正是在这样的现实环境下,他主动沟通一些志同道合的网友,搭建"大丰义工联"这一网络公益平台,并设计活动载体,推出"补爱行动""搭把手行动"和"助残陪伴行动"等网络公益品牌项目,发动社会各方力量参与网络公益活动,让公益正能量弥漫在互联网的每一个角落。

温暖他人　平凡善举传播正能量

走进大丰义工联的办公地点，首先映入眼帘的是张贴在窗玻璃上的一张红纸,上面写明了周旭才等几位义工联主要负责人的手机号;走进办公室,满墙的义工活动照片更是震撼人心,在一个不显眼的地方,一张异常显眼的照片吸引了众多来者的目光:周旭才为大丰麻风残老康复村一名身体严重残疾的老人洗脚。

"照片上的周建明老人现在已经去世了,因为曾经身患麻风病,他留下双手残缺、双目失明、双脚常年溃疡等后遗症。"周旭才说道,"老人好长时间都没有洗过脚了。"

据周旭才介绍,当时一个名为"纽·工作营"的大学生志愿者团队前往大丰麻风残老康复村义务服务,他随队采访报道大学生们的爱心举动,没想到这样一个无心之举却成为别人镜头下的"新闻人物"。"现在我知道麻风病是不会传染的,但当时并不清楚。我想着每个人都有使命,我还没完成自己的使命,老天不会带我走的。"他语言质朴、眼神平静,正是这样的他用自己的善意之举温暖了众多陌生人。

来自东北,现在是大丰媳妇的武进香就是这样一位被周旭才"带入春天"的人。据武进香回忆,她刚加入义工联时,在大丰第二人民医院的精神病患者里有位 19 岁的智障男孩儿,"他嘴巴有时会吐出脏东西,吐得身上到处都是,我很想给他擦掉,但是一看到那些呕吐物我就条件反射的胃部痉挛,还是周会长毫不犹豫地拿纸给他擦掉。"

周旭才不厌其烦地给那个男孩反复擦拭呕吐物,后来当他忙起来顾不上时,武进香终于在他的影响下,鼓起勇气试着帮男孩擦了起来。这样的周旭才给武进香留下了深刻的印象,也让她明白:"世上哪有一蹴而就的事？弯下腰低下头用心做的公益,才是真正走心的公益,才能赢得大众的认可,才会花开引蝶来。"

"搭手"小事　汇聚小城大爱

作为由"大丰之声"发起筹建的大丰民间爱心组织,大丰义工联合会吸引了当地一大批有爱心的人士加入义工组织。大家受到周旭才的影响,利用自己的空余时间积极参与，残疾人、孤寡老人、缺爱儿童等群体成为周旭才和义工们重点关爱和帮助的对象。

今年62岁的董顺芳是一位身体瘫痪的老人，儿子失联已久，生活无人照料，孤苦伶仃。通过“大丰之声”热心网友的呼吁，周旭才很快关注到了董顺芳的情况，经过实地考察后，将她列入大丰义工联“搭把手”行动的首批帮扶对象。

“你们辛苦了！”董奶奶望着在厨房里忙到大汗淋漓的义工们感激地说。因为长期瘫痪，董顺芳说话并不似常人一样清楚，但周旭才仅凭老人简单的肢体语言就能快速了解老人的诉求。“董奶奶，您想我了没有？”周旭才乐呵呵地问董顺芳，他一边与老人聊天，一边与其他义工准备午饭。

现在，每周都有义工自发前往董奶奶家义务打扫卫生、准备饭菜、聊天，让她感受到家人一样的照顾。周旭才透露，义工们最近还在帮董奶奶找老伴，这也让寡居已久的董奶奶心情更舒畅。除了生活上的帮助，周旭才还组织义工们一起带董奶奶到周边景点旅游，用镜头为老人记录下开心的瞬间，让她感受到亲人一般的关怀。

据了解，“搭把手”行动是为了帮助大丰城乡社区陷入困境家庭，让长期照顾重残病人的家庭成员得到喘息。截至目前，与大丰义工联结为帮扶对象的家庭已有12家。周旭才和义工们正用自己不计回报的实际行动，改变着越来越多的困难家庭。

积极创新　义工行动获推广

据悉，近年来，由周旭才督导的大丰义工联“助残陪伴行动”不仅帮助了大丰第二人民医院长期住院的120余名精神病人，也覆盖了大丰麻风残老康复村的9名身体严重残疾老人，让接受帮助的人们感受到了亲人般的关怀。

除了定期烧菜、帮忙洗澡、改善居住环境外，周旭才还创新了助残模式，安排义工陪常年住院的精神病人到风景优美的荷兰花海景区游玩，陪精神病人开展“打掼蛋”比赛，每逢佳节到住院部为精神病人装饰病房，营造过节的喜庆氛围。这一创新助残模式为病人缩短康复时间、及时融入社会做出了积极的贡献，也创下了全省精神病人康复先例，被大丰二院和盐城市精神残疾人及家属协会在全国推广。

为了锻炼义工队伍，周旭才还推行每月“助残陪伴行动”执行总监负责制，在义工中竞选和推荐执行总监，对当月服务精神病人、改善伙食的公益活动进行总协调。灵活的激励制度不仅增强了义工队伍的凝聚力，还吸引了更多各行各业的人加入义工组织中来，各企事业单位的爱心人士、老师、学生等纷纷参与，义工活动越办越多。6年来，周旭才组织、带领义工开展各类公益活动700余次，参与义工1万余人次，受助对象9000人次。

回眸这些年的义工经历,周旭才充满深情地说:"哪怕微不足道,我也要用自己的力量帮助更多的人,我的使命还没有完成!"

"捧着一颗心来,不带半棵草去。"12 年来,周旭才用行动诠释了无悔奉献的深刻内涵。

采访手记

新华网记者　戚轩瑜

"捧着一颗心来",他用平凡善举传播小城大爱

头戴一顶安全帽,骑着一辆半旧的电动车,身上还斜挎着一个朴素的方包……我们见到周旭才的时候,他正风尘仆仆地从大丰义工联当天的活动现场赶来。本来我还有点发愁,如何与看似不善言辞的他打开话匣,几句寒暄之后竟意外得知周旭才是我父亲昔日的同事。就这样,我们从他们当初的工作单位聊起,聊起他为什么丢掉比较稳定的"铁饭碗",选择了"义工"这项并不挣钱的职业。

周旭才起初在大丰市一家收入稳定的企业单位就职,从事的是人力资源方面的工作,爱好文学的他还参与了单位内部刊物的编写。2005 年,周旭才从单位辞职,创办门户网站"大丰之声",这一举动在当时被很多人不理解,认为他"不务正业"。但周旭才告诉我们,用自己喜欢的文字和镜头记录大丰这座城市每天发生的平凡善举,通过网络传递正能量,这才是他真正想做的事情。

作为"大丰之声"的创始人,周旭才在这里结识了很多志同道合的网友,大家来自不同的行业、不同的城市、不同的生活环境,却不约而同地想为大丰这座小城做些好事,并引导更多的人做好事。就这样,周旭才等人开始凝聚网上网下公益力量,主动搭建大丰义工联这一网络公益平台,并设计活动载体,推出"补爱行动"(帮助父母一方去世、另一方离家出走的"被孤儿"孩子)、"搭把手行动"(帮助社区困境家庭)和"助残陪伴行动"(帮助住院精神病人和大丰麻风残老康复村老人)等网络公益品牌项目,发动社会各方力量参与网络公益活动,让大丰义工联成为网络公益的形象代言人,也让公益正能量弥漫在互联网的每一个角落。

在大丰义工联成立之初,周旭才的妻儿并不理解,也有不少社会人士认为这些义工是"沽名钓誉",但周旭才并不在意,只想通过自己的实际行动影响他人,汇聚社会正能量。周旭才做了很多好事,但真正撬动人心的却是一张看似平凡的照片:他为大丰麻风残老康复村一名身体严重残疾的老人周建明洗脚。周建明如今已经去世两年了,当时的他好多年都没有洗过脚,因为曾经身患麻风病,他落下双手残缺、双目失明、双脚

常年溃疡等后遗症。周旭才忍着他双脚散发出的异味，用一盆又一盆的温水帮周建明洗净双脚，敷上药膏。周旭才的这一举动不仅让周爷爷热泪盈眶，也感动了现场的义工，这张照片也成为大丰义工联内众多义工砥砺前行的动力。

“做好自己，让身边的环境因为有我更美好。”这是周旭才的理想。当他笑呵呵地告诉我的时候，又有些羞赧地表示是否夸大了自己的存在价值。言语朴实的他并不知道自己的善举带来了怎样的“洪流”，正是这道“洪流”冲破了人与人之间的隔阂，让大丰这座小城充满了人间大爱。

微语录

“做好自己，让身边的环境因为有我更美好。”——“创新义工品牌的义工”周旭才

微评论

网友“小背篓”说：周会长不光是弱势群体心目中的好人，更是我们义工们心目中的良师益友，人生路上，因为有了他，更温暖！祝福他！

网友“雨吻花”说：周旭才会长是我们大丰义工联的领头羊，同时更是我们义工联的灵魂人物。他在不断践行“做好自己，温暖他人”的同时，不断带动着身边人加入“做好人，行善事”的行列，用他的实际行动，真正做到了“让身边的环境更美好”！

“铁路蜘蛛人”胡军

“飞檐走壁”只是他的日常，10年光阴，他与悬崖为伴，挥动着手中的钢钎，将威胁铁路行车安全的危石消弭于无形，上演了一场场惊心动魄的“绝壁之舞”。“蜘蛛人”胡军是郑州铁路局月山工务段桥隧机械化班组的班长。比起这个拗口的名字，他更喜欢称自己为“捅山队的”。“我的工作能为列车运行消除危石隐患，保证线路畅通，一心一意地做好自己的工作让我很快乐。”

行走在悬崖峭壁上的“蜘蛛人”

新华社“中国网事”记者　王烁

轰隆隆，一阵石头滚落的闷响，在静谧的大山里仿佛一场塌方降临，格外让人心惊肉跳。“小心”“往左边上一步”“放绳”……循着声音望去，一个身穿黄马甲的“蜘蛛人”正紧贴在十几米高的垂直峭壁上，手拿一根细长铁棍猛撬身旁的山石。原来，他正是刚才的“塌方”制造者。

这位用生命在撬山石的“蜘蛛人”叫胡军，是郑州铁路局月山工务段桥隧机械化班组的班长。比起这个拗口的名字，他更喜欢称自己为“捅山队的”。捅山就是清除铁路两侧山上可能掉落的危石，确保山区铁路安全畅通。这也是他眼下正在做的事，而且是一件需要体力、胆量和技术的事。

不是特种兵　干起“特种任务”

每次作业，都需要“捅山队的”队员们相互配合。山上3到4人控制一个人的安全绳，两人吊绳作业，一队人山下指挥并负责现场安全检查。由于每天铁路线上列车往来不断，发现了危石也不能马上清理，要向铁路上级部门汇报作业需求，这段作业时间叫作“天窗”点，然后等待申请的“天窗”点批下来。一般“天窗”点只有两个小时，这就是他们清除数十米悬崖上危石的所有时间。

太阳还没有驱散凌晨的雾气，记者跟着他们的工程车在弯弯绕绕的盘山路上行驶,6点半到达了捅山地点附近。虽然已经是初春,但是山里的气温还是很低,捅山队员们穿着并不厚重的衣服,将大锤、钢钎、撬棍、安全绳、安全桩等工具扛在身上,随时准备出发。郑州车辆段月山桥隧车间主任赵云看着两趟列车顺利驶走,用无线呼叫机确认施工时间后,招呼队员们开工。

"山上没有路,大家要用镰刀砍掉荆棘,双手扒开杂草,抬着绳索,背着沉重的工具,从陡峭的山坡登上山顶,再从悬崖上吊下来作业。"郑州铁路局月山工务段桥隧机械化班组工长李金武说。

工长李金武、班长胡军和27岁的"小牛犊"张磊是这天撬危石的主力。胡军和张磊系着安全带和安全绳,一点儿一点儿往十几米的峭壁下方移动,几乎悬空着撬石头。胡军所处的山坡岩石较硬，为了找准角度用力，他不时朝山上的李金武喊:"往下来点儿。"安全绳就会松一截。在放绳的瞬间,胡军迅速往下一跳找到下脚处,想办法使自己保持平衡。一旦反应不及时,整个人就会被吊在空中打转,甚至撞到峭壁,十分危险。

"每个扫山工都撞过很多次,刚开始的几年经常擦破胳膊,撞到腿,还有后腰。"山下的赵云一边说,一边仰头紧盯峭壁上正在挥舞撬杆的胡军和张磊,"往你左边再来一下""跨过去""注意脚下"……近10分钟后,胡军终于把最硬的一块危石撬落。由于山体紧挨着铁路,撬下来的石头大多直接落在了铁轨上。

赵云一边指挥山下的队员往篓子里装碎石,一边对记者说:"你看,这么个鸡蛋大的小石头,要是正好有火车快速经过掉下来,就能把火车玻璃砸破,伤着人。""要是再大一点儿的呢？""那更了不得,火车会脱轨。"

随着叮叮咣咣的声音渐渐停歇,胡军、张磊和其他队员从峭壁上下来。这次扫山被胡军称为很轻松的一次,"今天的崖壁还好,是90度角的,有时我们要翻越一块巨大的凸起岩石,钻到崖壁下面工作,连个立足点都没有,危险极了。"胡军告诉记者,"'天窗'点的时间往往比较紧张,为了节省时间,在清理危石的中途是不能换人的,这对体力和耐力的要求很高。"

一年30多次捅山 最怕汛期下雨

郑州铁路局月山工务段管辖的太(原)焦(作)铁路,是晋煤外运的重要通道。这段铁路线穿越豫晋交界的太行大峡谷,依山傍沟,桥隧相连,地势复杂。特别是沿铁路的山体多为石灰岩结构,山上的石头风化后,经风吹雨淋,时常会掉到铁路上,一旦被火车撞上,后果不堪设想。

"为确保火车安全行驶,我们每年要对100多个山头进行检查,组织'捅山'30多次。"赵云说,在巡查山体过程中,他们标注好须清理的危石后,再向上级部门汇报"天窗"点的作业需求。

"雨天是捅山队最担心的天气。"李金武说,大雨冲刷特别容易引发泥石流,捅山工就要随时赶到现场处理。如果汛期大暴雨将大石块冲刷下来滚落到铁轨上,后果不堪设想。"所以,郑州铁路局4处一级防洪点全部位于月山工务段管内晋城至月山间。"赵云说。

在汛期,捅山队还会对防洪一级危险处进行重点监控。特别是在雨中,他们会对危石进行不间断观察,被称为汛期的"守山人"。他们要对巡检确定的危石进行标注,沿线山体上到处可见空心三角形、实心三角形、空心圆圈等危石标记。

当青春遇到坚守

自这些穿越高山的铁路建成,一代又一代的铁路职工用他们的汗水守护着铁路的安全运行。说起年龄让人吃惊,他们不少人已经年逾不惑,可以说是地地道道的大叔级捅山工。守着寂寞的大山,一干就是十几年。

他们整日奔波于太行山深处,有时候十天半个月回不了家。谈到退休后想做的事,有的人笑着说:"想带着家人出去旅旅游。"还有人说:"想多帮家里干点家务。"

然而,这些扫山大叔在期待退休生活的同时,也隐隐担忧着年轻一代能否接过接力棒的问题。捅山是一份需要有胆量、有技术、有好身体才能胜任的工作,恐高、怕苦、畏险不行。而当天第二次下悬崖的张磊让这群老捅山工看到了希望。

"初生牛犊不怕虎"用在张磊的身上再合适不过了,今年27岁的他虽然经验浅,捅山的工作干起来却是有模有样的。问起当初自告奋勇下悬崖的理由,他只是笑笑说:"因为都是老同志嘛,我就觉得我应该挑起这个担子。"

他们的工作在一般人看来很刺激,也很辛苦,但是记者从他们嘴里听到最多的却是"没什么""挺平常的""很普通"。

"我们都是最普通的铁路职工,但是我们都很爱自己的工作,也很知足。"早晨的阳光洒在捅山工们黝黑的笑脸上,而陪伴着他们的只有默然无声的山石和一趟又一趟安全驶过的火车。

记者手记

新华社"中国网事"记者　王烁

采访时,3月的凌晨冷得让人发颤,捅山工人仅用一根绳子悬吊在悬崖上的画面仍时不时在记者脑海中浮现。

铁路工作素来有着“铁饭碗”的称号，一说起铁路的职业，也许你想到的是风驰电掣的火车司机，也许是穿着漂亮制服的“动姐动哥”，还有可能是车站里手拿信号旗的调车员……但是却很少有人知道铁路上有种“不为人所知”的职业，他们绳索缠身，“飞檐走壁”。他们被称为铁路上的“特种部队”。每年汛期前，他们都会暂时告别亲戚、朋友，甚至最爱的人，从城市出发进入人迹罕至的大山深处，天做被、地当床，与外界隔绝，日复一日地攀登悬崖峭壁，对太焦线两侧100多公里长的豫晋交界处太行大峡谷山体进行危石检查、清理、整治，排除安全隐患，守护着中原千里铁道线的平安。

在电视电影里，我们看到过修红旗渠时的除险队队长任羊成带领着他的伙伴们，腰系安全绳，手持钢钎和抓钩，在悬崖峭壁上清除那些容易掉落的石头，以免砸伤人。那一幕幕惊险的画面，令人难忘。他们是群众称为“飞虎神鹰”的英雄模范人物。

没想到，铁路工人里边也有一支这样的“铁道卫士”。他们和当年修红旗渠的任羊成一样，腰系安全绳，手拿钢钎，在悬崖峭壁上巡查有没有可能滚落的石头，如果有影响铁路运行安全的石块，他们就得想办法把石头捅下去，决不能让那些具有潜在危险的石块影响火车的正常运行。

采访前，记者搜索了很多素材，一幅幅惊险的画面让记者在还未采访时就已经对捅山工们心生敬意。采访时，记者才发现，在这些捅山工的辛苦面前，多华丽的语言都瞬间变得苍白。当他们腰系安全绳在悬崖峭壁之间不停地摆动身子的时候，当他们脚下踩着的悬崖松动不时有落石掉下的时候，记者的心也跟着一次一次紧紧提着。

巡山、捅山，每天需要重复劳动；巡山、捅山，却是无比重要的责任与义务。长期坚守在这样的工作岗位上，也许会让我们感到枯燥无味，但是，这些“铁道卫士”却始终不改初心。

抗美援朝时期的中国志愿军被人们亲切地称为“最可爱的人”，如今，在这群忘我工作的捅山工的身上，记者同样看到了“最可爱”的品质。

“因为这里的环境恶劣，所以才守；因为艰辛，所以要守；因为咽喉，所以要守；因为安全，所以必守。”这些轻描淡写的话语和捅山工晒得黝黑的一张张脸不断重叠，莽莽千里的太行大峡谷中，穿着黄马甲的捅山人沿路前行；蜿蜒钢铁线上，还有很多像他们一样的人们，在穿戈壁，走险滩。大路无言，却见证着他们守护线路安全的工作；钢轨有情，记录着他们为煤运通道付出的点点滴滴。

哪有什么岁月静好，只是有人在你看不到的地方默默守护着穹顶之下的那份安宁。当我们坐在火车上，随着两边的风景呼啸而过，最美的风景不是奇山异水，而是那看不见的一个个辛勤的背影。

微语录

“不管干什么活,既然干了,就要把活干好。不管工作有多累多苦,习惯就好。”——“铁路蜘蛛人”胡军

微评论

新浪微博网友说:捅山工百米高空悬吊绝壁清理危石,为山下铁道护航,不愧为太行峭壁上的“排弹专家”,手动点赞。

新华社客户端网友说:他们的工作加固着民族的脊梁!

“助人爱好者”林启辉

林启辉，海南职业技术学院一名体育老师。2016 年 6 月，林启辉逛街时发现一名女店主晕倒，自告奋勇上前急救。他采取人工呼吸、心肺复苏等施救手段，甚至用口吸出病人口中的痰，终于使病人恢复呼吸，救人一命。

2017 年 5 月，他被海口市授予“海口市见义勇为积极分子”称号。2017 年 8 月，他被授予“海南省见义勇为英雄”称号。2017 年 10 月 19 日，他获得“‘中国网事·感动 2017’第三季度网络人物”。

海南省见义勇为英雄林启辉：救人，我准备好了！

新华网海南频道记者　纪惊鸿

林启辉，海南职业技术学院的一名体育老师，2017 年 5 月被海口市授予“海口市见义勇为积极分子”荣誉称号，2017 年 8 月被授予“海南省见义勇为英雄”光荣称号。

2016 年 6 月，林启辉自告奋勇急救一名素不相识的女店主，运用人工呼吸和心肺复苏技能，还用嘴吸出堵塞病人呼吸道的痰，终于抢救成功。

林启辉说，自己积极学习急救知识，培训游泳救生技能，还会将技能传授出去，带动更多人挺身而出、弘扬正义、见义勇为。

爱吾亲人以及人

今年 45 岁的林启辉，身高 1 米 74，体重超过 80 公斤，是一名体格健硕的体育老师。深入了解他救人的动因及细节后，记者发现，林老师心中细腻而丰沛的情感，是促使他见义勇为的内生力量。

林启辉介绍，自己有两位亲人，一位被痰堵住突然过世，一位遭遇意外时仍有心跳呼吸,但因无人懂急救而离世。

"他们过世的时候我比较年轻,心中很心疼亲人,想着要是有人懂得急救知识,当时就能把他们救回来,或者是在救护车来之前争取更多救援时间。所以我平时很认真学习培训人工呼吸、心肺复苏等急救知识。"林启辉说,"我早已经做好准备了,万一要是有人发生像我亲人这种情况的话,我肯定要去救!"

于是,2016 年的那一天,在逛街时看到服装店内慌乱而嘈杂的场面,了解到一名女店主突然晕倒时,林启辉觉得,"当时很有信心,好像这个机会来了,有机会帮人家了。"

一心只想着可以救人的林启辉,在征得女店主家人同意后,展开了急救。然而,过程并不是那么顺利。

"检查后,发现她呼吸也没有了,心跳也没有了,脸色也不好……对她进行人工呼吸和心肺复苏,大概救了 10 分钟,我也累了,但是她还没苏醒。旁边的人开始哭,乱哭。她老公翻起她的眼皮,瞳孔已经放大了。"林启辉老师回忆,"确实也有点害怕了……但是我知道,这种类型的病人不能放弃,只要有一点点救醒的可能都要继续……我镇静下来,仔细检查她的身体状况发现,她口中出现一些痰,说明之前的救治让她的痰往上涌了……我把痰给吸出来后,又继续急救了 15 分钟左右,就听到了'咳'的一声,感觉这个人一下子呼吸通畅了。旁边的人欢呼起来,问我说你是医生吗,我说我不是,只是有急救知识而已。"

"骨子里就有这种东西"

就像林启辉说的,助人救人仿佛是他的一种"本能"。

2011年 12 月,林启辉在海口市解放西路逛街时看到一名女子,被一名四五十岁高大的男子暴打,打得很重很惨,鼻梁上肿起来一个黑色的血包,差不多跟鸡蛋一样大,嘴巴也被打破了,眼睛、脸上也被打破了。旁边有人也想帮忙,但打人者突然叫喊起来:"谁敢上,谁敢上?"没有人敢去。林启辉说:"我从后面一下子抱住他的腰,他跟我打起来,两个人滚在地上,旁边的人过来帮我把那个人按住,刚好这时候 110 也过来了,我们就把那个人交给警察了。后来听说那个人是精神病患者。"

2016 年五一假期,林启辉开车时看到两名男子,一人躺在公路旁边的沟里流血不止,另一人在路边请求帮助。据介绍,他们骑着一辆摩托车,被一辆小汽车撞倒,肇事者逃走了。林启辉赶紧把他们送到了医院,待两名男子亲人赶到医院才离开。

2015 年 8 月。"当时我的孩子在游泳池玩耍, 一个小女孩套着游泳圈在另外一侧玩。不知道怎么回事,小女孩的头栽到水中去了,脚和游泳圈在水面上,她拼命挣扎。我急忙从深水区一下游到浅水区,把她翻过来,她已经喝了几口水,做了人工呼吸、心肺复苏,把她救过来了。如果没有人发现,也是非常危险的。”

林启辉自豪地说,自己出生和成长的乐东县利国镇球港村是革命老区,抗日战争时期,村里有多名共产党员为革命牺牲。自己的父亲担任过村支书,平时比较豪爽,有爱助人的性格,在这种氛围里长大,自己乐于见义勇为、打抱不平,从小到大都是这样子。

“对课堂上的学生,对亲戚晚辈,我也会用正能量引导他们,用正义感、用这种做人做事的方式去感染他们。见义勇为、弘扬正义不仅是我们自身本能的气质,社会上更需要这种精神。像我们学过游泳知识、急救知识,身体健康的人看到弱者或者需要帮助的人时候,就要挺身而出。我以后也会挺身而出,带动一些人弘扬正义、见义勇为。”林启辉说。

见义勇为,每个人都能做到

林启辉对“见义勇为”有着自己深刻的理解。

他表示,并不一定要冒着危险救人,并不一定是勇斗歹徒才是见义勇为。中国传统文化中,对“义”的理解,就是一种道义。只要帮助了别人,在所作所为中体现出了道义,这就是见义勇为。而这样去理解见义勇为,才是我们普通人生活上可以做到的事,是最普遍的事,才能加以推广。

“如果弘扬这种见义勇为,就能减少矛盾,不让矛盾升级成激烈的对抗。很多时候,人们都是互相不理解、怄气,才升级到拔刀相见、伤害别人。就算是动物,善待它,也不会咬你。人也一样,不要激怒他,多多少少会感化一些人。”林启辉说。

作为一名教师,林启辉理解矛盾和对抗,很自然地将引导别人作为出发点,站在对方的角度思考。“做好人好事化解矛盾,避免很多伤害事故,用心温暖人(比所谓冒着危险见义勇为的效果)更好。不必搞得那么极端,比如这个人是好人,那个人是坏人,没有分得那么清楚的。”

此外,林启辉也希望通过媒体提醒大家,救人是有风险的,想要救人一定要学会救人的本领。“比如说,要在没过人头的地方救溺水的人,是很难的,最好是用竹竿等工具救助,除非你是专业学过游泳的,才能尝试。我要学救生知识、上游泳培训班就是这个原因。”

最近,林启辉计划借助学校课改的机会,更加有组织、有计划地把急救知识、游泳知识传授给学生。“只要懂得急救知识,都可以救人,或者争取抢救时间。”让大家都有救人的能力,才能做好救人的准备。

记者手记

新华网海南频道作者　纪惊鸿

"我也不知道自己当时为什么会流泪了。"当林启辉被问起救助昏倒女店主的细节时,笑得很不好意思。

林启辉内心的情感细腻丰沛,是记者与他接触时强烈的感受。小时候生活在革命老区的他,从小受英雄故事影响,把打抱不平当作了一种生活态度。年轻时,林启辉不幸经历过两次亲人离世,而且均为施救不及时最终导致死亡的情况,内心强烈的痛苦和巨大的遗憾,改变了他的人生。

"每次想起来,都觉得很可惜、很可惜……"于是,林启辉感觉自己身上背负起了一种义务,他必须阻止其他人遭遇到自己亲人曾有的不幸。他主动学习心肺复苏、人工呼吸等急救技能,利用业余时间接受游泳专业训练……林启辉心底的信念驱使着他默默地完善着自己,当看到街头小店那位女店主不省人事时,林启辉唯一的念头就是:救人、救人、救人……

不断尝试、重塑信心、排除困难、坚持施救……林启辉在短短的施救过程中,经历了情绪上的极大起伏。"当时旁边的人哭得太多了,我着急、激动起来,又触发起我记忆中的一些往事,就流泪了……"当病患终于恢复呼吸,身边人欢呼起来时,林启辉打心眼里感到非常高兴和自豪,"很有成就感"。

帮助别人毫不退缩的林启辉,骨子里其实是一个很腼腆的人。获救的女店主及其家人多次跟林启辉联系,不仅口头表示感谢,还多次想请他吃饭,增强沟通和增进感情,林启辉都没去。"有一点儿害羞吧。"怕面对别人的感谢,也怕在赞扬中手足无措。"我还比较刻意地避开救人的那个地方,不太好意思回去,怕被人认出来。"

林启辉似乎完成了心中的夙愿,但是对于"时刻准备救人"的他来说,这绝不是结束。将急救知识、游泳技能引入大学课堂,将一个人的力量化为更多人的合力,让见义勇为的精神推广到全社会,这成了林启辉新的使命。

林启辉对见义勇为有着独特的看法。作为一名教师,林启辉是一名"善导者",他认为,最大的"义"其实存在于每个人的日常生活当中。只要遵循着正确的价值观,以"道义"为先,用柔和的方式站在对方的立场上去思考问题,很多矛盾都是可以化解在初始阶段的。"比如说,一个人正在气头上,如果用强硬的口气顶撞冲突,肯定会激化情绪。但是如果是用柔声细语去安慰化解,也许就不会有那么多矛盾发生了。"见义勇为,就是这么简单。这么去理解见义勇为,这种精神才能在社会上更好地得以推广。

林启辉,一个行走在我们身边的正义守护者,为你点赞!

微语录

“不一定要冒着危险救人才是见义勇为，平时对人讲道义，愿意帮人，做的事有体现‘义’，就是见义勇为。这样才是生活上最普遍的事，才能推广。如果弘扬这种见义勇为，才能减少升级到矛盾的很激烈的对抗。”——“助人爱好者”林启辉

微评论

网友说：用嘴帮助病人把痰吸出来，就算是自己的父母都难做到。

网友说：林启辉的感人事迹让我联想到在教育领域还有很多像他这样助人为乐、见义勇为、爱岗敬业、无私奉献的典范，他们的精神值得我们学习与赞扬。

"扎根新疆的公益行者"杨军

13年来,他以公益为纽带,凝聚全社会和新疆各民族力量,推动建立了新疆民间公益联合救灾、联合公益网络,致力于新疆民间公益组织和少数民族公益事业的健康发展。通过他的不懈努力,1000余万元公益资金在新疆落地生根,让超过10万名新疆各民族儿童获益。

杨军,扎根新疆的公益行者

壹基金通讯员　李兰

2017年5月11日,新疆喀什地区塔什库尔干塔吉克自治县发生5.5级地震,造成房屋倒塌和人员伤亡,这是当地近20年来最大的一次地震。地震后,家住震中塔什库尔干乡库孜滚村的12岁男孩巴图尔夏(化名)遭遇了又一次不幸:他的父母离婚了!灾害和家庭变故的双重打击让这个塔吉克族少年一下子变得沉默寡言。

511地震发生后,杨军作为壹基金联合救灾项目——新疆山友救援队负责人,立即协调指挥喀什当地的救灾伙伴赶赴灾区开展灾情评估,并转运救援物资。随后,杨军又推动社会组织和爱心人士与当地政府合作,在平均海拔超过3000米的塔县灾区建立了两所儿童服务站。

6月初,库孜滚村儿童服务站开放了。然而,社工们却发现,巴图尔夏总是一个人坐在最后一排,不跟其他人说话,什么活动也没兴趣参加。了解到他的情况后,社工一次次与他谈心,鼓励他参加游戏和活动。3个月过去了,巴图尔夏渐渐变了。在儿童服务站开展的庆祝古尔邦节的文艺活动中,巴图尔夏报名参加了好几个节目,儿童服务站从帐篷搬到砖房里的那天,他第一个来帮忙。

提起杨军,新疆的公益界人士都会跷起大拇指。从2004年创立新疆山友救援队算起,49岁的杨军从事公益已有13年,参与过四川雅安地震、甘肃岷县地震、云南鲁甸地震和西藏日喀则地震的救援组织工作，组织过2014年新疆于田地震、2015年新疆皮山地震、2017年新疆塔县地震、精河地震等多次社会力量联合救援行动，在儿童与青少年发展、少数民族公益人才培养等多个领域都有深入探索。作为壹基金联合救灾项目新疆地区的负责人，杨军推动建立了新疆民间公益联合救灾、联合公益的社会组织协调机制，致力于推动新疆少数民族公益事业的健康发展，救援与救灾的工作领域从山地户外救援逐渐扩展到灾害救援与过渡安置、恢复重建、公益倡导、社会组织能力建设等领域。各民族公益组织把他当作好兄长、好朋友，相关部门则把他视为好参谋、好伙伴。通过杨军的不懈努力，1000余万元社会公益资金在新疆落地生根，超过10万名新疆各民族儿童获益。

为每一个人参与公益创造便利

在投身公益前，杨军在政府环保部门从事了20多年技术工作，是高级工程师。后来自己创业，投身户外运动行业。“技术范儿、互联网思维和户外运动经验，政府公务员和企业创始人的经历，为我后来开展公益提供了视角和基础。”

在杨军的公益生涯中，新疆新源地震是个转折点。2012年6月30日，天山深处的新源县、和静县交界处发生6.6级地震。作为壹基金救援联盟成员——新疆山友救援队队长，杨军第一时间带领团队奔赴灾区开展灾情评估，将300个壹基金温暖包送到灾区孩子们手中。“在这次救灾中，我们第一次尝试联合不同领域的爱心力量一起行动：动员10多位越野车车主组成一支越野车队运送温暖包；联系新疆的微博大号，联手当地主流媒体传播公益。”新源地处天山北麓，这支由不同民族、行业、年龄爱心人士组成的队伍最终翻越雪山，将救援物资送到灾区儿童手中。

在这次行动前，新疆的草根公益组织多以小团队、小规模的方式分散地开展公益活动，而新源地震救援首次尝试民间组织与政府部门、救援与救灾、自媒体与主流媒体跨界合作，开创了公益新模式。“公益不分民族和行业，只有跨界合作才能激发更多人的公益热情，推动更多人参与公益，互相关爱，更大范围地促进新疆和谐。”杨军说。这也奠定了后来新疆民间公益发展的特点，那就是注重与新疆区情结合，联合、跨界，多民族、多团队参与。

温暖包的分装和发放是新疆各界爱心人士参与公益的最好例子。2012年新源地震后，壹基金每年都在新疆发放温暖包，帮助贫困地区的困难儿童度过寒冷的冬天。温暖包由儿童棉衣、棉鞋、围巾、手套以及美术套装、袋鼠玩偶等13件物品组成，物资运送到当地后，需要协调本地志愿者和爱心人士进行分装，再根据事前调查和评估确定的发放名单发放，后期还要开展回访和评估，每一个环节都有严格的规范和流程。杨军认为,温暖包项目包含调查、分装、转运、发放、筹资、动员、传播、回访、评估和反馈等公益项目必需的所有环节,是全社会联合爱心行动的好机会,因此每年都会提前做好详细的计划,事先通过媒体发出志愿者征集启事,认真做好现场指导和服务。

经过几年发展,温暖包项目已经成为新疆参与团队、志愿者最多,传播最广,影响力最大的公益活动,5 年间共发放温暖包 3 万余个,最多时两三千人同时参与分装。"我们将温暖包发放看作是一次公益大联欢、尽量把简单的事'复杂'化,能'麻烦'大家的时候尽量'麻烦'更多的人。做公益是享受幸福的机会,这个机会要让更多人分享。"杨军说。

在杨军的推动下,新疆各行各界社会知名人士纷纷加入公益队伍。西部笑星高建新、哈萨克族歌唱家达列力汗、旅游专家毕亚丁、音乐人洪启、新疆著名广播节目主持人航志、画家卓娅、新疆电视台主持人海米提等人都曾身体力行地参加公益活动,用自己的影响力呼吁更多人了解公益、参与公益。

用公益搭建民族团结的桥梁

新疆是多民族兄弟姐妹共同的家园。如何促进各民族公益组织成长,推动少数民族公益事业发展,进而更好地促进和谐社会建设,一直是杨军在公益实践中思考的问题。

31 岁的哈萨克族青年夏依扎提·居马洪是新疆青少年发展基金会白天鹅公益基金的负责人,也是伊犁州特克斯县公益联盟的协调人。今年,壹乐园—音乐教室项目要为特克斯县的 8 所乡村小学校改建音乐教室。"这 8 所学校都以少数民族学生为主,杨老师建议我们充分动员特克斯县公益联盟的力量,由组成联盟的汉族、哈萨克族、维吾尔族、柯尔克孜族、回族、蒙古族、乌孜别克族等 7 个不同民族的 16 支公益组织,共同参与完成音乐教室的改建工作。我们最终采取两支公益组织合作对接一所学校的方法。比如哈萨克族孩子为主的学校,就请哈萨克族的公益组织与另一支公益组织结队负责,柯尔克孜族为主的学校就请柯尔克孜族公益团队负责做好协调工作。"夏依扎提·居马洪说,尽管各民族的语言、文化不同,但公益与音乐一样,是大家共通的语言。做公益时,各民族志愿者很容易达成共识,建立起深厚的感情。"目前,8 所音乐教室的改建已经全部完成,孩子们很快就能在漂亮又专业的音乐教室里上音乐课了。"

"我们有意识地寻找各民族公益组织联合行动、联合发展的契机。"杨军说,"实践证明,来自不同民族的伙伴在公益中最容易达成共识,找到民族团结与合作的纽带和共同的价值观。在公益领域多合作、同发展已经成为各民族的共同愿望,而合作开展公益是各民族团结互助合作的典型模式。这也是我们在新疆这片广袤大地上开展公益工作,觉得最有信心、最有价值感的原因。”

推动新疆民间公益组织发展壮大

多年扎根新疆让杨军对脚下这片土地有着深深的理解和热爱。他认为,新疆拥有丰富的民族、文化和宗教形态,而公益则是各少数民族传统文化中的共通文化。哈萨克族有谚语:“财富的一半是留给客人的。”推动少数民族公益事业发展,有利于构建少数民族价值观体系,树立符合现代文明的文化标杆。而不同民族的公益优势和特色融汇在一起,为新疆少数民族公益发展提供了巨大的空间。

促进新疆少数民族公益事业发展,归根到底是要帮助各少数民族公益组织提升能力。2012 年,在自治区团委的领导和壹基金等各方公益伙伴的支持下,杨军推动乡村校园志愿者等 21 家新疆公益团体联合成立了“新疆志愿公益救援联盟”,这被看作是新疆“草根”公益团队优势互补、整合资源、提升服务能力、“抱团”发展的重要里程碑。作为支持性组织,新疆志愿公益救援联盟不仅致力于构建符合当地实际情况的联合公益网络,同时帮助新疆的草根公益组织发展本土特色的公益项目,形成具有新疆特色的公益品牌和文化。

维吾尔族姑娘努尔彦·买买提来自南疆库车县,是公益组织“一家人志愿者团队”的负责人。2014 年 4 月团队成立后,第一个接触的公益项目就是温暖包项目。“第一次独立完成 100 个温暖包在库车的发放,对我们这个刚成立不久的小小公益团队来说意味着信心和成就感。”努尔彦说。到了 2015 年,团队考虑结合南疆儿童的需求设计新的公益项目。“我找到杨老师,他非常赞赏我们的想法,鼓励我们说,你们对南疆的孩子最了解,可以专门为南疆儿童设计一款改进版的温暖包!”

杨军的话让努尔彦眼前一亮。2015 年,经过前期调研,“一家人志愿者团队”发起了公益项目“衣缘计划”,为南疆地区的困境儿童提供过冬衣物,在项目设计上更贴近当地孩子的需求。当年,“衣缘计划”共在库车、和田发放了 1500 套衣缘包,得到了儿童、家长以及公益界人士的认可和称赞。“这对我们的团队来说是巨大的鼓舞。”2016、2017 年,努尔彦又带领团队在库车开展了净水计划和其他一些公益项目。努尔彦说:“从温暖包开始,我们开展的公益项目越来越多,经验越来越丰富,但每一步都得到杨老师的悉心帮助,他就像一位严厉又不失慈爱的父亲,陪伴并搀扶着我们走在公益路上。”在新疆已小有名气、具有本土公益文化特色的“墙上便饭”、梭梭计划和同声传译等多个公益项目也得到了新疆志愿公益救援联盟的支持。

记者手记

李兰

个子不高，总戴顶户外帽，脸上带着温和的微笑，在人群中毫不起眼。不了解杨军的人很难想象，这个看上去如此平凡的人怎会拥有这样强大的感召力和行动力，十几年如一日，联合新疆各族爱心人士齐心开展公益，逐渐建立起一个遍布天山南北、深入新疆每一个地州的公益伙伴网络。睿智却低调，心怀理想又脚踏实地，公允而严正，这是熟悉杨军的人们对他的一致评价。

生于斯，长于斯，杨军对新疆有着深深的了解和热爱。他总是说，新疆各民族传统文化中都有乐善好施、互相关爱的基因，现在人们的生活越来越好，温饱问题解决后，想得最多的就是伸出友善之手援助他人，这是中国社会发展的必然结果。而投身公益前在政府部门和企业的多年工作经历又让他熟知如何把握政策、调配资源，再通过精心设计的公益活动吸引不同群体参与，并让大家参与公益后“各得其所，其乐融融”。用他自己的话来说，做公益就是要尽量“麻烦”更多人，让大家都能享受做公益的快乐。

为了达到这个目的，杨军可谓“煞费苦心”。举个例子，温暖包向新疆地区的生活困难儿童发放，首先要运送到各州市的一线发放地区。为了节约运输成本，更为了发动社会各界的力量参与，杨军同小伙伴一起和当地企业协商，请物流企业在不打乱原有运输计划的前提下，分批次将温暖包运到发送地区，请客运公司的班车捎运，征集私家车主回家时志愿运输，等等。没有运输资源的企业可以号召员工以志愿者身份参与温暖包分装，有才艺特长的志愿者可以给大家表演节目，加油鼓劲。对杨军来说，与结果相比，他更注重公益项目的执行过程是否能够激发更多人参与。

《新疆都市报》记者姜岚至今对2012年新疆新源地震后第一次跟随杨军参与温暖包发放记忆犹新并“深感震撼”，这是她第一次看到温暖包从遥远的深圳来到新疆，“好像一道温暖的阳光把世界连成了一个地球村！”而更让姜岚受到震动的是，当时新疆的公益组织“都是你做你的，我做我的，互不影响和干涉”，温暖包的发放却联合了来自不同领域的人们共同完成。“这让我第一次意识到，原来不同的公益团队可以为了同一个目标而努力，这种创新的公益理念就像在我面前打开了一扇窗。”这次救援行动让姜岚对新疆公益应该怎么做、公益人能做些什么开始了深深的思考，她后来成为杨军公益路上的忠实伙伴和追随者。除了切身参与公益行动，用新闻记者的敏锐嗅觉和坚实报道传播公益外，让更多人了解和参与公益，成为姜岚这些年来一直努力的方向。

还有很多青年人受杨军影响参与和投身公益。大学生翟彦妍2013年因为偶然的机会参与了温暖包的发放，2014年她主动加入温暖包的分装和发放队伍。大学生阿依努尔说：“杨老师能够帮助别人，我也可以。”有了这种信念后，她在就读的乌鲁木齐职业大学成立了学生公益组织“玫瑰公益团”,为需要帮助的老人和儿童提供帮助。

在采访中,新疆多位公益人对杨军推动新疆各民族公益事业发展,支持遍及全疆各州市的公益伙伴为当地社会和谐和精神文明建设贡献力量赞叹不已。培养、支持各地的公益伙伴并提升他们的能力,就像撒下无数颗公益的种子,最终看到种子生发出芽,公益的草原上生机勃勃。往年发放温暖包,姜岚和几个公益骨干都会下到一线州市支持当地伙伴,而经过短短几年发展,伙伴能力得到提升,他们自己就能将项目执行好,同时关注的领域不断扩大,助学、扶贫、养老……当地公益伙伴在解决当地的社会需求方面发挥着越来越重要的作用,这是杨军最欣慰和自豪的事。

新疆是一个多民族、多宗教、多文化汇集的地区,杨军靠什么将不同民族、宗教和文化背景的人们团结起来,齐心做公益?随着采访逐渐深入,这一问题的答案也越来越清晰:因为他心中有大爱,却没有个人的私心——在他看来,各民族是平等的,公益是各民族文化中的共通之处,只要愿意参与公益,就应该给予机会,并在公益成长的路上帮扶一把;因为他公允且严正——对待所有的公益伙伴,不论是新出生的公益“小苗”,还是已有多年经验的公益“老树”,都一视同仁,不偏不倚,热心帮扶,一旦发现问题会严肃指出并督促改进;因为他身体力行——尽管工作很忙,出差是家常便饭,但几乎每一个公益项目都能看到他的身影,在传播公益理念上更是不遗余力。

杨军,扎根新疆的公益行者。愿有更多人因为被他“麻烦”而参与公益,爱上公益。

微语录

“实践证明,来自不同民族的伙伴在公益中最容易达成共识,找到民族团结与合作的纽带和共同的价值观。在公益领域多合作、同发展已经成为各民族的共同愿望,而合作开展公益是各民族团结互助合作的典型模式,这也是我们在新疆这片广袤大地上开展公益工作,觉得最有信心、最有价值感的原因。”——“扎根新疆的公益行者”杨军

微评论

网友张炎说:他个子不高,感召力却很强大。从身边人到天山南北的各民族公益组织,有了他的帮助和支持,公益爱心团队有了互动和联络,人人公益、人人参与的理念深入每个角落。

网友“简单”说:杨军用自己的实际行动支持新疆民间公益组织发展。他首先提出了新疆公益“联合”的概念,得到了各公益团队的响应,给新疆民间公益组织发展带来了更大空间。

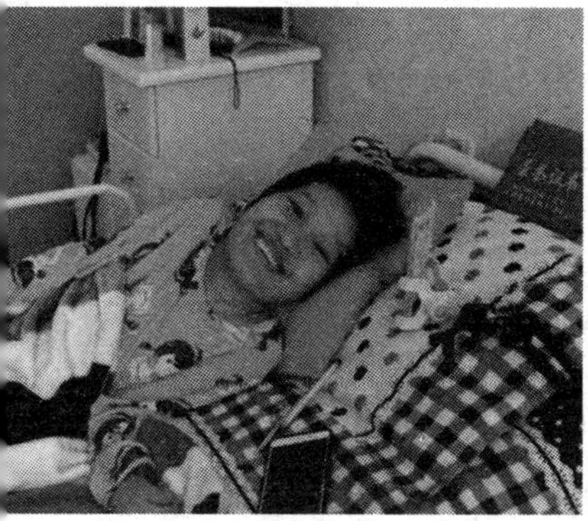

"励志网红"李娟

安徽省砀山县唐寨镇唐寨庄村民李娟身患脊髓性空洞症,全身瘫痪,几近"植物人"。但面对磨难,她自强不息,靠着毅力用嘴咬着触控笔,在微信平台上卖水果。在社会爱心人士的帮助下,她先后卖出几万公斤水果,不仅帮助家里解了燃眉之急,而且帮助亲戚邻居销售水果,成为远近闻名的"励志网红"。她的先进事迹受到中央媒体高度关注,中国残联主席张海迪、安徽省委副书记信长星先后对其予以关心与鼓励。李娟的事迹鼓舞了更多的残疾兄弟姐妹及现在的年轻人,只要有不畏艰难的精神,每个人都可以用奋斗书写自己的精彩人生。

心坚强,断翅的小鸟也能飞

《人民日报》记者　顾仲阳

"我叫李娟,是安徽省砀山县农民。由于脊髓空洞症,全身只有头能动。"躺在床上的李娟,这么自我介绍。可就是这么个重度残疾人,成了家里脱贫的"顶梁柱",还成了带动邻里共同脱贫的电商"领头雁"。李娟日前荣获了全国脱贫攻坚奖奋进奖。

花季女孩重度瘫痪,"无数次想到过死"

命运,从一开始对李娟就是残酷的。她生下来就体弱多病,医生断言:"可能活不到两岁。"熬过两岁,病魔也从未远离。2008 年 6 月,李娟突然浑身无力,瘫软在地。此后的日子如同梦魇,先是四肢失去知觉,不久又出现肌肉快速退化。父母为给她治病,辗转多地,花光了家中所有积蓄,并欠下许多外债。2012 年,在南京一家医院,李娟的"怪病"被确诊为脊髓空洞症,7 节脊髓已空,完全没有康复的可能性。瘫痪后的李娟,病情仍在恶化:体重下降到 50 斤,一个肺萎缩,胃缩小到如同五六岁孩子的胃。

"这些年,我是按秒过的,无数次想到过死。"李娟说。可是她连自杀的能力都没有。备受折磨,生无可恋,李娟一再央求母亲在饭里拌上老鼠药,结束自己的生命,别再拖累家人。

有一次，李娟真的“差点死了过去”。“我反复发高烧，喘不过气，输了 8 天氧。”李娟从昏迷中醒过来，迷蒙中看到一屋子亲戚朋友。“我知道他们是来送我的，寿衣、棺材都准备好了。”

“那一瞬间，我忽然产生了很强的求生欲。”李娟说，“我还有太多想做的事没有做，太多想去的地方没有去。父母照顾我很不容易，我亏欠他们太多了。”

“鬼门关”走了一遭，李娟对人生有了新的理解：一辈子很短，既然来到世上，就不能白活。她让妈妈拿来一根筷子，咬在嘴里，试着“点”遥控器。慢慢地，她不仅能这样选台看电视，还能在电话机上拨号打电话。

2013 年，命运向李娟敞开了一丝微光。家里安装网线，安装方送了一部触屏手机，在筷子头上用胶布绑上触控笔，她居然可以上网了。

从此，人生多了不少色彩。浏览新闻，和朋友聊天，李娟每天都会通过手机与外界接触，也知道了越来越热的“互联网+”。

用嘴咬着触控笔经营微商小店，帮助父母解决卖果难

2015 年，砀山县委、县政府以建设“国家电子商务进农村综合示范县”为契机，积极探索电商扶贫新模式，一批贫困群众和农村能人逐步依靠电商脱了贫、致了富。李娟也知道了电商、微商，并且自学了怎么做微商。

真正让李娟“触网”做电商的，是 2015 年冬天的那几场大雪。由于连续下大雪，李娟家里的 3 万多斤苹果没人来收购，眼看就要烂在家里。父母急得吃不下、睡不好。李娟躺在床上，看在眼里，急在心里，看到微信朋友圈有不少卖东西的，她就想自己不妨也试一下，争取帮父母减轻点负担。那一刻，她仿佛一下子看到了希望，突然明白了未来的目标。

从那以后，李娟每天咬着触控笔经营微商小店。自己不能动，就告诉父母怎么用手机给苹果拍照，父母拍好后，李娟仔细挑选，然后上传至朋友圈。有顾客咨询水果的信息，李娟就用嘴咬住触控笔，一个字母一个字母地拼，回复问询。长期下来，嘴里磨出了血泡，牙齿咬出了豁口。每当有顾客咨询的时候，李娟都想尽快回复，但确实心有余而力不足，她本可以告诉顾客自己是残疾人，从而获得理解，但拥有很强自尊心的她很少这样做，她希望顾客购买更多是因为认可她家的水果好、服务好。

不到两个月，李娟就把家里滞销的苹果全部卖了出去，解了父母的燃眉之急。

带动邻里电商脱贫,断翅的小鸟在果园里快乐飞翔

砀山县委主要负责同志在得知李娟的事迹后,被她自强不息的精神深深感动,立即安排对她帮扶指导。

"我们去年听说李娟的事,去看了一下,发现她做得还不是太好。"砀山县电商协会会长绳惠展说,于是协会帮李娟注册了"祥澳娟"品牌,重点辅导她怎么更好地开网店,指导她规范产品包装、建立销售体系。

在县委、县政府的大力帮助下,李娟的电商之路越走越宽:成立了砀山娟秀电商公司,成功入驻了京东砀山馆,成了远近闻名的"电商 CEO"。

由于品质过硬、信誉良好,李娟的订单不断增加,她在网上的人气也噌噌往上蹿。2016 年通过做电商,李娟不仅解决了自家的卖果难题,还帮助附近贫困户销售酥梨 8 万余斤,收益 5 万余元,不但自己脱了贫、致了富,还带动了邻里共同脱贫。

"我是一只断翅的小鸟,飞上蓝天,是我最大的目标。人世间的冷暖,我都体会得到,只是命运和我开了一个小小的玩笑。我的心还坚强,我的执着闪耀。人生无止境的路,总有我一条。"李娟说,这首《断翅的小鸟》是她最喜欢的歌,道出了自己的心声。

现在的李娟就像一只断翅的小鸟在果园里快乐地飞翔。"我希望打动大家的,不是残疾这个标签,而是我带给大家的美味。"李娟说,人们感动,并不是因为你曾经的苦难,而是你直面苦难时的坚守、乐观和勇气。

记者手记

《人民日报》记者　顾仲阳

创业不易,残疾青年创业更不易。普通人的举手之劳,对残疾青年来说很可能是一道难题。

采访中记者印象最深的是,李娟人生态度的逆转。从瘫痪卧床初期的生无可恋,到现如今的坚强乐观,电商创业无疑让她的人生重焕生机。她用自强不息的奋斗精神、用一点一滴的积累,撑起一片属于自己的小天地,用顽强的毅力诠释了什么是"身残志坚",谱写出一曲处处艰难而时时精彩的青春赞歌。李娟用她的事迹告诉人们,自强的青春最精彩。纵然前行之路荆棘密布,只要有那么一股中流击水的劲头,有那么一种不畏艰难的精神,每个人都可以用奋斗书写自己的精彩人生。

现在,李娟的事迹越传越广,很多陌生的网友主动加她微信。"我希望打动大家的,不是'残疾人'这个标签,而是我带给大家的美味。我相信,未来的电商之路会越走越宽广。"李娟说。每一单生意,李娟都力争做到最好,仔细挑选照片,上传至朋友圈,及时耐心地跟顾客交流。水果生意好的时候,李娟常常要忙到凌晨两三点。"我终于找到了自

己存在的价值！比起过去每天绝望地望着屋顶，我太喜欢现在的生活了！”从事微商以后，笑容开始绽放在李娟饱经病患的青春脸庞，笑声开始回荡在曾经愁云密布的农家小院。

李娟身残志坚，心有大爱，还通过自己的努力帮助周围的残疾人和贫困户，实现了人生价值，获得了社会尊重。正如《断翅的小鸟》中所说：“人生无止境的路，总有我一条。”电商给了李娟第二次生命。李娟靠自己的努力走出了一条常人都难以走出的道路，并即将迈向一段新的征程。

现如今，李娟俨然是很多贫困户，特别是残疾人的“知心小姐姐”，她每天都抽出时间帮助同是残疾人的朋友重新燃起生活的信心，重拾起对未来的希望。她身残志坚、奋发图强的创业精神和坚韧不拔的拼搏精神，也得到了社会各界的高度赞赏，先后被评为“砀山县巾帼建功标兵”“砀山县最美青年电商”“宿州市农村青年致富带头人”“宿州好人”“安徽好人”“中国好人”等，并荣获2017年全国脱贫攻坚奋进奖。

微语录

“每天能帮助村民，得到他们的尊重，我感觉到自己的生活存在价值，对生活也重新燃起信心。”——“励志网红”李娟说。

微评论

中国文明网网友说：李娟身为重度残疾人，没有靠博取同情生存，顽强拼搏、自力更生的精神打动了很多人。她是砀山电商创业精神的一面旗帜，也是砀山人民心中的精神偶像。

砀山新闻网网友说：李娟那种不向命运屈服、热爱生命的精神令所有人为之感动。要想经受住磨难的考验，就必须要接受和肯定自己。在急躁、焦虑的现代社会，我们应该号召学习李娟积极乐观、勇于面对生活的精神。沉舟侧畔千帆过，病树前头万木春。永远怀揣炽热的心，拥抱生活，拥抱未来。

匿名网友说：您通过自力更生展示给人们阳光的一面，把希望和鼓舞带给更多的残疾人。向您学习，向您致敬！展翅的青春最精彩。

"梦想校长"库尔班·尼亚孜

2003年，库尔班·尼亚孜不顾家人反对，拿出全部积蓄在新疆维吾尔自治区乌什县依麻木镇创办了小学。办学之路格外艰辛，库尔班·尼亚孜被人吐过口水、骂过疯子，学校的围墙几次被人推倒，宿舍也被人放火烧过……这让他常有不被理解的痛苦，却从未动摇过办学的信念。14 年来，他在这所小学里摸索出一套行之有效的教学方法，将一批批孩子培养成为家乡发展的新生力量，同时将对中华文化的认同注入孩子心中。

库尔班·尼亚孜：我有一个梦想

《新疆日报》记者　沈雅屏米日古丽·吾

2014 年 10 月 17 日晚，一档名为《字鉴豫疆情》的节目在河南卫视播出。节目现场，头戴小花帽、身穿艾得莱斯绸裙的古丽妮尕尔认真地在答题板上写下一个个工整的方块字。

古丽妮尕尔是乌什县依麻木镇小学六年级的学生。她参加的是河南电视台《汉字英雄》栏目在哈密制作的一期"新疆特别节目"。

依麻木镇 99.5%的人口是维吾尔族，绝大多数人不会说汉语。古丽妮尕尔能够走上《汉字英雄》的舞台，与一个人的努力与坚持分不开。这个人就是库尔班·尼亚孜，依麻木镇小学的创办人。

库尔班说："依麻木镇很小，世界很大，我有一个梦想，就是要让孩子们走出封闭的小天地，走向外面的世界，跟上现代化的脚步。"

一

库尔班 1986 年从新疆大学毕业，学的是汉语，毕业后被分配到阿克苏职业技术学院当老师。

20世纪 90 年代，库尔班停薪留职在外面做生意。因为语言没障碍，他全国各地到处跑，经营过药品，批发过小商品。他一边做生意，一边观察所到过的每一个地方。

东南沿海发达地区对库尔班的思想冲击特别大。他看到那里的人们观念开放，接受新事物快；特别勤奋，能吃苦，效率高；非常重视教育，科技、文化都很先进。新疆跟这些地区比，他感受到了明显的差距，经常思考造成这些差距的原因。

在外闯荡了两年，库尔班带着原始积累的资金回到阿克苏市，开了当地第一家私人药店、第一家义乌小商品批发城，并且在自己的老家乌什县依麻木镇也开了超市和药店。

做生意的便利让库尔班接触到更多维吾尔族乡亲。他们中很多人一辈子没有走出过乌什，甚至没有走出过依麻木镇。在许多人眼里，世界就是几亩地、几只羊，从家门口流过的托什干河就是天底下最宽广的河流。

一个老太太带着自己的孙女来药店买药，库尔班一看，孩子在出水痘，小脸儿已经惨不忍睹，他赶紧告诉老太太要如何治疗，谁知老太太却斥责他胡说："我的孩子长得太漂亮了，被人嫉妒，遭了诅咒才变成这个样。"

这样的事情遇得多了，库尔班深刻地意识到，打针吃药只能解除身体上的病痛，却治疗不了精神的匮乏和思想的愚昧。

21 世纪前后，正值塔利班在阿富汗坐大成势。库尔班为此忧心忡忡。在他看来，绝大多数维吾尔族老乡都很朴实善良，但因为教育落后、观念保守，很容易受到宗教极端思想的影响。

喝着托什干河的水长大，库尔班总觉得自己应该为家乡做些什么。直到有一天，在一趟去县城的班车上，他遇见了 3 个背着书包的孩子。

那时天色已晚，库尔班好奇地问孩子们："你们这是到哪里去？"孩子们答："我们去学校。"库尔班纳闷："镇上就有学校啊！"3 个孩子声音提高了几度："我们在乌什县上汉语学校。"

那一瞬间，看着孩子们骄傲自豪的神情，库尔班茅塞顿开。他下了车就往回走，心里清清楚楚地知道自己该做什么。

语言不通是制约少数民族接受更高教育、融入现代文明的一大障碍，也容易让宗教极端思想钻空子。库尔班心想，让孩子们学好汉语，等于为他们搭建了一座通向现代文明的桥梁，他们会因此有不一样的胸怀和人生。

再加上随着经济的发展、眼界的开阔，乡亲们也有了送孩子学汉语的意愿。库尔班决心通过办教育来实现自己的梦想。

他的想法得到了镇党委、政府和教育部门的支持。地批了,手续办下来了,2003 年秋天,库尔班创办的依麻木镇小学开学了。

与此同时,国家大规模的双语教育也开始推行。

二

库尔班说:"办学十余年,我没有一天轻松过。"

他有一个理念,一定要用汉族老师来教孩子,为的是让孩子更好地接受中华文化的熏陶,打下扎实的汉语功底。

但难听的话也紧跟着来了,"库尔班不爱自己的民族,他重用汉族老师!""汉族人能用心教我们维吾尔族的娃娃吗?"

开学第一天,窗户外面趴着许多不放心的家长。教室里,汉族老师陌生的脸孔和一句陌生的"同学们好",引来一片惊恐的哭声,有的孩子开始逃跑,爬窗户的爬窗户,钻门缝的钻门缝。6 岁的哈里木拉提跑到了门口的马路上,年轻的李红老师赶紧追出去,一把抱住了他。挣扎不脱的小家伙忽然转过头来,狠狠在李红的脸上咬了一口,血顺着李红白皙的脸颊流了下来,委屈的眼泪也跟着下来了。

依麻木镇小学就这样开始了它不同寻常的第一课。

让不懂维吾尔语的汉族老师教不懂汉语的维吾尔族孩子,本身就是件极具挑战的事儿。

学校给学前班配了两名汉族老师。上课的时候,一个老师教语言,一个老师做动作。一个老师说:眼睛、鼻子,另一个老师就用手摸摸自己的眼睛、鼻子;一个老师说:请进、坐下,另一个老师就从外面走进来、落座。就是在这样游戏般地反复摸拟中,孩子们接受了汉语的启蒙。

库尔班说,孩子学习语言的天赋是很强的。凡是学校的孩子,入学的第一天都要学会"你好""请进""坐下""吃饭"这些基本的汉语词汇,一个月后要能听懂日常用语。

学校是寄宿制,学生从最初的 80 多名发展到现在的 400 多名。每一天,每一个孩子的吃喝拉撒、人身安全都挂在库尔班的心上。

他安排两位老师跟孩子们住在一起,不仅操心他们的生活、学习,还要帮他们养成洗脸、刷牙、洗脚的良好生活习惯。

李红从建校到现在从未离开过,很多孩子都管她叫"妈妈"。

2009 年 6 月,李红带的第一届学生毕业了。她心情激动地握着成绩单冲进教室,眼泪刷刷直流:"孩子们,你们知道你们考得有多好吗?你们 28 个人考到了昌吉市的内初班。"

那个班总共 32 个孩子，孩子们抱住他们的“妈妈”全都哭了。

三

库尔班有这样一个认识：学习汉语必须认同中华文化，认同中华文化有助于学好汉语，中华民族融为一体的关键在于文化的认同。

学校教孩子学唐诗、背“三字经”；让孩子们每天给孔子等先贤的画像鞠躬；过端午节、中秋节的时候，学校还给学生发月饼、粽子。

这些年来，库尔班被人吐过口水、被人骂过疯子，甚至学校的围墙几次被人推倒，宿舍也被人放火烧过。这让库尔班常有不被理解的痛苦，但他办学的信念却始终没有动摇过。

他的努力也一直得到党和政府的关心支持。2008 年，乌什县在财政很紧张的状况下，投资 28 万元为学校盖教室和宿舍。2014 年，在自治区党委组织部“访民情、惠民生、聚民心”工作组的帮助下，学校还争取到 1600 多万元的国家项目，用于改善办学的硬件设施。

2003 年至 2014 年，先后有 200 多名孩子从学校毕业，近九成考入了区内初中班和北京、上海等地的内地新疆高中班。

依麻木镇小学名声越来越大。2014 年秋季开学，学校原准备招收 100 名新生，结果从当地乃至乌什县县城、阿克苏市被家长领来报名的孩子有五六百个。一位曾经反对过库尔班办学的家长把自己的孩子也送来了，他来的时候有些难为情，也有些担心，怕被拒绝，没想到库尔班爽快地收下了他的孩子。现在，这位家长成了学校的义务宣传员。

库尔班说：“教育是光，光明多了，黑暗就少了”。他的梦想就是要把光明带给家乡的孩子们，让他们有光明的人生，也为社会奉献光明。

记者手记

《新疆日报》记者　**沈雅屏**

乌什县很小，依麻木镇很小，但是库尔班·尼亚孜的格局很大。他的心中装着中华民族共同体意识，装着对祖国、对家乡的热爱，装着对现代文明的向往，装着对外面精彩世界的渴望……正因如此，采访库尔班，我的头脑里始终萦绕着理想、胸襟、情怀等这样的大词。是的，没错。有远大的理想，才有百折不回的坚韧；有宽广的胸襟，才有极目远眺的视野；有动人的情怀，才有温暖光明的未来。

库尔班创办小学十几年,一路坎坷挫折相随,但他却从来不曾畏惧和退缩,心中始终有坚定的信念和不灭的希望,这正是对这些"大词"的最好诠释。桃李不言,下自成蹊。这几年学校受到学生家长和社会的普遍认可,得到党和政府的大力支持,办学条件和办学效果越来越好,在当地乃至整个新疆的影响力越来越大。2016年,这所学校的第一届毕业生穆萨·图尔贡参加高考,一举夺得了阿克苏地区的理科状元,并被梦寐以求的清华大学录取。一个边远地区的农家子弟,一个父母连一句汉语都不会说的维吾尔族巴郎,取得如此傲人的成绩,和在小学打下的扎实基础是分不开的。我相信,未来,这所学校还将给更多心怀梦想的孩子插上翅膀,助他们在人生的旅程中走得更远,飞得更高。这是库尔班创办这所学校的初衷,也是中华民族大家庭给予她的每一个孩子的期望。

其实,库尔班创办这所学校的意义远不止此。让我始终难忘的一个镜头是后来在一部介绍学校的电视纪录片里看到的:一群维吾尔族孩子,站在家乡的旷野上,面对广袤的大地齐声诵读:

子曰,温故而知新,可以为师矣……

子曰,学而时习之,不亦说乎;有朋自远方来,不亦乐乎……

子曰,吾日三省吾身,为人谋而不忠乎;与朋友交而不信乎,传不习乎……

此情此景,撼动心魄,已非言语所能形容。

微语录

"一滴水只有汇入海洋才能获得永久的生命,一个民族只有融入祖国大家庭才能得到永续的发展。"——"梦想校长"库尔班·尼亚孜

微评论

网友说:希望更多维吾尔族孩子能够接受中华优秀传统文化的滋养,拥有中华民族文化自信!

网友说:库尔班校长为农村维吾尔族孩子插上了实现理想的翅膀,也为南疆的发展培养着新生力量,为他点赞!

“义剪美”魏永华

今年53岁的魏永华是一位土生土长的德清人，最早是个理发师，现在从事建材行业。他年幼时因小儿麻痹症，左腿落下了残疾，但这并不影响他乐观地面对人生，2014年加入清禾公益至今，他风雨无阻为麻风病休养员理发。除此之外，清禾公益组织的社会公益活动他也都积极参与，现如今已经让越来越多的身边人加入自己的队伍当中。

“义剪美”和他们的坚守

《湖州时报》通讯员 王力中 记者 严红枫

麻风病休养员，听听就有点紧张，更不要说给他们理发、修面了。但在浙江德清，有位魏师傅，常常放下自己的家事，坚持每月上门为深居山坳的80多位麻风病休养员义务理发。

“魏师傅来了，去理发室剃头咯！”在浙江“麻风第一村”上柏疗养院里，一阵阵喜悦的叫喊声很快传遍了疗养院休养员的宿舍，小平房的房门纷纷打开，一个个老人脸带笑容向理发室走去。

首次理发，60多位老人围着他团团转

魏师傅，大名魏永华，今年51岁，浙江德清武康镇一名建材个体经营户。

他还有另外一个身份：德清义工协会“义剪美”成员、浙江上柏麻风病疗养院义务理发师。

“给麻风病休养员理发，真的没有想到过！”已经与这些老人结下很深感情的魏永华直言。尽管很小就学理发，也开过理发店，但魏永华服务的都是寻常的健康人。

去年年初，魏永华第一次与义工们走进疗养院。那些手脸畸形，或缺手少腿、或靠轮椅行走的老人，黑压压地挤在自己眼前，一双双眼睛充满着期盼。魏永华说，看到这一幕，他和义工伙伴们都震撼了。

“真不敢相信，老人们对理发是如此看重。除了卧床不起的，在这里休养的六七十位老人都来了，把一间十来平方米的临时理发室堵得水泄不通，队伍排到10多米外。”说起一年前第一次走进“麻风村”理发的情形，魏永华感慨不已。

那一次，已经10多年没有握过理发工具的魏永华，与同来的义工们一起，从上午8点一直忙到下午2点才吃上午饭。他坐下吃饭时，肚子早已饿得咕咕叫，手已经发麻，筷子都捏不牢。

亲戚去世、家人手术，老魏都没有让老人们失望

去年11月，魏永华又来到“麻风村”做“头顶大事”。理了一个多小时，妻子打来电话着急地说，娘家大伯去世了，要魏永华赶紧回家。

魏永华与妻子的对话，身边的老人以及同来的两位义工都听到了。“这个事要紧，你赶紧回吧。”同事们劝说。

看看眼前20多个老人着急期待的眼神，魏永华很纠结。“义剪美”小组队员虽有三四人，但真正会理发的只有魏永华一人，其他人则是负责照顾老人或清扫卫生。

这时，一位卧床不起的休养员又捎来话，请魏师傅上门理发。

“老人家，你们不要急，保证给你们理完发再走！”安慰完老人，魏永华给妻子回了电话，让她先去娘家。

中午12点多，理发室里最后一位老人满意地离去。已经站了4个多小时的魏永华揉揉酸胀的双腿，一屁股坐在门外的矮墙上，点上一根烟，猛抽了几口。他真想此刻就收工回家，但还有五六位卧床不起的休养员等着他理发。喝了一口水，给已经发烫的理发工具滴了点缝纫机油，魏永华微跛着腿朝最后的目标走去。

“这情景常有，但魏师傅从不抱怨，也不计较。”“义剪美”小组组长于丰丰说起魏师傅的服务精神，由衷地赞道。

事实上，只要是魏永华答应给老人理发的日子，哪怕生意再忙，他都会来给老人理发。更有一次，他父亲住院动手术，他依旧按照约定好的日子赶到“麻风村”。

“我也不想这样，可是话已经说出去了，就要做到。尤其是对这些都可以做自己父母的老人，失信于他们，还做什么人啊！做义工，就意味着付出。”

麻风、异味，挡不住老魏和老人的“头顶之约”

4月底，记者再次到“麻风村”采访时，正好遇到魏永华与他的“义剪美”小组第21次进山为老人义务理发。

“天热起来了，帮我剃短点。”81岁老人钱美根坐在轮椅上，笑着对魏永华说。“好

咯，你放心，保你满意！”说话间，魏永华利索地拉起了围布，一抖一落，白围布妥妥地落在老人的脖颈间。嗞嗞！嗞嗞！……头发应声而落。

“魏师傅不简单啊，每个月都来给我们剃头。天气热，一个月来两次呢。一般人听说‘麻风’二字，吓都吓死了，更不要说这么近距离的接触。”

一旁帮着打下手的义工符晓伟补充道：“或许老人们不习惯洗澡、洗头，有些人还有肢体溃烂，人没有走近，异味就扑鼻而来。天热，气味更重，就因为这样，以前老人们付钱请山外的理发师傅来理发，也没人愿意。”

魏永华坦言，刚开始那阵子，闻到那种气味就想吐，但现在已经习惯了。

去年年前，一位卧床不起的休养员知道魏永华又来理发了，硬是坐起来，要魏永华给他理发。没过几天，老人安详地离开了这个世界。

旁人说，魏师傅给他理了发、修了脸，让他干干净净地走了！

一月一次或两次的上门服务，让生活在疗养院的老人们多了一份依赖与牵挂。89岁的汤金楚眼睛不便，耳朵也有些聋，每次理发，魏永华都是上门服务。

“小魏他们真是不简单啊！不仅为我们理发，有时还送我们鸡蛋、桂圆呢。”汤金楚的老伴蔡海球在一旁不停地夸着魏永华和于丰丰。

刚刚理完发的汤金楚有些兴奋，即兴唱起自编的越剧：小于小魏你们好，上门理发月月到……老人唱了一遍又一遍。

魏永华说，自己第二次来给老人理发，他们就纷纷问我要手机号码。我知道，他们是怕我下次不来，可以打电话给我！有一次，进山理发时间往后推了几天，老人们就打电话来询问，他们担心我们坚持不了啊。所以，只要自己身体允许，这个服务会一直坚持下去。

记者手记

《湖州时报》通讯员　王力中　记者　严红枫

“四颗心”的坚守

给老人免费理发，这样的“雷锋”并不少见，但是能给麻风病休养员无偿理发的不多见，而且是每月坚持一到两次。

这需要勇气、毅力，更需要爱心、细心、热心、耐心。这正是感动记者之处。

除了剪刀、梳子，每次理发，魏永华都会多带把电推子以及带一瓶缝纫机油。他解释，六七十人理发，量大且间隔时间短，电推子容易发烫，万一中途电推子“罢工”，有“后援”就不急。

每次理发，魏永华都要站好几个小时，最长的一次从上午8点到下午2点。每次理完发，看到老人满意的笑脸，不管多辛苦，他都觉得很满足。而利用理发的这段时间和老人聊聊家常、生活和身体状况，老人们开心，他也高兴。

一年的坚持，刚开始的担心、害怕已经淡去，坚持下去的信心越来越浓。义工们说，理由有三：一是他们知道，经过治疗的麻风病人，不会传染。二是老人们对自己的信任。于丰丰说，每次他们去理发，这里的老人就特别开心，热情招呼他们一起吃饭。这种发自内心的感激，让“义剪美”的义工们感受到付出的价值。三是被“麻风村”医护团队的博爱和奉献精神感动，“与他们长年默默服务着山坳里的这群特殊人群的感人事迹相比，我们这点付出真的算不上什么。”

微语录

“做公益是一件快乐的事。”——“义剪美”魏永华

微评论

网友说：魏永华的事迹令人动容。

网友说：魏永华用他的善行温暖了老人们的晚年生活，值得我们共同学习。

“坚强考生圆梦清华”魏祥

19岁的甘肃考生魏祥于今年考入清华大学，就读数理实验班。今年高考成绩下来后，成绩优异的他向清华大学发出请求，希望清华帮助解决住宿困难，让他能够带着与他相依为命的母亲一起去清华上学。这份请求不仅第一时间得到了清华的回应，还收到了清华招生办的一封感人肺腑的回信。两封信加在一起，一时间感动了众多网友。

早在他 10 个月大时，就被确诊患有先天性脊柱裂并椎管内囊肿疾病，这种疾病导致他双下肢运动功能丧失。为了能够让他正常读书，从小学到高中，十余年如一日，母亲夏瑞云陪孩子上学，陪孩子锻炼，用所学护理知识帮助孩子进行康复训练，锻炼他的行走能力。久而久之，魏祥在母亲的鼓励下，渐渐学会了用双拐进行短距离的步行。今年，魏祥不孚重望，考上了清华大学。

他，为什么想带妈妈到清华大学读书？

新华社“中国网事”记者 张文静 孙琪

一份《一位甘肃高分考生的请求》的帖子在网络上引起广泛关注。帖子里的主人公魏祥是甘肃省定西市第一中学的一名学生，刚刚参加完 2017 年高考，并获得了理科 648 分的成绩。他所盼望的是：能够带着妈妈一起去梦想已久的清华大学读书。

为何要带着妈妈读大学？新华社“中国网事”记者分头赴魏祥的家乡甘肃省定西市安定区以及清华大学等地了解情况。

命运坎坷 但永远不服输

憨厚的笑容、朴实的语言，这是魏祥给人的第一印象。坐在椅子上的魏祥，看起来和普通人没有两样。但如果注意到他身旁的双拐，才会发现他是一位患有先天性疾病的少年。

魏祥今年 19 岁，早在他 10 个月大时，就被确诊患有先天性脊柱裂并椎管内囊肿疾病。魏祥的母亲夏瑞云介绍，这种疾病导致他双下肢运动功能丧失。10 个月大、1 岁多时，魏祥分别接受了两次手术，但手术后病情均未见好转。

“看着那么点儿大的孩子进手术室，心里太难受了。”夏瑞云只要回想起孩子遭遇的痛苦，眼眶便湿润了，“但他和病房里其他孩子不一样，只要哄哄就不哭闹，甚至还会笑，大家都说他性格好，让我心里又安慰又难受。”

夏瑞云是当地一家医院的护士。白天，她要照顾医院里的患者；晚上，还要照顾家里的小患者。虽然很有经验，可她觉得惭愧。因为时间有限，她对儿子并没有像对其他患者那样精心。

所幸，之前有爱人的陪伴，生活虽艰辛，但彼此有对方做精神支柱，也熬了过去。魏祥 3 岁半时，他们决定让孩子接受教育：“一定要上学，有知识了思想就开阔，就能长本领。”

年幼的魏祥生活不能自理，他们早上或抱着或背着孩子去幼儿园，中午接回来吃饭，下午再送再接。相依为命的一家人并不觉得日子有多苦。但命运似乎跟他们一直“较劲”。2005 年，夏瑞云的爱人身患不治之症，医治无效去世，留下无助的她和身体残疾的幼儿。

“当时感到天都塌了，精神崩溃，完全处于低迷的状态。想不通，为什么自己的命这么苦？”但看着孩子天真的笑容，夏瑞云挺了过来，毕竟孩子需要有人照顾，“我倒了，他就没家了。”

接下来的时间里，夏瑞云一边陪孩子读书，一边四处打听好医院。2008 年，她带着魏祥去北京一家医院接受了第三次手术，但这次手术也未能完全改善他的身体状况。

为了能够让孩子正常读书，从小学到高中，风雨无阻，只要没有急事，她都会成为孩子的“双腿”，接送他上下学。小学时，她还能背得动魏祥。到了初中，随着他的体重日益增加，她已经背不动了，就推着自行车送孩子上下学。夏天还好，冬天若遇到雨雪天气，母子俩就发愁了。“别人希望冬天下雪，但我们恰恰相反，因为路滑容易摔倒。”魏祥说，他记不清自己和母亲在雨雪天气中摔倒过多少次。

十余年如一日，夏瑞云陪孩子上学，陪孩子锻炼，用所学护理知识帮助孩子进行康复训练，锻炼他的行走能力。久而久之，魏祥在母亲的鼓励下，渐渐学会了用双拐进行短距离的步行。

“我和妈妈没觉得我和正常人有什么不同，没有大家想象中的那么艰辛，能克服的困难一定自己克服。虽然身体有问题，但我照样可以活得很精彩。”面对命运的不公，魏祥和夏瑞云认准一个道理：与其抱怨，不如多一些乐观、豁达，这样更有利于问题的解决。

笑对人生 高考即将圆梦

在老师和同学的眼中，魏祥是名副其实的“学霸”。他善于思考、乐于助人。每当同学在数学方面遇到难题时就会向他求教，他也因此成为“难题库”。魏祥开玩笑地说，他没有怎么买过辅导资料，只是把该做的难题全都做过了。

“因为我从小到大不能动，只能坐着，所以比较安静，喜欢思考，爱动脑筋。时间长了，我就特别喜欢数学、物理这些课程，因为我非常喜欢挑战困难的过程。”魏祥对学习之道有着独到理解，认为打好基础是关键，和同学之间加强交流有助于巩固知识，比一个人埋头苦学有效果。

学习上，魏祥爱钻牛角尖，一道题解不出来，有时他会思考上四五天，直到最终解决问题。遇到压力特别大时，他会听音乐、读童话书，甚至睡懒觉放松，或者在好朋友的帮助下，坐着轮椅出去转一转。

中专毕业的夏瑞云只能尽可能给魏祥提供生活上的照顾，而在辅导儿子学习上她爱莫能助。“上初中时，好多学生都在上补习班，我很着急，想给他也报名，但他坚决不同意。”她可能没有想到，儿子之所以这么做，是不想因为上补习班而增加母亲接送他的重担。更重要的是，他认为，把握住在学校的时间比熬夜、上补习班更有用。

“平常我们的走读生晚上 9 点 20 分放学，住宿生 10 点 50 分休息，但魏祥主动要求和住宿生一样，学到快 11 点才回家。”定西市第一中学校长盛淑兰介绍，他身上有种坚韧不拔的精神，只要他想干的事情都能干成。

盛淑兰表示，学校将魏祥当作普通学生，不会让他觉得自己和其他学生有什么不同，但学校该提供的便利一定会毫无保留地提供。

魏祥刚读高一时，被分到了配备无障碍通道教学楼的三楼。当时的班主任主动向学校提出，应把他调到二楼，这是有教室的最低一层，以方便他上下楼。“本来我们计划把学生整体搬到另外一栋楼，以维修这栋楼，但考虑到其他楼没有无障碍通道，他坐轮椅不方便，就一直没有整体搬迁，只在暑假等节假日维修。”盛淑兰告诉记者。

“我太幸运了。我所遇到的人没有一个歧视我、嘲笑我，都在帮助我。”魏祥的眼睛发红，抑制着不让眼泪流下来。

魏祥清晰地记得，高一时，学校组织舞蹈比赛，要求全班同学都参加。班主任告诉他，全班一个也不能缺。于是，他坐着轮椅，扛着大旗，“走”到舞台中央，指挥全班同学跳舞,令在场师生为之动容。

“老师和同学以及妈妈单位对我的包容，妈妈对我无微不至的关爱，让我非常感动,我就想尽最大努力学习,对得起他们,也对得起辛苦哺育我的妈妈,回报他们。”魏祥说。

魏祥不负众望,在2017年全国高考中考出了648的高分,位列全省理科83名。当通过电话第一次查询高考成绩时,他和母亲很惊讶,查了第二遍后,才确认确实考出了高分。

“清华大学是全国知名学府,如果能够在那里读书,离我将来搞科研就近了一步。”魏祥说,他已经填报了清华大学。

喜中有忧 爱心相助接连不断

考出高分,欢喜中,夏瑞云又平添了一份忧愁,毕竟孩子行动不便,自理能力较弱。她产生了一个大胆的想法:陪孩子去北京读书。

在前几日举办的高校招生咨询会上,夏瑞云和魏祥将家庭情况反映给了清华大学相关人士。清华大学招生办公室主任刘震随后表示:“为他提供一切尽可能的资助,清华不会让任何一位优秀学生因为经济原因而辍学!”

6月27日，清华大学招生办公室专门为魏祥撰写了一篇文章:《致甘肃考生魏祥:人生实苦,但请你足够相信》。

清华大学学生部部长从振涛介绍,如果魏祥能够被清华大学录取,相关资助将立即启动,包括交通费、学费减免等。“一般来说,对学生的资助仅限于其本人的生活和求学。但魏祥的情况比较特殊,他的生活不能自理,我们可以考虑让他和母亲一起住在单人间。”

在得知魏祥和其母亲的事迹后,网友们纷纷表示感动。有网友提出,希望魏祥留下联系方式,让好心人尽绵薄之力。也有网友或向伟大的母亲致敬,或为励志的学子点赞。而夏瑞云轻描淡写:“我只是尽了一个母亲应尽的责任。”

定西市政府相关领导也慰问了魏祥,并表示市委、市政府一定会督促相关部门落实好每一项帮扶政策,积极组织社会力量对口帮扶,协调解决他们上学存在的困难,绝不会让一个像魏祥一样成绩优异的学子因贫困而上不起学。

夏瑞云没有太多想法和要求,只希望能够有一间小房子,供孩子读书、生活使用,经济上能克服的他们一定会克服。他们对别人善意的帮助总怕承担不起,诚惶诚恐。她希望魏祥不管在什么环境下,都能自力更生,快乐生活。

“未来不管他学到哪个地步,我都会陪他走下去,不会特别苛求。”说完,夏瑞云将魏祥扶到轮椅上，收起双拐，推着他，慢慢地走回家。

记者手记

新华社“中国网事”记者　张文静　孙琪

让正能量永不孤单

“人生实苦，但请你足够相信！”2017年夏，人们都在被这句话感动着。它来自清华大学给甘肃学生魏祥的一封信。来自甘肃定西的魏祥因患有先天疾病导致下肢运动功能丧失，需要母亲寸步不离的照顾。今年高考648分的成绩让他对“带着妈妈到清华读书”产生希望。而清华大学在得知网络上广泛传播的《一位甘肃高分考生的请求》一文后积极回应。今年9月，魏祥已经顺利入学，“带着妈妈上清华”的愿望也得以实现。

围绕这转折不断却时刻充满温情和正能量的故事，我和甘肃分社记者张文静合作，跟踪采写了《他，为什么想带妈妈到清华大学读书？》《“想带妈妈上清华”的甘肃考生魏祥顺利入校》《甘肃学生魏祥为什么能“带着妈妈上清华”？》等一系列相关稿件，获得了社会广泛认可与好评，累积被采用数百家次。

“我是清华大学招办主任刘震，魏祥同学已经报考我学校，我校老师已经与他取得联系，为他提供一切尽可能的资助！清华不会让任何一位优秀学生因为经济原因而辍学！”在《一位甘肃高分考生的请求》一文下方看到清华大学招办主任刘震的留言，我不禁感到动容：这背后的故事值得挖掘！这条线索值得跟进！

我联系到甘肃分社任卫东社长，向他提供了这一线索。甘肃分社指挥有力、反应迅速，十几分钟后，记者张文静已经在赶往甘肃定西的路上了。而后来事实证明，这样迅速有效的采访让新华社的报道远远走在了其他媒体的前面。一路上，文静不断给我打电话告知前方采访情况，教育报道经验丰富的她，对清华大学的采访也提出了许多建设性观点。

就在文静奔波不停前往定西的路上，在北京的我也在积极联系采访清华大学相关部门。清华大学宣传部、清华大学招办主任刘震老师、招生工作甘肃组组长薛建团老师、学生部部长丛振涛老师、学生部副部长贾曦老师等都在这次报道中给予新华社大力支持，也表明了对魏祥一事的热心和积极态度，也为魏祥入学时的后续报道奠定了坚实基础。

最终，在其他媒体还没有赶到现场的时候，文静和我已经完成了各方采访，并由她担任了后续的统稿工作。报道快速刊出，马上引发了社会舆论的强烈反响和正面评价。新生报到典礼上，我们再次对魏祥入学一事进行了报道，让充满感动和温情的时光能够“余音绕梁”。

正能量的报道，会在充满险阻的生活中带给人们不竭的动力。这样的报道，不但需要相互信任支持的通力合作，也需要深入实际、以最快速度走到第一线的新华社精神。普通人的故事，感动自己才能让他人共情，这样的故事也不应该是“一锤子买卖”，而是需要用心去跟随。

我们的生活并不完美平顺，甚至有可能“沟壑重重”，但是我们内心的渴望和梦想不应该是孤单的，这也是作为记者应该向外界传递的。

微语录

“我和妈妈没觉得我和正常人有什么不同，没有大家想象中的那么艰辛，能克服的困难一定自己克服。虽然身体有问题，但我照样可以活得很精彩。”——“坚强考生圆梦清华”魏祥

微评论

网友说：魏祥身有残疾却不自弃，身处困厄而不消沉，以蔑视困难的坚强和自强不息的勤勉，活成了令人尊敬和崇拜的样子，为众多青年树立了榜样，更为广大成人提供了人生思考。每一位迎着困难前行的人都值得尊重和点赞。

“创客女警”陈默

面对日新月异的世界，有的人天生喜欢挑战，去探究解开谜团的方法，陈默就是这样的人。今年46岁的陈默是湖北省武汉市公安局江岸区分局人口管理大队民警，被誉为武汉警界的“创客之星”。她是很爱琢磨的一个人，特别是遇到复杂的事情，总喜欢琢磨出一个简单的解决方法。近年来，陈默同志积极探索“互联网+”在公安工作中的应用，创新性地把警务工作搬上网络。她的不断创新，使警民关系更加紧密，捕捉警情线索和民意社情更加迅速，民警日常工作更加富有效率。

陈默：武汉警界的“女创客”

《武汉晚报》要闻部记者　梁爽

面对日新月异的世界，有的人天生喜欢挑战，去探究解开谜团的方法，陈默就是这样的人。她创建的“滴滴找警”、“三微”警务工作法，破解了“见警难”，架起一座警民沟通桥。她研发的“阳光微警务”平台获得国家专利，并取得200万元的政府注资。她被誉为武汉警界的“创客之星”。

今年46岁的陈默是江岸公安分局人口管理大队民警，一头干练的马尾辫，腰杆挺得笔直，眸子里闪着灵动。她平时话不多，一旦打开话匣子，却简洁明了又语速极快。她有一只每天都不离身的公文包，包里装着一部笔记本电脑、一部便携式投影仪和三部大小各异的手机，她说：“这些都是我的好助手！”

她是2300多个微信群的群主

陈默的同事吴静笑着说：“别看她现在像个IT达人，其实她用微信比我们都晚，她的微信号还是我帮她申请的呢。可没多久,我们倒要向她请教怎么用微信了。"后来居上的陈默,甚至还专门做了一本微信使用小手册发给同事,教大家如何将微信用得更透。

陈默在队里负责的是社区警务,日常工作中,听到居民群众反映最多的是"社区民警难见到"。可民警们也有"苦水",辖区那么多居民,哪能确保都天天见?陈默一直琢磨着破解之法。

2014年年底的一天,她打开"滴滴打车"叫车回家,手机地图上一个个小红点,显示着附近车辆的位置,她灵光一现:现在的手机都有定位功能,要是把社区民警当成一辆车,让居民来"叫",那么居民要找民警不就简单了?

说干就干,设想很快变成现实,这个基于微信"实时共享"功能开发的平台一经上线就得到大家的认可,不但居民找民警容易了,分局、派出所也能点对点指挥调度每一名社区民警,实现扁平化指挥。2015 年,在武汉市公安局"微警创"大赛上,"滴滴找警"从众多参赛作品中脱颖而出,荣获三等奖。

小试牛刀,便有所获。陈默体验到了创新带来的快乐。2015 年,她又琢磨出"三微"社区警务工作法,与"滴滴找警"一起,组成"三微一平台"。在每个社区建立起"微关注""微志愿""微物管""微防范"等"4+N"微信群,民警在群里讲"安全防范",居民群众在群里报"治安隐患",警民实现了"一家亲"。

短短 2 年时间,全区已建立起 2300 多个这样的微信群,参群居民达 13.5 万人。通过这些群,警方累计收集各类情况信息 53.6 万余条,查出问题隐患 2100 余处,获取线索协助破案 114 起,抓获犯罪嫌疑人 35 名。

2015 年,陈默的"三微"社区警务工作法再次获奖。对此,与陈默共事多年的秦锦并不感到意外,他说,其实陈默早就是个"创客"。1992 年,陈默毕业分配到分局政治处,负责管理全局 1000 多号人的档案。她发现每次查档案时,总要翻来覆去找半天,于是想了个法子,按《新华字典》的方式给所有档案排序,从此,找档案只需几分钟,这个方法一直沿用至今。提起此事,陈默笑着说:"我只不过是个爱琢磨的人,特别是遇到复杂的事情,总喜欢琢磨出一个简单的解决方法。"

"我们把身家性命都押到了这个项目上!"

精神障碍、吸毒致幻等特殊人群的管理和救助,由于涉及多个部门,一直是社区警务工作中的难题。2015 年,陈默盯上了这根"硬骨头"。能不能开发一款软件,把各个职能部门整合起来,实现多元共治?

然而,对于不是计算机科班出身的陈默,要设计一款软件谈何容易?她铆足了干劲从零开始，买来书籍系统学习，登录专门网站查资料，找专业人士请教，一点儿一点儿地酝酿、构思。

如何提高用户的参与率一度让陈默苦恼不已。一款名为“消消乐”的简单游戏，让从来不玩游戏的她产生了兴趣，“为何这款简单的游戏却能吸引这么多人玩？”她把游戏下到手机上，连续玩了一个多星期，静心揣摩发现，这类游戏之所以有人气，是因为上手简单，又充满挑战。于是，她在自己的设计构思中加入了“积分商城”“爱心捐赠”等模块，用户可以通过累计积分在商城兑换各种小奖品。

经过半年多的前期准备，2016 年年初，陈默把自己关在家里整整一个月，写出了长达 23 页的设计脚本，她把这款软件起名为“阳光微警务”。

“阳光微警务”的创意得到了分局领导以及综治、卫计、民政等部门的一致认可。可经费却是最大的难题，经向软件公司询价，制作这款软件大约要 200 万元。

2016 年 3 月，她多次找到区科技局，反复阐明自己的设计理念和这款软件的应用前景，希望科技局能立项注资。科技局领导被陈默的恒心所打动，在当年的项目评审工作已结束的情况下，破例请来专家组，专门为“阳光微警务”评审。最终，专家组一致同意立项，不过经费只能列入 2017 年的项目预算。

陈默拿着自己精心制作的企划书，找了多家软件公司寻求合作，可人家一听要先期垫资，都不敢贸然接手。“那段时间，我就像个推销员，每天背着电脑和投影仪，到处推介我的项目。”回忆起那段时光，陈默感慨不已。

在陈默的不懈努力下，终于有一家公司同意合作，这家公司的项目经理在协议书上签字后，握着陈默的手说：“我们把身家性命都压到了这个项目上，我相信它一定能成为国内警务 APP 的标杆。”

“阳光微警务”获国家著作权专利

2016 年 5 月，“阳光微警务”测试版正式上线，区综治、公安、卫计、民政、残联等多个职能部门和医疗机构全部入驻“阳光微警务”平台，各部门实现了“一键式”指令无缝对接。

在江岸区百步亭花园文卉苑社区试点推广期间，陈默干脆把办公室搬到了社区警务室，教授社区群干如何使用，同时收集大家的反馈意见。

2016 年 5 月底，文卉苑社区一名精神障碍患者李大姐发病后，在小区里点燃了一堆杂物，路过群众发现后立刻用“阳光微警务”的“随手拍”功能报警，社区民警沈胜文和社区干部第一时间赶到现场处置。李大姐的监护人通过“阳光微警务”平台发起协助救治申请后，社区、百步亭派出所、区卫计委和医疗机构立即在平台上审批流转，社区民警同步协助家属将患者送医。从监护人提出申请,到各项审批流程走完,直至患者收治入院,全程仅用时 17 分钟。

"这在过去简直不敢想象!以往,这类特殊人群发病后,由于涉及多个职能部门,从监护人申请到收治入院,需要耗时一两个星期!"事后,社区民警沈胜文感慨地说。

沈胜文说,"阳光微警务"平台上线以来,文卉苑社区共及时发现和处置精神障碍、吸毒致幻等特殊人群事件 42 起,及时送医救助 18 人次。截至目前,文卉苑社区没有发生一起因这类特殊人群肇事肇祸引发的案件。

2016 年 11 月,武汉市市长万勇等领导专程到百步亭派出所视察,对"阳光微警务"平台给予充分的肯定。江岸区委常委、分局局长邬利平说,"阳光微警务"平台运用"互联网+"思维,把政府各职能部门、社区群干、患者家属、社会爱心团体和人士等整合在了一起,成功实现了对特殊人群的群策群力多元共治。

经过不断升级、改版,如今的"阳光微警务"平台已有五大板块 26 个子栏目,拥有警用、民用两套客户端,支持电脑、手机、平板等多种终端。2017 年 1 月,"阳光微警务"平台获得国家著作权专利。江岸区正着手逐步向全区推广。

去年 8 月,李大姐出院后,专门买了水果来感谢陈默和沈胜文。如今,她不仅与家人和睦相处,还成为社区的志愿者。望着李大姐的笑容,陈默打心眼里高兴,她说:"看着自己的创意一步一步变成现实,并能够去帮助那些需要帮助的人,我乐做一名'创客'!"

记者手记

《武汉晚报》要闻部记者　梁爽

初见陈默的第一印象,她像个风风火火的大姐姐,语速快,讲话有条理,做事利索果断,是个传统意义上的"女强人"。然而,待她掏出包里大大小小的三个手机,得意地向我展示里面的 2300 个微信群时,我惊呆了,这明明是新时代的"IT 达人"。不仅如此,陈默还是手游"开心消消乐"的狂热爱好者,空闲的时间总记得去玩几盘。然而,和她接触的时间长了,我才发现,这并不是"玩物丧志":她的多部手机是为了及时和 2300 多个微信群中的群众实时保持联系,用她自己的话说就是"一个手机装下不,会崩溃";而手机上的手游,则是为她自己主创的手机 APP"阳光微警务"做准备,她在思考:"这个手游何以吸引大家每天打卡去玩,是什么样的用户体验才能做到?我的 APP 能否借鉴?"就是这样一个作风新派、不按常理出牌的"女汉子",实践了她自己的"网上群众路线"。2 年时间里,陈默微信群的参群居民达 13.5 万人。通过这些群,警方累计收集各类情况信息 53.6 万余条,查出问题隐患 2100 余处,获取线索协助破案 114 起,抓获犯罪嫌疑人35名。

除了2300个微信群外,被称为武汉警界“女创客”的陈默还有其他发明创造:她创建的“滴滴找警”、“三微”警务工作法,破解了“见警难”,架起警民沟通桥;她研发的“阳光微警务”平台,获得国家计算机软件著作权,取得200万元政府注资。如今,“互联网+”在各行各业都是一个热词。把警务搬上网络,让信息更加通达、警民关系更加紧密,也提高了民警自身的工作效率。无论是开发“阳光微警务”“滴滴找警”,还是建立微信群,都可以看成是陈默和同事们对“互联网+警务”的积极探索。居民有何需求,民警能及时反应;出现不法行为,群众能实时举报,民警能即时出击。民警们在肉眼凡胎之外,配备了“千里眼”和“顺风耳”。

在采访中,我越来越感受到,要做好“互联网+警务”,对新技术的熟练掌握和运用是基础。陈默的勤于学习和善于学习,在其中起到了重要作用,这当然难能可贵。在技术因素之外,更值得点赞的,则是这一切背后一心为民的工作作风。再“高大上”的技术手段背后,都离不开人的付出。如何在纷繁复杂的信息中捕捉到线索和民意,面对群众的“一键呼叫”能否闻声而动……这对民警的日常工作提出了更高的要求。所谓“互联网+警务”,绝不仅仅是个技术问题,要让其落到实处,让人民感受到技术进步带来的福祉,更考验民警的责任与担当。陈默的探索和付出,值得其他民警好好借鉴。

微语录

“为人民服务全心全意,为改革创新甘心如荠。”——“创客女警”陈默

微评论

网友“平安江岸”说:把平凡的事做成不平凡,就是伟大。她作为一名普通民警,积极投身公安改革浪潮,用工匠精神去钻研、创新警务工作,这背后体现的是一种为民情怀,她的这种精神值得我们大家学习。

匿名网友说:陈默就像她的名字一样,是个默默的、静静的人。她喜欢在沉默中思考,在思考中创新。她的创新总会带给我们惊喜,也在悄悄地改变着我们的社区,方便着百姓的生活。

"励志外卖哥"毛召木

一年多前,17岁的重庆男孩毛召木从高中辍学后进城打工,成为一名普通的"外卖小哥"。离开校园后尝尽酸甜苦辣,他更感觉到读书的意义,立志成为一名同声传译。为了实现职业理想,他捡起以前的课本,边送外卖边自学英语,甚至还用英语发送外卖短信,无意间成为网络红人,被称为"励志外卖哥"。在很多好心人的鼓励和帮助下,毛召木通过成人自考被大学录取,重新走进校园,离实现自己的理想又近了一步。

用英语送外卖的小哥被大学录取了

新华社"中国网事"记者　柯高阳　陈艳芸

"Hello, your phone was power off when I called you. Your meal had been put by me on the vending machine……"(意为:"你好,我打电话给你时你关机了。你点的餐我放在自动贩卖机上了……")2017年3月,一条英文外卖短信在网络上被热传。这条短信背后,是一个年轻人的励志追梦故事。如今,这位曾经辍学的外卖小哥已经被四川外国语大学成人自考本科录取,即将重新走进校园。

辍学后,重新懂得读书的意义

一年多前,"外卖哥"毛召木还是重庆璧山区一所中学的高一学生。由于严重偏科,感觉"学习跟不上了",毛召木萌生了不想读书的念头。虽然一家人不同意,但有限的家庭条件加上他的坚持,2016年3月,毛召木离开校园。

为了减轻家庭负担,辍学后的毛召木选择进城打工,先后换了好几份工作:在理发店当洗头工,在酒吧做兼职,甚至还跟着亲戚到贵阳干过装修,但每份工作都做得不长。

“工作之后，我才认识到学习有多重要。”毛召木告诉记者，由于学历不高，自己只能找一些临时工作凑合着过日子，心里很迷茫，想不清楚未来的路在哪里。“只有拿起书本时，才觉得比较充实。所以我认定了一点，学习是我唯一的出路。”

今年年初，想学英语的他在四川外国语大学附近的一家餐厅送外卖，边送外卖边学英语，此后就有了用英语发外卖信息的“外卖小哥”。

“一开始我只是想练练英语，因为觉得川外的学生肯定都会英语啊！”毛召木说，“用英文编几条外卖短信，可以检验一下自己的学习成果。”

“你送外卖那么忙，还有时间学英语吗？”记者问。

毛召木解释：“中午和傍晚外卖比较多，每天的早晚时间可以利用一下，而且送外卖的路上也可以背几个句子啊。”

从此，在川外校园里，经常能够遇到这样一名外卖小哥：骑着自行车，车后架放着一个橙色的装外卖的大盒子，有时戴着耳机，嘴里不时冒出几个单词。“听说他的故事后，觉得太值得我们学习了。”一名川外的同学说。

想做同声传译，他用另一种方式圆了大学梦

辍学离开学校时，毛召木的高中英语老师鼓励他继续学习，通过成人自考也可以上大学。

成人自考是我国实施的一种鼓励自学成才的继续教育形式，实行注册入学。学生在自学规定的全部专业课程并通过考试后，可以拿到毕业证书和学位。

“我的老师当年就是通过自考上的大学，我也想试试这条路。”毛召木说。

为了做好自考准备，毛召木坚持每天学习英语。几本英语课本他背了又背，每天还要做 8 到 10 篇阅读理解。

川外成人自考本科的申请时间是 7 月下旬。8 月中旬，他如愿收到了川外继续教育学院发来的录取通知书，本月底就将报名入学。

“以后我再进川外校园，就是以一名学生的身份了。”毛召木说，自己已经辞掉了送外卖的工作，准备一心一意好好学习。他给自己定下学习目标，制定了“人生路线图”：大学第一年考过英语四级，然后是六级以及国家口译考试，毕业后考到北京去读研，最后实现做一名同声传译的职业理想。

追梦路上，鼓励和帮助给他温暖

经过媒体报道后，毛召木成了小有名气的励志“红人”。有网友评论说：“有自己的梦想，而且敢于去追求，光是这一点就很励志了。”

从那以后,就有不少人专门点毛召木的外卖。川外新闻传播学院大一学生黄岚鸿就是其中之一。她告诉记者,听说外卖哥的故事后,觉得太值得学习了。

还有老师和同学送给他很多英语辅导书,鼓励他坚持学习。毛召木说,印象最深刻的一次,是送外卖时有研究生送给他一本英文词典,他顺手放进了外卖箱里。"结果送完外卖回来一看,词典都被外卖箱的油渍弄脏了,真是心疼得不得了,觉得愧对了别人的好意。这次之后,毛召木再也不用外卖箱装书,改用手机软件来学习。

被川外录取后,自考学习每年所需的 9000 元学费和住宿费成了难题。毛召木的父母都是农民,家里还有一个 4 岁的妹妹,能给予他的经济支持有限。这时候,学校向他伸出了援手。川外继续教育学院副院长任洪涛说,入学后,毛召木可以提出申请,学校会考虑减免一些费用,尽力帮助他完成学业。

毛召木说,除了身边的温暖,还有远方的好心人一直在帮助自己。一位来自上海的老师联系上毛召木,在网络上帮助他学习英语。从那以后,这位老师经常指导他,还发来整理好的 BBC 英语音频给他做翻译训练,让他的英语学习走上了正轨。

这些温暖和帮助,让毛召木感觉到:"有那么多人的鼓励,我得更加用功才行。"

记者手记

新华社"中国网事"记者　柯高阳

说起毛召木,很多人可能更熟悉他的另一个名字——"励志外卖哥"。

初次听说他的故事时,我有些迟疑。用英语发短信送外卖,确实很新鲜,但会不会有炒作之嫌?带着这样的好奇和疑问,我辗转联系到了他。

没想到联系采访的过程出乎意料地顺利。我去了一趟他的老家璧山,见到了毛召木。见面时,他一副大大咧咧的样子,身上还保有农家人的淳朴和耿直。偶尔显出的几分羞涩,让我意识到,他才满 17 岁,还未成年呢。

长聊之后,我了解到毛召木的故事:他出生在农村家庭,从初中开始,就出现严重偏科,英语和语文成绩还算不错,但数理化每次都不及格。进入高中后,毛召木偏科的情况更加严重,读完高一上学期后,毛召木坚持辍学。

此后,毛召木辗转各地打工,在理发店当过洗头工,在酒吧做兼职,还跟着亲戚到贵阳干过装修。尝尽了生活的酸甜苦辣,他开始意识到读书才是自己的出路。

"我以前高中的英语老师就是通过自考进入大学的,于是我也确定了自己的目标,想通过自考进入大学,再从事自己理想的同声传译职业。"最终,想学英语的他辞掉了以前的工作,来到四川外国语大学附近的一家餐厅送外卖。此后就有了用英语发外卖信息的"外卖小哥"。

在四川外国语大学采访时，我才意识到毛召木在这里是颇有名气的“校园明星”。一提起那位“用英语送外卖的小哥”，很多同学向我们表达了敬佩之情。还有很多人说，经常看到这个小哥骑着车送外卖，有时还戴着耳机，嘴里不时冒出几个单词。

采访到这里，我一开始的怀疑终于被打消了：一个勤奋到这种程度的人，一定不会是“装”出来的。这是一个不甘心于眼前的生活，希望通过努力改变自身命运的年轻人。

在采访中，毛召木向我讲述了这样一个细节：在网上突然“走红”后，他一开始有些担心，生怕自己因为学历低、准备自考而被嘲笑。但让他意外的是，许多网友的留言都很正能量，鼓励他继续学习。四川外国语大学的老师和同学送给他很多英语辅导书，还有人专门点他的外卖。毛召木说，印象最深刻的一次，是送外卖时有研究生送给他一本英文词典，他顺手放进了外卖箱里。结果送完外卖回来一看，词典都被外卖箱的油渍弄脏了。

“那次我真是心疼得不得了，觉得愧对了别人的好意。”毛召木说，有那么多人的帮助，自己以后得更加用功才行。

今年9月初，毛召木终于走进大学校园，重新开始了他的学业。在微信朋友圈里，时常可以看到他的一些动态，诸如学生证发下来了、参加学校运动会之类。愿他学业顺利，实现自己的梦想。

让我们为他加油吧！

微语录

“网络上的关注让我感到很意外，看到很多人都在给我加油鼓劲，又觉得自己很幸运。有那么多人的帮助，我得更加用功才行。”——“励志外卖哥”毛召木

微评论

新浪微博网友“小菠萝 _Yao”说：有梦想谁都了不起！梦想不会亏待每一个努力过的人，看好你，小哥！

微信网友网友“小王子”说：小伙子也许永远都不知道，他一个人的梦想鼓励了多少追梦的人！

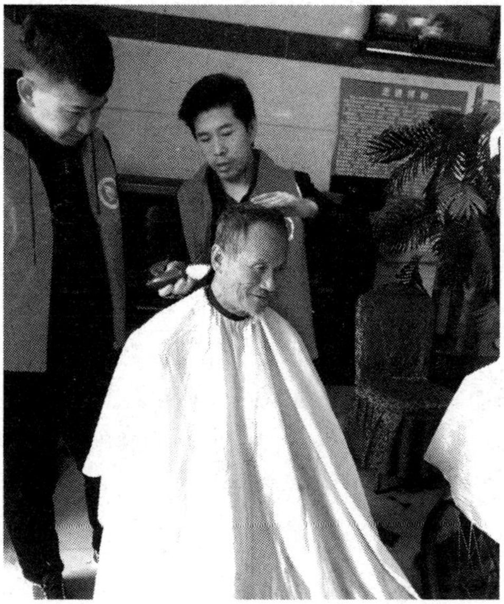

"中国好人"刘健军

刘健军，作为一名长春市普通的理发师，每天的工作就是从早到晚为顾客理发。24年来，虽然他的理发店变化不大，可他志愿服务的爱心却一直没变。从一个人在店里为老年人免费理发，再到上门为行动不便的老年人免费理发，甚至为临终前的老年人提供免费理发服务。他一心向党，经过党组织的培养和自身不懈努力，光荣加入中国共产党。他以实际行动带动身边的志愿者和许多志愿服务团队一起开展敬老服务，以实际行动践行了社会主义核心价值观。

关爱老人从身边做起

长春市朝阳区永昌街道办事处　张玉梅

做一次好事容易吗？容易，很多人都能做到。如果是坚持24年做好事呢？所有人都会回答说："太难了，太不容易了。"这不，长春市朝阳区永昌街道义和社区的刘健军就是这样一个不简单、不容易的人。他从开店起，就立下个小规矩："每天早上前10位65岁以上老人免费理发。"守着这一规矩，他一路走来，服务过的老人已经数不清。面对大家的褒奖，刘健军总是轻描淡写地笑着说："我没做什么大事，都是些力所能及的小事，只是坚持的时间长些而已，关爱老人就要从身边事做起。"

点滴小事诠释人性美

提起"长春好人"的评选，总能在不经意间给我们送来正能量的感动。在"长春好人"的队伍中，刘健军也名列其中。记得那是2015年4月24日，"长春好人"第二场发布会现场，当大屏幕播完刘健军的个人资料后，现场也出现了一个感人的画面，只见社区里的七八位老人拥上台激动地向大家说:“健军是个好孩子, 做好事能坚持这么多年,值得我们每一个人学习。”老人们把一副专门制作的“小不点,大温暖”的手撕画送给了刘健军。

身为现场采访记者,我亲历那一刻的感动。如今,再次说起那次领奖台上的事儿,刘健军还是会眼眶湿润。一路走来,在他付出的同时,也收获了感动、鼓励。这些也成了一种无形的力量,助推他前行。

幼时丧母却得到了社会太多的温暖,他从小就心怀感恩,心里暗暗发誓:等自己长大,有能力了,一定要回报好心人,回报社会。

1994年,凭借家传的手艺,他带着东拼西凑的2000元钱,在长春市朝阳区新疆街附近租下房子,白手起家开起了“小不点”理发店。在街道办事处的帮助下,刘健军顺利地办理了营业手续;制作牌匾要花钱,邻居大伯亲手给绘制。“是人民养育了我,是党的好政策给了我创业的舞台,只要不怕吃苦、埋头苦干,就一定能闯出一片天地。”刘健军说。从那一刻开始,他的店除了开门做生意,还承担起服务居民的义务。

1996年的一个大清早,刘健军被一阵急促的敲门声惊醒。“小军,你张大爷这会儿好点儿了,你快过去给他理个发吧!”听见老顾客张大娘急切的呼喊,他顾不上吃早饭,拿起工具就往外走。此时的张大爷已在弥留之际,他壮着胆子来到病床前,小声说:“张大爷,我是小军,来给您理发啦!”他一边说着,一边快速而轻巧地理发。大娘感激地说:“谢谢小军!”仅在两个小时后,张大爷安详地离开了人世。那是他第一次为临终的老人理发。

还有一次是晚上9点多钟,刘健军正准备打烊下班,一位陌生的顾客找上门,哀求说:“师傅,我爸在医院快不行了,求求你去给他理个发吧,我实在是找不到人了!”刘健军二话没说拿起工具就跟着去了。天黑路程又远,好不容易来到医院,只见患者瘦得仅剩下一把骨头,头发很长,花白凌乱,显然是很久没理发了。刘健军赶紧拿起剪刀,全神贯注地埋头谨慎操作。当他理完发站起身的一刹那间,却发现眼前的老人已经过世了。谁也不知道老人是哪一分钟离开的,老人走得十分安详。

自从20年前第一次免费为一位患有喉癌的老人提供临终理发服务到如今, 刘健军先后经历了100多次这样的场面。刚开始刘健军真的有点害怕,但他觉得,总不能让老人蓬头垢面地走,总得有人来为老人做最后一次的理发送别。

为临终老人理发,刘健军从不收工钱,给多少钱都不要。有的老人家属非要给很多的钱,都被刘健军婉言谢绝了。刘健军说:“谁都有父母长辈,虽然我们素不相识,但作为晚辈,我来这里就是想为老人做点事情。我理个发算不上什么,也是晚辈应该做的。”

24年来,刘健军为困难老人、行动不便老人和空巢老人等弱势群体免费理发5万多人次,为行动不便等老人上门免费理发3000多次,为弥留之际的老人免费理发100多人次,救人于危难7次。他教会理发的徒弟仅仅在外面单独开店的就有100多人,这些徒弟在他做好事的引领带动下,也积极地为社会奉献着。

啥事他都会搭把手

2014年,刘健军光荣地加入中国共产党,他说:"一名党员就是一面旗帜,我要时刻起到先锋模范带头作用,用实际行动带动更多的人一起为社会服务。"刘健军在他自己的店里挂了一块牌子,上面写着:"关爱老人从身边做起。"谈到挂这块牌子的初衷,他说:关爱老人不是某一个人的事,店里来往的顾客很多,如果我能影响这些人,一起关爱身边的老人,老年人也会越来越幸福。"

平时,刘健军为行动不便的老人上门理完发后,也力所能及地帮助老人把家里坏了的水电给修好。尤其过年过节,他更是惦记着老人们,走进敬老院、福利院为老人们义务理发也是经常的事儿。2017年农历二月初二,刘健军带领着美发店的志愿者到敬老院为老人理发,送去最贴心的祝福。

"最近又做了啥好事呀?"面对记者的询问,刘健军笑着说:"我最近真干了一件大事,救了一位老爷子的命。"2017年10月9日下午,他在店里忙完手里的活,看见窗外马路对面公交车站围着一群人。"围着那么多人,肯定出事了。"刘健军跑过去,凭借着平日里学习的医疗急救知识,他判定躺在地上的老人肯定是突发心脏病。"谁有速效救心丸?"在他的询问下,一位正在等车的市民拿出速效救心丸递给他,他立即把速效救心丸放入老人的舌下。"我当时就想,老人要是再没有反应,我就马上给老人做人工呼吸。"刘健军说。就在焦急等待的时候,老人有了反应,在其微弱的声音中,得知了老人女儿的电话,这时120急救车也赶到了现场。

正是由于刘健军第一时间的救助,老人被送到医院后脱离了生命危险。

带动更多志愿者服务社会

2017年是不平凡的一年,也是好人收获的一年。7月,永昌街道为刘健军提供了一个免租金的工作室,还以刘健军命名成立了"刘健军敬老爱心志愿者联盟",并成立了联盟党支部。在党的关怀、支持、领导下,联盟迅速扩大,从刚开始不到10人发展到由百余人和多家团体组成的志愿者联盟,志愿项目从单一的美发到多元化为民服务。

10月1日是举国同庆、放假团圆的日子,而刘健军却带领敬老爱心志愿者联盟的全体党员过了一个有特殊意义的假期,到吉林省玉琨国学实验学校为百名学生及家长免费理发,送上最贴心的祝福,践行了全心全意为人民的宗旨。

2017年重阳节来临之际，在刘健军的号召组织带领下，长春市10个志愿服务团体到朝阳区广善安养院为老人开展志愿服务。老人们都高兴地说："感觉今天就像是在过大年，不仅有精彩的节目看，还能吃到好心人包的饺子，真是太高兴了！"

10月26日，刘健军带领敬老团队组成的慰问团为老人们送来服务的同时，还奉献了一场精彩的文艺演出。从老人们喜欢看的东北二人转，到耳熟能详的歌曲《最美夕阳红》；从理发、义诊、帮厨，到做颈椎和足底按摩；从陪老人唠知心话，到为老人们做心理疏导。志愿者们发挥各自所长，为老人们送来了贴心的服务。老人们高兴地说，就像儿女们来到了身边。

刘健军敬老爱心志愿者联盟正在带动更多的爱心人士和团队加入为社会服务的队伍中来，让社会上的弱势群体时时感受到来自社会的关爱。

记者手记

长春市朝阳区永昌街道办事处　张玉梅

刘健军从创业小不点理发店，到帮助关爱老人、积极加入党组织，成长为长春市优秀共产党员，成为大家交口称赞的"中国好人"，一路走来，他24年来免费为辖区困难居民理发5万余人次，为行动不便及临终老人上门免费服务3000余次。现在以"刘健军敬老爱心志愿者联盟党支部"为中心，刘健军用实际行动吸引带动了一大批志愿者参加志愿服务，传递正能量。

2017年，由长春市朝阳区永昌街道策划编导的话剧《殷殷银发情》，以"中国好人"、长春市优秀共产党员刘健军为原型，共分为《落脚》《收徒》《思归》《亲情》《联盟》五幕。该剧从最初的剧本构思、撰写，到排练、演出，历时两个月。该剧采用"自己人演身边事"的形式进行创作，旨在展现优秀共产党员奉献社会，引领社会主义新风尚的好人好事。"我相信，我们的温暖会感动更多的人，越来越多和我一样的人正在温暖着这个社会，下一个加入我们的就是你！"舞台上，主人公刘健军的自述赢得了现场观众的热烈掌声，为这场汇报演出画上了圆满的句号。

党的十九大胜利闭幕，刘健军干劲儿更足了。他说："习近平总书记在十九大报告中指出'推进诚信建设和志愿服务制度化，强化社会责任意识、规则意识、奉献意识'，我倍感鼓舞，倍受激励。我将不忘初心，发挥党员的先锋模范作用，为社会做出更大的贡献。"

（以上综合《长春日报》记者赵晚殊，《长春晚报》记者于慧、何少梅的报道）

微语录

“关爱老人从身边做起。”——“中国好人”刘健军

微评论

新浪微博网友“长春热门”说：一名普通美发师，一名共产党员，谱写了人性的真善美。通过自己不断地追求、奋斗，发挥了党员的模范带头作用，为传递社会正能量、为新时代伟大的中国梦贡献自己的力量。我很感动，向你学习！

网友说：人活着做一件好事容易，做一辈子好事很难、很难。真的佩服你，你就是时代的楷模，向你致敬。

声　明

本书由新华网、新华社“中国网事”联合编著，因时间紧迫，一些稿件和图片的作者未能取得联系，敬请入选文字和图片作品的作者或作者亲属见到本书后，尽快和我们联系，以便奉上稿酬及样书。

联 系 人：新华网股份有限公司

通讯地址：北京市西城区长椿街金隅大厦 129 号八层